SAGEN DER RÖMER

SAGEN
DER RÖMER

Mit 10 Abbildungen

Herausgegeben von
Erich Ackermann

Anaconda

Die Deutsche Nationalbibliothek verzeichnet diese Publikation in der Deutschen Nationalbibliografie; detaillierte bibliografische Daten sind im Internet unter http://dnb.d-nb.de abrufbar.

© 2013 Anaconda Verlag GmbH, Köln
Alle Rechte vorbehalten.
Umschlagmotiv: Claude Lorrain (Gellée) (1600–1682),
»Dido und Aeneas« (1675/1676), Hamburg, Kunsthalle,
Foto: © Westermann – ARTOTHEK
Umschlaggestaltung: pecher und soiron, Köln
Satz und Layout: Roland Poferl Print-Design, Köln
Printed in Czech Republic 2013
ISBN 978-3-86647-922-7
www.anacondaverlag.de
info@anacondaverlag.de

INHALT

MYTHISCHES
AUS ALTITALISCHEN
FLUREN

ÄNEAS, DER URAHN
ROMS

DIE RÖMISCHE
MONARCHIE

DIE RÖMISCHE
REPUBLIK

IN DER KAISERZEIT

QUELLENVERZEICHNIS

VORWORT

Die griechischen Mythen und Sagen scheinen viel üppiger und in sich verschlungener als die römischen, und doch haben sie vieles gemeinsam, gehören doch beide Völker der großen indogermanischen Völkergruppe an. Die griechischen Götter sind anthropomorph, d. h. sie haben Menschengestalt und wie Menschen handeln sie und sind auch mit allen möglichen Schwächen behaftet. Sie streiten sich, betrügen, sind sich uneinig, und ihr Benehmen ist keineswegs immer ein moralisches Beispiel für die Menschen. Im Griechentum gibt es eine Vielzahl von Götter- und Heroensagen: Mythen der großen olympischen Götter mit Zeus an ihrer Spitze, daneben Schöpfungs- und Urgöttermythen, die die Entstehung der Welt erklären wollen, sowie Heldensagen wie die um Herakles oder Theseus.

Nun kennen wir die antiken Hauptgötter nicht nur unter ihren griechischen, sondern auch unter ihren römischen Namen. Das liegt unter anderem daran, dass einige Götter mit ihren Funktionen bei den indogermanischen Völkern teilweise deckungsgleich waren. So heißt Gott Zeus bei den Römern Jupiter, er ist bei beiden Völkern Herr des Himmels und Beherrscher der Blitze.

Ursprünglich waren die römischen Götter nicht anthropomorph. In der Frühzeit waren sie eher gestaltlose Wesen. Die Römer glaubten, dass in der Natur ein *numen* herrsche, ein göttlicher Wille, ein Walten und Wirken, das sich in allen natürlichen und gesellschaftlichen Vorgängen äußern konnte. So trat denn hinter dem göttlichen Willensakt die eigentliche

Gottheit oft zurück. In der römischen Welt der Werte gab es entsprechend eine Vielzahl von abstrakten *numina*, die man sich auch bildlich und personifiziert vorstellte, etwa die *fides*, die Treue, *concordia*, die Eintracht, *pax*, die Friedensgöttin, *spes*, die Hoffnung, *iustitia*, die Gerechtigkeit, und *honos*, die Ehre. Diese Personifizierungen von römischen Tugenden konnte man oft auch auf Münzen abgebildet sehen.

Erst spät begannen die Römer, für ihre Götter Tempel zu bauen. Unter dem Einfluss der Etrusker, die sehr viel griechisches Gedankengut in ihrer Glaubenswelt hatten, begannen sie, sich die Götter in Menschengestalt vorzustellen. Und etruskische Baumeister waren es auch, die in der Zeit der römischen Monarchie Tempel und Götterstandbilder fertigten. Vor allem bereicherte das geheimnisvolle Volk der Etrusker, dessen Sprache wir bis heute nicht kennen, die Todes- und Jenseitsvorstellungen der Römer. Und auch in der Wahrsagekunst, der Vogel- und der Eingeweideschau, waren die Etrusker das Vorbild der Römer. Inwieweit die griechische Götterwelt durch den vermittelnden Einfluss der Etrusker in Rom Einzug hielt, bleibt uns aufgrund der mangelnden Überlieferungslage verschlossen.

Auch die Griechen selbst haben dazu beigetragen, dass die Römer sich deren Götter- und Mythenwelt angeeignet haben. In Süditalien und auf Sizilien, das man gar *Magna Graecia* (Großgriechenland) nannte, kamen sie in Kontakt mit den Tempeln und dem Kult der hellenischen Götter, und allmählich begannen sie, ihre abstrakte Religion der griechischen Bildhaftigkeit anzugleichen. Es waren die Kulte um Herakles und um die Dioskuren (das von Zeus abstammende Zwillingspaar Castor und Pollux), die die römische Götterwelt zu hellenisieren begannen. Am Golf von Neapel kannte man auch den Kult um Apollo und die weissagende Seherin *Sibylle von Cumae*. Im Hellenismus, der Zeit nach dem Tod Alexanders des Großen, durchdrang griechisches Gedankengut den Mittelmeerraum von Ost bis West. In dieser Blütezeit übernahmen die Römer fast die gesamte Götterwelt der Griechen, und es kam geradezu zu einer Gleichsetzung griechischer und römischer Gottheiten: Beide waren fast austauschbar geworden. Bald wurden dabei auch die ursprünglichen Funktionen der altrömischen Gottheiten überdeckt und überlagert.

Saturnus, uralter italischer Gott der Aussaat und Sinnbild des Goldenen Zeitalters, wurde schon früh mit dem griechischen *Kronos*, dem Titanen und Vater von Zeus, identifiziert. *Vesta*, die jungfräuliche Hüterin des Feuers, Göttin von Heim und Herd, deren Kult in ihrem Rundtempel auf dem Forum bis in die Spätantike vollzogen wurde, wurde der griechischen *Hestia* angeglichen.

Zunächst ahmte man die Griechen bewundernd nach, wollte sich ihre Kultur aneignen und sie mit der eigenen verschmelzen. Auf dem Höhepunkt römischen Selbstbewusstseins jedoch, in der augusteischen Zeit, versuchte etwa Vergil in seinem Epos *Aeneis* die römische Welt mit der griechischen zu verbinden, indem er Äneas zum gottgewollten Stammvater der Römer machte. Vergil verankert die Entstehung Roms mythisch in der Sagenwelt um den Kampf um Troja. In seiner *Aeneis* bilden Mythos, Vision und Geschichte eine untrennbare Einheit. Schon Gaius Julius Caesar, der Adoptivvater von Augustus, sah sich als göttlich an und führte sein Geschlecht auf Iulus Ascanius, den Sohn des Äneas zurück und damit auf die Göttin Venus, Mutter des Äneas. Auf Münzen ließ Cäsar das Bild seiner göttlichen Stammmutter prägen.

Nur wenige altitalische Gottheiten blieben von der Hellenisierung fast unberührt – wenn man einmal von ihrer spielerisch hellenistischen Verarbeitung durch den Dichter Ovid in der augusteischen Zeit absieht. *Janus*, der doppelgesichtige Gott der Türschwellen, des Anfangs und des Endes, hat keine griechische

Entsprechung. *Quirinus*, ursprünglich ein Kriegsgott ähnlich wie Mars, wurde später mit Romulus, dem vergöttlichten Gründer der Stadt, identifiziert. Die *Laren* sind gemeinsam mit den *Penaten* die Schutzgötter des Hauses und der Familie und wurden mit den göttlichen Seelen der verstorbenen Vorfahren gleichgesetzt. *Vertumnus* und *Pomona* waren die Gottheiten der Feldfrüchte, *Faunus* war der Beschützer der Hirten, der Fluren und des Viehs, *Silvanus* ein Waldgott. Allesamt waren sie eher ländliche Götter, die somit der Eigenart und dem Ursprung der Römer als Bauernvolk voll entsprachen und entgegenkamen.

Was aber macht den eigentlichen Unterschied von griechischer und römischer Sage aus?

Die römischen Sagen sind weniger verästelt und haben meist nur einen einzigen Erzählstrang, ihre Handlung geht nicht vom Hundertsten ins Tausendste wie bei vielen griechischen Mythenzyklen, in denen hellenische Fabulierlust ihren ungehemmten Lauf nimmt. Wie es der Eigenart des Volkes entspricht, sind römische Sagen streng und oft formalistisch aufgebaut, ohne dabei auf den Einfluss und Einbruch des Übernatürlichen, des Wunderbaren und Numinosen in die reale Welt zu verzichten. Vor allem aber sind die römischen Sagen viel enger mit der realen Geschichte verbunden als die griechischen. Auch die Griechen hielten Mythen, vor allem solche, die sich um große Heroen der Vergangenheit ranken, für wirkliche Geschichte, zumal jenen um den Trojanischen Krieg. Diese Geschichten waren aber dem Mythos näher als die römischen Sagen. Im griechischen Bereich stehen sich immer zwei Ebenen gegenüber, die göttliche und die weltliche, und oft greifen die Götter unmittelbar in das Geschehen ein. So sind es letztlich immer die Götter, die die Geschichte lenken. Am besten ist dies im Trojanischen Krieg ersichtlich. Vom eigentlichen Beginn mit dem Zankapfel der Göttin *Eris* bis zum Urteil des *Paris* und dem Zorn des *Poseidon*, der *Odysseus* zu seinen Irrfahrten zwang, alles ist die

Schuld von Göttern. Das Eingreifen des Göttlichen im römischen Sagenbereich ist bei weitem kleiner. Hier steht die reale Geschichte, von Menschen gemacht, im Mittelpunkt, wobei sogar genaue Jahreszahlen und exakt nachweisbare geschichtliche Ereignisse genannt werden.

Während die griechische Mythensage kosmisch ist und die Entstehung der Welt und der Götter in grandiosen Bildern schildert, ist die römische national und historisch ausgerichtet. Je weiter aber der Blick in die Urzeit Roms zurückgeht oder sich gar auf die Zeitläufte vor Gründung der Stadt richtet, desto mehr fiktive Elemente sind in ihr zu finden.

Die römischen Sagen sind eng verbunden mit den alten römischen Kulten, die meist außerhalb des Familienhauses abgehalten wurden und deren Riten und Gebräuche sie erklären und begründen. So gibt es Sagen, die gewisse Einrichtungen Roms und den Ursprung von Gebräuchen belegen sollen, wie etwa der Ritus, dass der Bräutigam die Braut über die Türschwelle trägt, an den Raub der Sabinerinnen erinnert. Andere Sagen beziehen sich auf berühmte Stätten, Heiligtümer und Traditionen, so z. B. der Begriff *lacus Curtius* (See des Curtius), der auf einen jungen römischen Helden zurückzuführen ist, der sich freiwillig in eine Schlucht gestürzt hatte, um sich für den Erhalt der Republik zu opfern. Des Weiteren verankern Gründungssagen die Geschichte Roms und seiner Vorgängerstädte in mythischer Tiefe. Äneas gründete auf italischer Erde eine Stadt und nannte sie zu Ehren seiner Frau *Lavinium*, sein Sohn Iulus Ascanius gründete nach dem Tod des Vaters die Stadt Alba Longa in den Sabinerbergen. Nach römischer Zeitrechnung soll das im Jahr 1152 v. Chr. gewesen sein. Dort herrschten dann fast vierhundert Jahre lang Könige, bis eines Tages die Vestalin Rhea Silvia, Tochter des Königs Numitor, auf einen Wolf traf, der aber in Wirklichkeit der Gott Mars war, und die Zwillinge Romulus und Remus gebar.

So gehen zweimal Städtegründer aus Göttern hervor: Äneas ist der Sohn der Liebesgöttin Venus und Romulus der des Kriegsgottes Mars. Nach seiner Gründung 753 v. Chr. war Rom zunächst eine Monarchie: Sieben Könige herrschten im Stadtstaat, bis ein gewisser Brutus 510 v. Chr. den letzten tyrannisch gewordenen Monarchen des Landes verwies und die Republik gründete. Das war auch die große Zeit der Heldensagen. Schon zur Zeit der Monarchie gab es Helden und Heldinnen, die gegen innere und äußere Feinde ankämpfen mussten, um den Staat zu retten. Erst recht zur Zeit der Republik waren Helden gefragt, die zur Vergrößerung und Erweiterung des Imperiums, aber auch in innenpolitischen Schwierigkeiten wie den Ständekämpfen zwischen Patriziern und Plebejern ihr Leben für die Gemeinschaft in die Waagschale warfen. Meist entstammten die Helden, die Rom von einem kleinen Tiberdorf zur größten Macht der damaligen Welt machten, aus dem uralten Adelsgeschlecht der Patrizier. An bestimmten Angelpunkten der Geschichte waren sie es, die selbstlos unter Einsatz ihres Lebens Konflikte zugunsten Roms lösten, meist mit Gewalt.

Diese Helden waren durchdrungen von den typisch römischen Tugenden *(virtutes)*, ohne die sich Rom nie hätte entfalten und durchsetzen können. In Adelskreisen hatte sich ein Wertekodex entwickelt, der die Einzelperson strikt in den Dienst der *res publica* stellte und dem Individuum keinen Raum zur Entfaltung seiner eigenen Persönlichkeit bot. Der Adel war durchtränkt von strengen Grundwerten der römischen Lebensordnung wie der *pietas*, dem rechten Verhalten gegenüber den Eltern, Göttern und dem Staat, von *officium*, dem absoluten Pflichtgefühl, von der *dignitas*, der Würde, *fides*, dem auf Gegenseitigkeit beruhenden Vertrauensverhältnis, *virtus*, Mannhaftigkeit, *gravitas*, würdigem Auftreten, *iustitia*, Gerechtigkeit, *honos*, Ehrgefühl, *clementia*, Milde – aber nur denen gegenüber, die sich freiwillig unterworfen hatten. Vergil formulierte dies in seiner *Aeneis* schon klassisch: *parcere subiectis et debellare superbos,* die Unterworfenen zu schonen und die Hochmütigen niederzukämpfen. Ein anderes lateinisches Wort für niederwerfen ist *pacare,* aber es kommt von *pax* und bedeutet eigentlich *den Frieden bringen,* welch ein Euphemismus. Nicht selten kommt es in der römischen Sage und Geschichte vor, dass ein Vater seinen Sohn hinrichten ließ, nur weil er gegen den militärischen Befehl verstoßen und obwohl er trotzdem gesiegt hatte. Preußisches Pflichtgefühl *ante terminum*!

Erst später, als im Zuge des Hellenismus die griechische Philosophie in Rom Einzug hielt, traten ethische Werte hinzu: *humanitas,* Menschlichkeit, *constantia,* Beharrlichkeit, *benevolentia,* Wohlwollen, und *magnitudo (megalopsychia),* Seelengröße. Der *vir vere Romanus,* der echte Römer ist mit diesen Tugenden ausgestattet und richtet bei all seinem Tun den Blick idealisierend zurück zu dem *mos maiorum,* der Sitte der Vorfahren, die als höchst nachahmenswertes *exemplum* galt: Das ganze Denken der Römer ist in die Vergangenheit gerichtet, die als absoluter Maßstab gilt.

Der vorliegende Sagenband geht chronologisch vor. Am Anfang stehen vier Sagen aus der italischen Frühzeit noch vor der Gründung irgendeiner Stadt. Dass diese gar nicht so archaisch klingen, liegt daran, dass der augusteische Dichter Ovid hier die ländlichen Götter in hellenistischer Manier etwas tändelnd und zuweilen auch frivol vorführt. Es folgen dann die eigentlichen Gründungssagen. Vergil will die Weltherrschaft Roms legitimieren und verklärt sie als Ziel göttlichen Willens. Das *imperium Romanum* ist von Jupiter gewollt, und zwar für ewig. Rom hat den Sendungsauftrag an ihn, sich die ganze Welt untertan zu machen.

Die Gründung der Stadt Rom durch Romulus wird zwar weniger idealisiert, aber nicht minder mythisch und mystisch dargestellt. Auch hier war ein Gott am Werk. Es folgen Sagen über die sieben Könige Roms, und auch hier bricht das Wunderbare und Numinose in das realhistorische Geschehen ein. Bei diesen Sagen wie auch bei solchen aus der Zeit der Republik tritt häufig ein Held in den Vordergrund, der sich für das Gemeinwesen opfert und eine Retterfigur darstellt. Weitere Sagen thematisieren die Expansion Roms, die Ständekämpfe und auch die großen Krisen, wobei es um den Kampf ums Dasein geht wie etwa in den Punischen Kriegen gegen Hannibal. Meist sind uns diese Geschehnisse durch den großen römischen Geschichtsschreiber Livius (59 v. Chr.–17 n. Chr.) übermittelt.

Auch das 1. Jahrhundert v. Chr., als die alte Republik im Sterben lag und auf eine Alleinherrschaft der Kaiser zusteuerte, vermittelt zumindest sagenhafte Geschichten. Es folgt die Kaiserzeit, in der durch sagenhaftes Geschehen vor allem die Grausamkeit mancher Kaiser noch verstärkt zum Ausdruck gebracht wird.

Es verwundert nicht, dass das Eindringen des Mythischen und Numinosen in den Lauf der Geschichte immer mehr abnimmt, je weiter man sich chronologisch vom Urgeschehen entfernt, aber ganz ist es in den Erzählungen römischer Geschichte nie verschwunden. Als Konstantin der Große sich im Jahr 312 n. Chr. anschickte, seinen Rivalen Maxentius an der Milvischen Brücke zu besiegen und das Christentum in Rom als Staatsreligion einzuführen, soll ihm in der Nacht zuvor Christus im Traum erschienen sein und ihn mit den Worten »Unter diesem Zeichen wirst du siegen« beauftragt haben, das Christusmonogramm *PX* an seinen Schilden anzubringen. Auch hier greift eine Gottheit in das Geschehen ein. In der christlichen Religion wird die Sage von der Legende abgelöst.

Die römischen Sagen zeugen von der Geschichte eines Volkes, das aus kleinstem bäuerlichem Ursprung entstand und aufgrund seines rigorosen Wertekanons immer größer wurde, bis es als Beherrscherin der ganzen damaligen Welt an seiner eigenen Größe erkrankte und schließlich im 5. Jahrhundert n. Chr. unterging. Übrig geblieben ist von ihm bis heute vieles, nicht allein seine Sagenwelt.

Erich Ackermann

MYTHISCHES
AUS ALTITALISCHEN
FLUREN

CARDEA – WIE DIE
VERLORENE UNSCHULD
BELOHNT WIRD

Janus, wovon sich unser Monatsname Januar ableitet, ist einer der äl-
testen römischen Götter und entspricht keinem Gott der griechischen
Mythologie. Als Gott des Anfangs und des Endes ist er doppelgesich-
tig und kann somit gleichzeitig nach vorn und nach hinten schauen. Er
ist auch der Gott der Türschwellen und Torausgänge. Der uralte Janu-
stempel steht auf dem Forum Romanum, er wurde nur in Friedenszei-
ten geschlossen. Die Göttin der Türangel war Cardea. Der römische
Dichter Ovid verwechselt diese mit der Göttin der Gesundheit, die den
ähnlich klingenden Namen Carna trägt. Über sie und den Gott Janus
erzählt er folgende Geschichte:

 ardea war eine schöne Nymphe, die im Hain des
Helernus nahe am Fluss Tiber wohnte. Sie war so
schön, dass sie viele Verehrer hatte, die aber vergeblich um sie warben. Ihre einzige Lust galt nämlich der Jägerei, und so verbrachte sie ihre Zeit damit, mit Spee-
ren wilden Tieren nachzujagen und in den tiefen Tälern gewo-
bene Netze auszulegen. Obwohl sie keinen Köcher hatte,
ähnelte sie der jungfräulichen Jagdgöttin Diana und fühlte sich
auch wie sie. Und sagte einmal ein junger Mann zärtliche Worte der Liebe zu ihr, dann gab sie ihm ohne Umschweife folgende Antwort: »Hier ist es zu hell, und bei diesem Licht schäme
ich mich. Wenn du mir in eine dunklere Höhle vorausgehst,
werde ich dir folgen.« Und dann ging es immer so: Während
der junge Mann gutgläubig und vertrauensselig vorausging,
huschte sie schnell weg und verbarg sich im Gebüsch, ohne dass
der erwartungsvolle Verehrer etwas davon mitbekam. Dann
war sie nirgendwo mehr zu finden.

Auch der Gott Janus war einmal in dieser Gegend und bekam die schöne Jägerin zu Gesicht. Sogleich war er in leidenschaftlicher Liebe zu ihr entbrannt und flüsterte ihr zarte Worte zu, er wollte sie sogleich besitzen und zu der Seinen machen. Aber die Nymphe, die kein Herz für liebende Männer hatte, gab ihm die gleiche Antwort wie den anderen Verehrern: Sie schäme sich im Hellen so. Janus ging ihr also zu der vermeintlichen dunklen Höhle voraus, sie folgte ihm, und husch! war sie schon verschwunden. Aber diesmal ging es anders. Der doppelgesichtige Gott kann auch sehen, was hinter ihm vor sich geht. Und so entdeckte er sie sogleich. Voller Leidenschaft fing er die schöne Nymphe, die sich hinter einem Fels versteckt hatte, umschlang sie und tat ihr Gewalt an. Dann sprach er: »Als Entgelt für unsere Vereinigung schenke ich dir die Macht über die Türschwellen. Nimm sie als Lohn für deine verlorene Unschuld.« Und dazu gab er ihr noch als weiteres Geschenk einen Weißdornzweig. Mit dem Zauber dieses Weißdorns konnte sie hinfort Kinder gegen die bösen Strigen schützen. Das sind vogelartige Hexen mit großen Köpfen, mit scharfen Schnäbeln und harten Krallen, die Säuglingen in tiefer Nacht das Blut aussaugen und es auch auf deren Eingeweide abgesehen haben, die sie mit ihren Klauen zerfleischen. Ihr kreischendes und zischendes Geheul in der Nacht, wenn sie auf Beutezug gehen, ist fürchterlich anzuhören.

Das Schicksal wollte es, dass es ohne Cardea gar nicht zur Gründung der Stadt Rom gekommen wäre, und das ging so: Prokas, der künftige König von Alba Longa, war ein Säugling von nur fünf Tagen, als er einmal unbewacht in seiner Wiege lag. Schon stürzten sich kreischend nächtlings die Strigen in das Zimmer des Kleinen, hieben ihre scharfen Krallen in die Brust des Säuglings und begannen, ihm das Blut auszusaugen. Da schrie das hilflose Kind laut auf und schnell lief die Amme zur Wiege des Kleinen, wo die unheilvollen Wesen bei ihrer blutigen Tat waren. Was sollte sie tun? Die Wangen des Knaben waren schon zerkratzt und sein Gesichtchen war weiß wie Blätter beim ersten Herbstfrost. In ihrer Not rief die Amme nach Cardea, die sofort zu Hilfe eilte und ihren Zauber ausführte: Dreimal berührte sie den Türpfosten mit dem Laub des Erdbeerbaums, besprengte den Eingang mit heilendem Wasser und mit den Eingeweiden eines zwei Monate alten Ferkels in der Hand sprach sie: »Ihr Vögel der Nacht, verschont die Eingeweide des Knaben und nehmt als Opfer dafür die eines jungen Tieres, Blut für Blut und Fleisch für Fleisch. Wir geben euch dieses Leben für eines, das viel wertvoller ist.« Bei diesem Opfer legte sie die Fleischstücke des Ferkels ins Freie vor die Türschwelle und verbot allen, die da waren, sich nach diesen umzusehen. Danach stellte sie noch einen kleinen Weißdornzweig ins Fenster. Und es half. Die Hexenvögel zogen sich von der Wiege zurück und verließen kreischend das Haus. Bald schon bekam der Säugling wieder Farbe ins Gesicht und wurde gesund.

Später, als er groß war, wurde Prokas König von Alba Longa, der Vorgängerstadt von Rom. Er vermachte seinen Thron seinem ältesten Sohn Numitor. Der aber wurde von seinem jüngeren Bruder Amulius vom Thron gestürzt und vertrieben. Amulius tötete auch dessen Sohn und machte dessen Tochter Rhea Silvia zur Vestalin. Aber dieser Jungfrau erschien eines Tages in Gestalt einer Wölfin der Gott Mars und zeugte mit ihr Romulus und Remus. Was wäre aber gewesen, wenn damals Cardea den Säugling Prokas nicht vor den blutsaugenden Strigen gerettet hätte?

HERAKLES UND DER
RIESE CACUS

Cacus, der Sohn des Gottes Vulcanus, war in der römischen My-
thologie ein räuberischer Riese, der am Abhang des Hügels Aven-
tin im späteren Rom in einer Höhle hauste und durch sein Rau-
ben und Morden die ganze Umgebung heimsuchte. Das Tor sei-
ner Höhle hatte er mit den Schädeln und Knochen seiner Opfer
geziert. Aber er sollte seinen Herrn finden in der Gestalt des grie-
chischen Helden Herakles. Im Rahmen der zwölf Heldentaten des
Herakles traf dieser auf den dreisten Räuber. Herakles hatte näm-
lich in seiner zehnten Tat die Rinder des Riesen Geryoneus ge-
stohlen, wie sein Auftraggeber Eurystheus es ihn geheißen hatte,
und trieb die große Herde von Spanien und Gallien über die Al-
pen bis nach Italien, wo er an den Tiber gelangte genau an jene
Stelle, an der dereinst Rom gegründet werden sollte.

ls Herakles hier mit seinen Rindern in dem grasrei-
chen Tal rastete und während der Nacht sich sorg-
losem Schlaf überließ, raubte Cacus, ein riesiges feu-
erspeiendes Ungetüm, das in einer Höhle des Berges Aventinus seine Wohnung hatte und eine Plage der ganzen
Umgegend war, die zwei schönsten Stiere der Herde und zog sie,
damit Herakles ihre Spur nicht auffände, rückwärts an den
Schwänzen in seine Höhle. Als am folgenden Morgen Herakles
seine Rinder weitertreiben wollte und merkte, dass ein Teil seiner Herde fehlte, ging er der Spur der abhandengekommenen
Tiere nach und gelangte an die Höhle, die mit einem großen
schweren Felsblock verschlossen war. Köpfe und moderndes Ge-
bein erschlagener Menschen hingen ringsum an den Felsen des
Eingangs und lagen zerstreut auf dem Boden. Herakles ahnte
wohl, dass der Bewohner dieser verdächtigen Höhle der Räuber

seiner Rinder sein mochte; aber merkwürdigerweise führten die Spuren nicht in die Höhle, sondern aus derselben heraus. Das kann er nicht begreifen, und er beeilt sich, seine Herde aus der unheimlichen Gegend fortzutreiben. Da brüllt eins der fortgetriebenen Rinder wie aus Sehnsucht nach den zurückgelassenen, und horch, aus der Höhle dringt der antwortende Schrei der gestohlenen Rinder. Mit zornigem Ungestüm eilt Herakles wieder der Höhle zu, drückt mit der gewaltigen Kraft seiner Schultern den schweren Felsblock von der Tür und dringt vorwärts. Der riesige Unhold wirft nach ihm mit Felsstücken und Baumstämmen, aber ohne den Gegner zu erschüttern und aufzuhalten. Da speit er ihm unter schrecklichem Gebrüll gleich einem Feuerberg Wolken von Rauch und Feuer entgegen; aber der erzürnte Held springt durch Flammen und Qualm mit geschwungener Keule und schlägt drei Mal und vier Mal dem Ungetüm ins Angesicht, dass es mit der breiten zottigen Brust auf den Boden stürzt und mit Qualm und Blut seine schwarze Seele aushaucht.

Während Herakles den einen der wiedergewonnenen Stiere dem Zeus zum Dank für den Sieg als Opfer darbrachte, eilten die umwohnenden Landleute und unter ihnen auch der Grieche Euander, der aus Arkadien eingewandert war und hier den ersten Grund einer höheren Kultur gelegt hatte, mit freudigem Jubel herbei und begrüßten den Helden als ihren Retter und Wohltäter, der er sie von dem furchtbarsten Bedränger befreit hätte. Euander, der den Zeussohn erkannte, errichtete ihm einen Altar und opferte ihm und setzte ihm dadurch für alle Zeiten einen Kult an dieser Stelle ein, den auch später die Römer heilig gehalten haben.

Als Herakles mit seinen Rindern an die sizilische Meerenge kam, sprang einer seiner Stiere ins Meer und schwamm nach Sizilien hinüber, wo der König Eryx ihn in seine Herde steckte. Herakles suchte den verlorenen Stier auf, während Hephaistos ihm die übrige Herde bewachte. Eryx aber wollte das Tier nicht herausgeben, wenn ihn nicht Herakles im Ringen besiegte. Herakles überwältigte und tötete ihn. Am ionischen Meer machte Hera die Herde rasend, dass sie sich zerstreute und in Thrakien umherschweifte und Herakles große Mühe hatte, sie wieder zusammenzubringen. Endlich hatte er den größten Teil derselben wieder eingefangen und trieb sie nach Mykenä, wo Eurystheus sie der Hera opferte.

PICUS, DER WALDSPECHT

Auch hier haben wir eine Verbindung mit der klassischen griechischen Mythologie: Kirke, die Tochter des Sonnengottes Helios, ist dieselbe männertolle Zauberin, die Odysseus bei seinen Irrfahrten auf der Insel Aia schon »bezirzt« hatte.

 icus, ein Sohn des Gottes Saturnus, war König in Latium, ein schöner jugendlicher Held, geliebt von allen Nymphen in den Bergen und Gewässern von Latium. Er aber, alle verschmähend, liebte einzig seine junge Gemahlin, eine Tochter des Janus und der Venilia, die schöne Nymphe Canens, d. h. die Sängerin. Diesen Namen gab man ihr wegen ihres bezaubernden Gesangs. Wenn sie singend durch die Fluren ging, so folgten ihr lauschend die Felsen und Bäume und die Tiere des Waldes, Flüsse hemmten ihren Lauf und die Vögel in der Luft standen still in ihrem Flug. Während sie sich so einst an ihrer Gesangskunst ergötzte, war Picus, ihr Gatte, hinaus in die laurentischen Gefilde gezogen, um den Eber zu jagen. Stattlich saß er auf seinem mutigen Ross, zwei Jagdspeere in der Linken, sein Purpurgewand war mit einer goldenen Spange zusammengeheftet.

In dieselben Wälder war damals die Sonnentochter Kirke, die wegen ihrer Zauberkünste berühmte Jungfrau, von ihrer Insel herübergekommen, um auf den fruchtbaren Höhen sich neue Kräuter für ihr Zauberwerk zu sammeln. Als diese, im Gebüsch versteckt, den schönen Jüngling sah, staunte sie und die gesammelten Kräuter entfielen ihrem Schoß. Eine flammende Glut loderte ihr durch Mark und Bein. Sobald sie von der ersten stürmischen Wallung sich erholt, wollte sie dem Jüngling ihre Liebe bekennen, aber das eilende Ross und die ihn umringende Schar seiner Begleiter hinderte sie daran. »Du sollst mir nicht entfliehen, wenn auch ein Sturmwind dich fortrisse«, sprach sie und schuf durch ihre Zauberkunst das hohle Bild eines Ebers, der an den Augen des Königs vorüberzulaufen und in das Dickicht des Waldes zu gehen schien, da wo das verwachsene Gebüsch dem Ross den Zugang wehrte. Picus schwingt sich schnell von dem dampfenden Ross und eilt zu Fuß dem Trugbild nach in den Wald. Da spricht Kirke ihre Gebete und Zauberformeln, indem sie geheimnisvolle Mächte mit geheimnisvollen Sprüchen anruft, dass durch den aus der Erde emporsteigenden Nebel der Himmel sich verdunkelt und die Begleiter des Königs auf den sich kreuzenden Pfaden seine Spur verlieren. Jetzt tritt die Zauberin, Ort und Zeit benutzend, zu dem jungen König heran: »Bei deinen glänzenden Augen«, sprach sie, »mit denen du die meinigen fingst, bei deiner schönen Gestalt, o Jüngling, welche mich, die göttliche Nymphe, zwingt, dir zu huldigen, sei gnädig meiner Liebe und nimm den allschauenden Sonnengott zum Schwiegervater, verachte nicht grausam die Kirke.« Picus wies die Bittende trotzig zurück: »Wer du auch seist«, rief er, »dein bin ich nicht, eine andere besitzt mich, Canens, des Janus Tochter, und sie soll mich, so die Götter mir gnädig sind, einzig besitzen ein langes Leben hindurch.« Oft erneuerte Kirke ihr Flehen, aber vergebens. Da sprach sie im Zorn: »Das soll dir nicht ungestraft sein; niemals wirst du zu Canens zurückkehren. Lerne jetzt, was eine Gekränkte, eine Liebende, eine Frau vermag.« Darauf wandte sie sich zweimal zum Aufgang und zweimal zum Niedergang der Sonne und berührte dreimal den Jüngling mit dem Stab, indem sie drei Zaubersprüche hermurmelte. Picus entflieht, doch er wundert sich, dass er jetzt schneller läuft als sonst; er bemerkt Federn an seinem Leib und unwillig, dass er so plötzlich die Vögel der latinischen Wälder vermehren soll, bohrt er seinen harten Schnabel in die Stämme der Wildnis und verwundet zornig die hochragenden Äste. Sein Purpurgewand hat sich in purpurne Flügel verwandelt; wo die goldene Spange früher das Kleid zusammengeheftet, wächst Flaum und läuft ein goldener Halsring um seinen Nacken. Picus ist ein pickender Specht geworden, der aus der früheren Zeit nichts mehr hat als den Namen; denn Picus heißt auf Lateinisch der Specht.

Unterdes hatten die Begleiter des Picus ihren Herrn überall vergebens gesucht. Sie trafen endlich die Zauberin – denn der Nebel war von Wind und Sonne verscheucht – und bestürmten sie mit gerechten Beschuldigungen und forderten ihren König zurück. Zuletzt drohen sie mit Gewalt und erheben schon ihre Waffen. Da sprengt Kirke ihr Gift und ruft unter magischem Jammergeheul die Götter der Nacht und der Finsternis aus der Tiefe herauf. Plötzlich – welch furchtbares Wunder! – hüpft zitternd der Wald, die Erde stöhnt, die nahen Bäume werden kahl, die Kräuter umher sind bespritzt mit roten Blutstropfen; die Steine scheinen zu brüllen, Hunde zu bellen, schwarze Nattern im Gras zu zischen, und leichte Schemen von Toten schweben in der Luft. Während die Jünglinge dastehen in starrem Staunen, berührt Kirke sie mit ihrer giftigen Zauberrute und verwandelt sie in mannigfaltige Formen von wilden Tieren. Keinem blieb die frühere Gestalt.

Schon war die Sonne im Westen zur Ruhe gegangen, und noch immer harrte Canens mit Herz und Augen auf den geliebten Gatten. Die Diener und das Volk durchstreifen mit Fackeln alle Wälder, aber sie finden den König nicht. Die Nymphe weint und zerrauft sich das Haar und zerschlägt sich die Brust, sie eilt hinaus und schweift sinnlos durch die Felder. Sechs Nächte und sechs Tage sahen sie ohne Speise und Schlaf durch Berge und Täler irren, endlich sank sie, ermattet vom Weg und vom Gram, am kühlen Ufer des Tiberflusses nieder. Mit leisen Klagen besang sie dort unter Tränen ihr Leid, wie ein Schwan vor dem nahen Tod sein Sterbelied singt. Zuletzt, von ihrem Kummer in der innersten Seele aufgelöst, schwand sie dahin veratmend als leichtes Lüftchen.

POMONA UND VERTUMNUS

Pomona, die altitalische Göttin der Baumfrüchte (pomum = Apfel), war die Gattin des ursprünglich etruskischen Vegetationsgottes Vertumnus. Der römische Dichter Ovid erzählt uns die Sage, wie der verliebte junge Vertumnus die unnahbare und an Männern nicht interessierte Nymphe Pomona für sich gewinnt.

ie keine andere verstand sich die latinische Nymphe Pomona auf die Pflege der Gärten und des Obstes. Mehr als alles andere liebte sie die Fluren mit ihren Obstbäumen, an denen die Früchte üppig prangten. Daran hing ihr ganzes Herz, und mit der Hege und Pflege der Baumfrüchte verbrachte sie ihre Zeit vom Morgen bis zum Abend. Und nicht wie den anderen jungen Mädchen kamen der schönen Nymphe Jünglinge in den Sinn, die um ihr Herz warben. Pomona war immer eifrig in ihrem Obstgarten geschäftig; mit einem gebogenen Messer ging sie an den zu üppigen Wuchs der Obstbäume heran, stutzte sie, brachte

Ordnung hinein, sie pfropfte Reiser auf andere Bäume, ver-
edelte sie und goss alles, wenn die Sonne zu heiß vom Himmel
glühte und die Bäume und andere Pflanzen zu verdörren drohten. Unnahbar schien sie dem männlichen Geschlecht, und
noch nie hatte Venus, die Göttin der Liebe, sie getroffen. Die
schöne Pomona mied die Männer, ja fürchtete sich gar vor ihnen und schloss sich vor diesen Eindringlingen in ihrem wun-
dervollen Garten ein.

Und es gab viele Männer, die sich nach ihrer Liebe sehnten und
sich ihr nahen wollten. Was versuchten nicht alles die Geister der
Fluren um sie herum, die Satyrn und die Pane und der Waldgott
Silvanus, um ihr zu gefallen und sie zu besitzen. Besonders in
Liebe zu ihr entbrannt war Priapus, der ewig lüsterne Gott der
Fruchtbarkeit. Alle schlichen sie um sie herum, doch die spröde
Jungfrau hatte kein Auge für sie und wies sie schroff ab.

Am meisten Verlangen nach ihr aber hatte indes Vertumnus,
der junge Gott der Obstgärten und aller Vegetation, doch mehr
Glück als die anderen hatte er auch nicht. Er war nur von einem Gedanken besessen: Wie konnte er die Aufmerksamkeit
Pomonas auf sich ziehen, wie konnte sie ihn nur bemerken, sie,
deren einzige Liebe den Obstbäumen und ihrem vor Früchten
prangenden Obstgarten galt? Und da er wusste, dass die Schöne ihn barsch abweisen würde, wenn er so einfach vor ihr er-
schiene, kam ihm eine Idee: Er wollte sich der spröden Ange-
beteten als andere Person verkleidet nähern, um so ihre Aufmerksamkeit zu gewinnen und in den ersehnten Garten zu
gelangen.

So nahte sich Vertumnus ihr zuerst als Schnitter, der Pomona
einen Korb voller Ähren brachte; sie ließ ihn in den Garten,
nahm aber keine Notiz von ihm. Dann kam er als Pflüger, dann
wiederum mit einer Leiter auf der Schulter als Apfelpflücker,
bald dann als Soldat und dann mal als Angler. Aber alles umsonst. In diesen Verkleidungen konnte er sich zwar Zugang zu

ihrem Obstgarten verschaffen und die unnahbare Schöne betrachten, allein sie achtete seiner nicht und übersah ihn. Zu guter Letzt versuchte er es dann in der Verkleidung als altes Mütterchen. Mit einer Haube auf dem grauen Haar und einem Stab in der Hand trat er in ihren Garten und bewunderte artig all das schöne Obst und die prächtigen Bäume. Und siehe! Pomona, die zu Frauen, besonders zu alten, immer freundlich und hilfsbereit war, hieß ihn willkommen. Der verkleidete Vertumnus gab ihr sogar Küsschen, aber solche, wie sie eine wirkliche Alte niemals geben würde. Dann setzte er sich auf eine Bank gegenüber einer Ulme, die mit schwellenden Trauben behängt war, während die emsige Gärtnerin sich nicht weiter um ihn kümmerte und geschäftig in ihrem Garten werkelte. »Wenn dieser Baum allein ohne die Reben dastände, wäre er einsam und verlassen und hätte außer seinem Laub nichts, worum man ihn aufsuchen sollte. Und auch die Rebe läge träge und sinnlos am Boden, wenn sie sich nicht um den Baum rankte und mit ihm verbunden und vermählt wäre.« Und dann schon kühner und dreister geworden fuhr Vertumnus fort und erklärte der Schönen, die seiner noch immer nicht achtete, ohne Umschweife sein Gleichnis von der Ulme und der Weinrebe: »Warum nimmst du dir kein Beispiel an dem Baum mit seiner Rebe? Du meidest die Liebe. Hör doch auf eine Alte, die es gut mit dir meint. Such dir einen Gemahl und nimm den Vertumnus zum Gatten. Ich kenne ihn so gut wie mich selbst. Er ist nicht wie die anderen jungen Männer heutzutage, die jedem Mädchen, das sie sehen, gleich nachlaufen. Nur dich liebt Vertumnus, du wirst seine erste und seine letzte Liebe sein. Er ist jung und ansehnlich, und zudem mag er auch die gleichen Dinge wie du: Gärten, Bäume und Obst, das ist es, womit er sich am liebsten beschäftigt.« Und dann erzählte er ihr die schöne, aber traurige Geschichte von der unerfüllten Liebe des Iphis zu Anaxarete:

Einst verliebte sich auf der Insel Zypern der arme Hirte Iphis in die schöne Anaxarete. Sie stammte aus vornehmem Haus, aber ebenso groß wie ihre Schönheit war ihre Hartherzigkeit, und sie wies den vor Liebe sehnsüchtig flehenden Iphis schnöde zurück. Für seine Liebe erntete er bei ihr nur Spott und Hohn, sodass er sich schließlich voller Verzweiflung vor ihrer Tür erhängte. Ungerührt sah Anaxarete dann auch noch vom Dach ihres Hauses zu, als die Leiche des Unglücklichen zu Grabe getragen wurde, wobei sie seiner noch spottete. Das aber war Venus, der Herrin der Insel, zu viel. Sie verwandelte die lieblose Anaxarete in einen Felsstein, der so hart war wie ihr Herz.

Als Vertumnus seine traurige Geschichte beendet hatte, zeigte sich bei Pomona noch immer kein Zeichen davon, dass sie überhaupt zugehört hatte. Sie schien unablässig mit ihren Obstbäumen beschäftigt und drehte sich nicht einmal um. Da warf Vertumnus verzweifelt die Verkleidung als alte Frau ab und erschien in jugendlicher Schönheit als Gott vor ihr; so glänzend war seine Gestalt wie die Scheibe der Sonne, wenn sie durch die dunklen Wolken bricht und plötzlich hell erstrahlt. Schon dachte Vertumnus daran, der unnahbar Schönen Gewalt anzutun. Da auf einmal hielt Pomona bei ihrer Arbeit inne und schaute den Gott entzückt an. Sie spürte auf einmal wie jener die Wunde, die der Pfeil Amors geschlagen hatte. Und beide blieben ihr Leben lang zusammen in ihrem schönen Obstgarten.

ÄNEAS,
DER URAHN
ROMS

DIE MYTHISCHE VERANKERUNG
ROMS IN TROJA

Äneas verlässt mit den Seinen
das brennende Troja

Agamemnons siegesstolzes Wort: »Einst wird kommen der Tag,
da die heilige Ilion hinsinkt, Priamus selbst und das Volk des
lanzenkundigen Königs« hatte sich erfüllt: Troja war gefallen,
König Priamus und die meisten seiner Helden waren in den
Tod gesunken; nur wenige tapfere trojanische Männer standen
noch in Waffen und kämpften mit dem Mut der Verzweiflung
wider den schonungslos würgenden Feind.

Einer der vornehmsten und heldenmütigsten dieser letzten
Streiter war Äneas, des Anchises und der Venus Sohn, ein na-
her Verwandter des unglücklichen Königshauses. Mannhaft
hatte er die königliche Feste wider die stürmenden Griechen
verteidigt und viele Tapfere erschlagen; aber die Übermacht des
Feindes war zu groß, die Burg wurde erstürmt, und nun, da
Äneas sah, dass alles verloren war, brach er sich mit Schild und
Schwert eine Gasse durch die Haufen der Feinde und eilte
durch die brennende Stadt seinem Haus zu, das weit entfernt
von der königlichen Burg nahe der Ringmauer stand.

Es war Nacht, aber fast taghell erleuchteten die Flammen, die
allerorts aus Palästen und Hütten emporschlugen, die Gassen
und Plätze, und selbst die Hügel vor den Toren strahlten in roter Glut.

Äneas erblickte sein Haus, es stand noch unversehrt, bis dahin
waren die beutegierigen Feinde noch nicht vorgedrungen. Er
trat in den Kreis der Seinen und sprach: »Gelobt seien die
Himmlischen, die euch, meine Geliebten, gnädig beschirmt
haben! Troja ist verloren. An allen Enden brennt die Stadt;

Türme, Mauern und Säulen stürzen in Glut und Asche; König Priamus und seine Heldensöhne sind gefallen, seine Gemahlin und die blühenden Töchter Gefangene der Feinde. Auch hierher werden die mordgierigen Scharen Agamemnons kommen. Ich allein kann den Tausenden nicht widerstehen, darum müssen wir fliehen, solange es uns noch vergönnt ist. Auf, meine Lieben, rüstet euch ohne Verzug! Nach dem Hügel, wo der Tempel der Ceres steht, wollen wir unter dem Schutz der Nacht eilen.«

Da hob der alte Vater Anchises seine Hände abwehrend empor und rief kläglich: »Fliehen soll ich, mein Sohn Äneas, fliehen aus der Heimatstadt, darinnen ich in Ehren gelebt und alt geworden bin? Mit Priamus, meinem königlichen Freund, habe ich in diesen Mauern Glück und Leid genossen, mit ihm will ich auch hier mein Leben beschließen und ein Ruhebett finden in der geliebten Heimaterde. Ihr Jüngeren, denen das Leben noch glückverheißend wirkt, mögt fliehen und euch in der Fremde eine neue Heimat suchen, Anchises wählt den Tod in seiner geliebten Stadt Troja.«

Als das Äneas hörte und die Entschlossenheit in seines Vaters Antlitz sah, packte sein Herz wilde Verzweiflung, und er reckte sich auf, dass Wehr und Waffen an seinem Leib erklirrten, und sprach: »Nun denn, so will ich zurückkehren und streiten wider die Feinde, bis ich unter ihren Streichen mein Leben verhauche! Denn wie könnte ich von hinnen ziehen und meinen alten, wehrlosen Vater in der Gewalt furchtbar grausamer Horden zurücklassen!«

Sprach's und hob Schild und Lanze empor, um von dannen zu eilen. Ehe er aber noch die Schwelle seines Hauses erreichte, ergriff seine Gattin Crëusa ihr Söhnchen Askanius, warf sich mit dem Knaben dem Fortstürmenden vor die Füße und rief jammernd: »Bevor dein Fuß diese Schwelle überschreitet, zieh dein Schwert und stoße es uns beiden in das Herz! Denn besser ist es uns beiden, von deiner Hand getötet zu werden, als unter den Mordwaffen hohnlachender Feinde zu verbluten.«

Betroffen und erschüttert blickte der Held auf die verzweifelte Frau und sein geliebtes Söhnchen herab; und wie er so mit sich kämpfend dastand und alle schwiegen, erglänzten plötzlich die Locken des Knaben wie von Feuerschein überstrahlt, und Staunen und Schrecken befiel alle, die solches sahen. Da streckte der Greis Anchises seine Rechte empor und rief: »O seht, seht das himmlische Wunder! Ein Lichtstrahl aus Jupiters Hand umflammt das schuldlose Haupt unseres Kindes! O du erhabener Vater der Götter und Menschen, ist dieses Licht ein Zeichen deines Willens, so lass und auch deine Stimme vernehmen, auf dass wir nicht länger zweifeln!«

Kaum hatte der Greis solche Worte flehend gesprochen, als rollender Donner das Haus erschütterte und ein weithin leuchtender Blitzstrahl durch die Nacht dahinfuhr.

»Jupiter hat meine Stimme gehört und uns seinen Willen kundgetan!«, rief Anchises mit leuchtenden Augen. »Nun zaudere ich nicht länger, mit dir zu gehen, mein Sohn Äneas. Auf, nimm die Bilder unserer Hausgötter vom Altar und lass uns fliehen!«

In Eile wurden nun die Kisten des Hauses hervorgeholt, Gold und Silber, ein reiches Maß; alsdann nahm der starke Äneas seinen alten Vater samt den Götterbildern auf seinen Nacken, fasste sein Söhnchen Askanius bei der Hand, gebot seiner Gattin und der Dienerschar, ihm zu folgen, und verließ mit ihnen das Haus und die Stadt.

Heller Feuerschein aus den brennenden Gassen erleuchtete den Fliehenden den nächtlichen Pfad; wildes Geschrei und Kampfgetümmel erscholl aus der Ferne und trieb sie zur Eile an; das Tor stand offen und sie gewannen glücklich das offene Feld. Vor ihnen, von den Flammen der Stadt rot angestrahlt, ragte auf der Höhe der Tempel der Ceres, und daneben erhob sich der alte heilige Zypressenbaum, das nächtliche Ziel ihrer Flucht. Nie zuvor, selbst im grausigsten Getümmel der männermordenden Schlacht, hatte Äneas Furcht verspürt, jetzt aber erzitterte sein Heldenherz bei jedem Laut, der sein Ohr traf, und nicht einmal wagte er zurückzublicken in der Sorge um seine Geliebten. Keuchend unter der Last und schier atemlos erreichte er endlich die Höhe und ließ seinen Vater im Schatten des heiligen Baums sanft zur Erde gleiten.

»Den großen Göttern Preis und Dank, wir sind gerettet!«, sprach der Held tief aufatmend und blickte strahlenden Auges zu dem Sternenhimmel empor. Alsdann wandte er sich um und suchte an der Spitze der Dienerschar seine geliebte Crëusa, um ihr freudevoll die Hand zu drücken. Doch die er suchte, fand sein Auge nirgends. Er rief ihren Namen – laut und lauter, doch kam keine Antwort aus dem geliebten Mund zurück. In tiefer Bestürzung befragte er die Knechte und Mägde nach dem Verbleib ihrer Herrin, niemand aber vermochte ihm Auskunft zu geben. Da hob der Held seine Augen zum Himmelszelt empor und rief in seiner Herzensangst: »Wehe, ihr großen Götter droben, so hättet ihr doch beschlossen, mir das Teuerste zu entreißen, das ich mein nenne? O nein, nein, nein! So grausam strafen die Himmlischen keinen, der ihnen allezeit in Frömmigkeit und Treue gedient! Ich will eilen und die Verirrte suchen, bis ich sie gefunden. Deinem Schutz, erhabene Göttin, die hier im Tempel wohnt, befehle ich meine Lieben allhier! Vater Anchises, halte du die Unseren zusammen, bis ich, die geliebte Frau an der Hand, zu euch zurückkehre.«

Bewaffnet mit Lanze, Schwert und Schild, eilte der sorgenbekümmerte Held durch das nächtliche Gefilde nach der brennenden Stadt hinunter. Vielen Flüchtlingen – Männern, Frauen und Kindern – begegnete er unterwegs, allein Crëusa war nicht unter ihnen, auch hatte keiner die Verlorene gesehen. Schier verzweifelt eilte Äneas durch das Stadttor, lief durch die öden Gassen nach seinem Haus, im Glauben, seine Frau möchte dorthin zurückgekehrt sein, um noch ein vergessenes Kleinod zu retten. Nahe herangekommen, sah er mit Schmerz, dass sein Haus schon in der Gewalt der Feinde war: Beutelüsterne Griechen zertrümmerten mit Axthieben Kasten und Truhen und Säulen, und auf dem Dach schwang der rote Hahn seine feurigen Flügel.

Weiter lief Äneas, lief bis zum brennenden Königspalast und rief, der feindlichen Horcher ungeachtet, mit lauter Stimme den Namen seiner Gattin. Alles umsonst, keine Antwort kam zurück, und auch nicht eine Spur der Verlorenen vermochte er zu finden. Da schlug sich der kühne Mann mitten durch die Scharen der Feinde, die ihm den Weg versperrten, eilte vorwärts durch die Gassen und kam endlich wieder an dasselbe Tor, durch das er in die Stadt eingetreten war. Er schritt hindurch in das offene Feld, erhob seine Arme und rief schmerzbewegt: »Crëusa, Geliebte meiner Seele, ach wohin magst du dich doch verloren haben?«

Da siehe! Wie in einer Wolke erblickte der trauernde Mann die geliebte Gestalt. Aber da er seine Hände ausstreckte, die Liebste zu umfassen, wich sie vor ihm zurück, und aus ihrem Mund kamen die traurigen, doch milde tröstenden Worte: »Die du suchst, Äneas, ist nicht mehr unter den Lebenden: Deine Crëusa ist hinübergegangen in das Land, aus dem kein Sterblicher wieder zurückkehrt. Die Götter hatten es so beschlossen, ich sollte die Heimat nicht verlassen. Du aber, Äneas, kehre zurück zu den anderen, küsse an meiner statt unseren geliebten Askanius und führe ihn in das Land, das die Götter euch zur neuen Heimat ausersehen haben. Dort wirst du ein Königreich finden, wirst eine strahlende Herrscherkrone tragen, und unser Askanius wird in der Königin, deiner Gemahlin, eine zweite Mutter liebgewinnen – wohl schöner noch und edler, als Crëusa es gewesen. Lebe wohl, mein Geliebter!«

Als sie diese Worte gesprochen, entschwand die Erscheinung gleich einer rosigen Wolke, die sich in Duft auflöst. Und Äneas stand lange tief erschüttert und sprachlos, in seiner Seele die Worte der Verlorenen bewegend; darauf kehrte er traurig und schmerzgebeugt zu den Seinen zurück.

Beginn der Irrfahrt

Dort oben am Tempel der Ceres hatte sich unterweilen eine größere Schar Flüchtlinge angesammelt: Greise und waffenfähige Männer, Frauen und Kinder, Jünglinge und Mädchen. Außer den Bildern ihrer Hausgötter, der herdschützenden Penaten, hatten sie ihre beste Habe mit sich geführt, schwere Bürden allermeist, keine jedoch so kostbar wie jene, die Äneas auf seinem Nacken hierhergetragen.

Dort stand der ehrwürdige Anchises im Schmuck seines weißen Haars mitten unter den Unglücklichen, und als er nun seinen starken Sohn zurückkehren sah, trat er aus der Menge hervor und rief freudig: »Sei uns gegrüßt, Äneas, du Hort und Hoffnung dieses irrenden Häufleins! Siehe, unser sind viele geworden, aber was begännen wir wohl ohne dich? Wie ausschwärmende Bienen ohne die Königin sich verlieren und zerstreuen würden, so auch wir, wenn nicht deine starke Hand und zusammenhielte und führte. Doch du kommst allein, und dein Angesicht ist trübe und traurig – hast du die arme Crëusa nicht gefunden?«

Jetzt kam auch der Knabe Askanius herangesprungen mit der Frage: »Wo ist meine Mutter, lieber Vater?« Mit seinen Armen umfing Äneas den Knaben, küsste ihn schmerzlich und sprach leidvoll: »Die Küsse sendet dir deine geliebte Mutter zum Abschied, mein Kind; sie selbst kann nicht mehr wiederkehren und dich in ihre Arme schließen, denn sie weilt schon im Reich des Pluto. Wohl magst du weinen und klagen, mein Sohn, hast du doch das Beste und Teuerste im Leben verloren; allein wer möchte bezweifeln, dass deiner geliebten Mutter ein schöneres Los beschieden worden als uns allen? Sie ist eingegangen in die Gefilde der Seligen, indessen wir heimatlos umherirren und nicht wissen, wo wir morgen unser müdes Haupt zum Schlaf niederlegen werden. Siehe, wie die Flammen aus unseren Häusern in roter Glut zum Nachthimmel emporschlagen! Heil deiner Mutter Crëusa, deren Auge solch Schrecken nicht mehr schaut!«

Er schwieg, und alle blickten mit ihm sprachlos auf die brennende Stadt hernieder; alsdann erhob sich ein lautes Jammern und Wehklagen in der Schar.

Äneas, obgleich am tiefsten gebeugt und erschüttert, ermannte sich zuerst, erhob die Rechte, um Schweigen zu gebieten, und sprach mit lauter Stimme: »Unsere geliebte Vaterstadt, das heilige Ilion, versinkt in Glut und Asche, und keine Tränen, und würden sie zu Bächen und Strömen, könnten ihre Flammen löschen. Darum stillt euer Weinen und Wehklagen und denkt mit mir auf unsere Rettung! Denn fürwahr: Sobald der Tag anbricht und die Feinde uns hier erblicken, werden sie nicht säumen, mordwütig emporzustürmen, um auch uns, gleich den Tausenden und Tausenden, die in der Stadt verblieben, auszutilgen mit der Schärfe des Schwerts.«

Nach diesen Worten befiel ein Schrecken die ganze Schar der Unglücklichen, und Männer und Frauen streckten Äneas flehend die Arme entgegen und riefen: »Führe uns, du großer Liebling der Götter, und wir alle wollen dir willig folgen!«

»Nun wohl«, erwiderte Äneas, »so will ich denn euer Führer sein. Der Wege und Stege und Schlupfwinkel dieses Landes bin ich wohl kundig; unsere Zuflucht ist das nahe Gebirge und weiter dann das heilige Meer. Seht da! Am Himmelsrand erstrahlt schon der Morgenstern! Hohe Zeit ist's zum Aufbruch.«

Nun rafften alle ihre Habe zusammen, winkten der verlorenen Heimatstadt den letzten Gruß und folgten dem Helden Äneas, der, seinen Vater auf dem Nacken und sein Söhnchen an der Hand, rüstig dem Zug voranschritt und bald in die Schluchten des Idagebirges hinabstieg.

Am Fuß des Gebirges lag die kleine Hafenstadt Antandros, das Ziel ihrer Wanderung auf der festgegründeten Erde. Dort wollten sie Schiffe bauen und dann im Vertrauen auf die Führung der Götter auf das Meer hinausfahren.

Glücklich erreichten sie die Stadt und stießen dort auf eine andere große Schar trojanischer Flüchtlinge, die beim Anblick des Helden Äneas ein lautes Freudengeschrei erhob. Tapfere Männer waren darunter, Männer, die kühn wider die Feinde gestritten hatten; so vor allem Ilioneus, der Graubart, Palinurus, der berühmte Schiffer, die streitbaren Helden Antheus, Sergestus und Kloanthus, und endlich er, den Äneas wie einen Bruder liebte, der allzeit treue Achates. Mit den Frauen und Kindern waren mehr als tausend beisammen, und alle blickten voll Zuversicht und Hoffnung auf Äneas und voll Ehrfurcht auf seinen Vater Anchises, sie glaubten, die Götter hätten diese auserwählten Männer gesandt, sie in ihrer Not zu beschützen und in eine neue Heimat zu führen.

Auf Äneas' Befehl gingen nun alle kräftigen Männer und Jünglinge an das Werk, Schiffe zu bauen. An Holz mangelte es im nahen Gebirge nicht, und vom frühen Morgen bis zum späten Abend erklangen die Äxte, Meißel, Beile, Sägen und Hämmer. Nicht weniger als zwanzig große Fahrzeuge wurden in kurzer Zeit fertiggestellt, und ein Festtag war es für alle, als die Schiffe vom Stapel in die Hafenbucht hinabgelassen wurden. Äneas bestimmte die Führer und Ruderer für jedes Fahrzeug und teilte einem jeden die Zahl der Frauen und Kinder zu. Mit reichen Speisevorräten und frischem Wasser in Gefäßen und Krügen wohl versehen, begab sich die Schar an Bord; die weißen Segel wurden entfaltet, kräftige junge Männer ergriffen die Ruder, auf einen Wink des obersten Führers der Flotte schlugen sie im Takt die Wogen, und fort zogen die Schiffe auf das weite, sonnendurchflutete blaue Meer hinaus.

»Fahre wohl, du geliebte alte Heimat!«, rief der Greis Anchises und winkte mit der Hand nach den grünen Bergen hinüber. Dabei rollten dem Alten die Tränen in den weißen Bart, und viele seines Alters und die meisten Frauen schluchzten laut. Auch die kraftvollen Männer und Jünglinge blickten ernst und leidvoll nach dem schwindenden Strand zurück, nur die Kinder wussten von keinem Weh und keiner Sorge; sie liefen auf den Schiffen hin und her, freuten sich der schnellen Fahrt, sahen mit Staunen dem Spiel der flinken Delphine zu und schossen mit Pfeilen nach den Vögeln, die über den Segeln schwärmten.

Zwei Tage und zwei Nächte fuhren sie unaufhaltsam vorwärts, über sich den blauen Himmel, unten den bewegten Spiegel des grenzenlosen Meeres. Da plötzlich, in der Frühe des dritten Tages, scholl eine jauchzende Stimme: »Land! Land zur Rechten!« Aller Augen blickten in die Richtung, und siehe: Am Himmelssaum erschien wie ein silbernes Band ein weißer Streifen, und dahinter stiegen grüne Hügel in die blauen Lüfte empor. Ja, das war die Küste eines Landes; niemand aber wusste zu sagen, welches Land das sei und ob dort den Flüchtlingen schon eine Heimat winkte.

Äneas beratschlagte mit seinem Vater Anchises und seinem Freund Achates, darauf erteilte er den Befehl, nach der Küste zu steuern. Auf allen Schiffen ertönte freudiges Beifallsgeschrei; es knarrten die Steuerruder, die Schiffsschnäbel wandten sich gen Norden, und langsam fuhr die Flotte der so verheißungsvoll lockenden Küste entgegen. Ging's in das neue Heimatland oder an den Wohnsitz eines wilden, feindseligen Volkes?

Der Strand war menschenleer; kein lebendes Wesen ließ sich auf dem weißen Sand und auf den grünen Hügeln blicken, und unbehindert konnten die Trojaner landen und ihre Fahrzeuge in einem geschützten Flussbett verankern.

Ein schönes Waldtal nahe am Meeresufer lockte zur Rast, und sie labten sich an den frischen Quellen, die dort sprudelten, schlugen ihre Zelte auf und richteten sich zu längerem Verweilen wohnlich ein. Es war ein schönes, friedliches Land mit fruchtbaren Ackergründen und guten Viehweiden, ganz so, wie die Flüchtlinge es wünschten. Und sie beschlossen, sich dort anzusiedeln und eine Stadt zu bauen, die nach ihrem Führer Äneas den Namen Äneos erhalten sollte. Ohne Säumen gingen sie ans Werk, und mit jedem neuen Tag wuchsen die Mauern der neuen Stadt höher empor. Dabei aber vergaßen die Glücklichen auch der Götter nicht, die sie bis dahin so glücklich geführt hatten. Auf einem gesonderten Hügel bauten sie einen Altar, um an der heiligen Stätte den Himmlischen Dankopfer darzubringen. Darauf ging Äneas in den nahen Hain, wo junge Myrtenbäume standen, die er zum Schmuck des Altars herbeiholen wollte. Mit seinen Händen erfasste er ein Bäumchen und zog es mit den Wurzeln aus der Erde heraus. Dabei verwunderte sich der Held, wie die junge Pflanze schon so innig und fest mit dem Erdreich verwachsen war, dass er seine ganze Kraft einsetzen musste, um sie herauszuheben. Er betrachtete die Wurzeln und stand starr vor Erstaunen; denn was erblickten seine Augen? An allen Fasern hingen rote Tropfen, die ganz so aussahen, als wären sie Blut. »Eine seltsame Erscheinung«, sagte Äneas kopfschüttelnd, »ich habe dergleichen noch niemals gesehen.« Ein zweites Bäumchen, das er herausziehen wollte, saß so fest in der Erde, dass der starke Mann sich mit dem Knie gegen den Boden stemmen musste, um es herauszubekommen. Und siehe: Wiederum tropfte rotes Blut von allen Wurzelfasern.

»Seltsam, seltsam«, sprach Äneas bei sich. »Es ist, als hätten hier die Myrten rotes Blut in den Adern.«

Wie er nun ein drittes Bäumchen dem Erdreich entreißen wollte, erschreckte ihn ein Seufzen und Stöhnen wie aus einer schmerzgequälten Menschenbrust, und eine Stimme aus der Tiefe des Hains rief ihm zu: »Was störst du meinen Todesschlaf, Äneas? Lass ab von deinem grausamen Beginnen, denn du schaffst mir Qualen! Ich bin Polydorus, König Priamus' unglücklicher Sohn, der hier, unter Mörderhand gefallen, begraben liegt. Dies Land heißt Thrakien. Du weißt, mein Vater hatte mich dem befreundeten Fürsten dieses Landes zur Hut und Pflege anvertraut. Als aber Trojas Glück sich neigte, schwand auch die Freundschaft des Thrakierkönigs; der treulose Mann verriet mich an die feindseligen Griechen, und diese haben mich, den Unschuldigen, zu Tode gesteinigt. Eile und flieh aus diesem fluchbeladenen Land, Äneas, denn hier ist deine neue Heimat nicht! Noch herrscht hier der grausame Verräter, und er wird auch dich und die Deinen vernichten.«

Erschüttert und schreckgelähmt stand Äneas eine Weile sprachlos; dann murmelte er mit bleichen Lippen: »Armer Polydorus, wie haben wir dein unglückliches Los in Trojas Mauern betrauert! O, nicht bin ich gekommen, deinen Frieden zu stören; eine Totenfeier will ich dir halten, damit deine Seele Ruhe finde; dann aber wollen wir den blutbefleckten Staub dieses Landes von unseren Füßen schütteln und eiligst von hinnen ziehen, denn hier ist Gefahr im Verzug.«

Ins Lager zurückgekehrt, berief Äneas die Ältesten in sein Zelt und verkündigte ihnen, was er im Myrtenhain erlebt hatte.

Alle entsetzten sich ob der Schreckenskunde, und es wurde beschlossen, am folgenden Tag schon das durch schändlichen Treuebruch und Verrat entehrte Land zu verlassen.

In feierlicher Weise wurde darauf das Leichenbegängnis für den unglücklichen Polydorus abgehalten, und als man seiner Seele die Abschiedsgrüße zugerufen hatte, kehrten alle in das Lager zurück, nahmen ihre Habe und gingen an den Strand, um wiederum auf das Meer hinauszufahren, die neue Heimat zu suchen.

Gen Süden steuerten die Schiffe, und sie kamen an mancher Insel vorüber, die mit ihren blauen Bergen und sonnigen Tälern die Seefahrer freundlich herbeizuwinken schien. Vor allen anderen aber zog ein Eiland aller Blicke magisch an, das sich wie ein farbenschimmerndes Juwel aus dem saphirblauen Meer emporhob. Umhegt von grünen Bergen, stand dort nahe dem Strand eine marmorweiße Stadt; blauer Rauch stieg aus den Häusern in die sonnigklaren Lüfte, und über den Dächern wiegten sich Schwärme von weißen Tauben.

»Seht, o seht!«, rief auf den Schiffen einer dem anderen zu, »dort, auf jener glücklichen Insel, ist wohl die Heimat der Schönheit und des Friedens! Lasst uns dorthin fahren und die Bewohner um Land und Weideplätze bitten!«

Äneas fügte sich diesem Wunsch der Menge, und die Flotte steuerte der Insel zu und warf die Anker in der wohlbeschirmten blauen Hafenbucht.

Sobald das geschehen war, stürmte viel Volk aus der Stadt herbei, die Ankömmlinge zu sehen. Diese hörten nun, dass sie auf der Insel Delos waren, die dem Gott Apollo geweiht war. Der Kunde freuten sich die Heimatlosen, denn hier durften sie Gastfreundschaft erhoffen, hatten doch die Fürsten und Völker von Troja mit denen von Delos in Frieden und Freundschaft gelebt. In feierlichem Aufzug, mit Lorbeerreis in der Hand und um die Schläfe die heilige priesterliche Binde, nahte König Anius dem Hafen. Sobald sein Auge den alten Anchises erblickte, glänzte es freudig auf, und der Fürst sprach zu seinen Begleitern: »Seht! Ist nicht jener ehrwürdige Greis am Hafendamm mein lieber Gastfreund Anchises von Troja und der hohe bärtige Mann an seiner Seite sein ruhmreicher Sohn Äneas? Verhält es sich also, so sollen die Fremdlinge mir herzlich willkommen sein.«

Gemessenen Schrittes und in würdevoller Haltung, wie es einem König geziemt, schritt der Fürst den Ankömmlingen entgegen, und da er sah, dass er sich nicht getäuscht hatte, trat er auf Anchises zu, streckte dem Greis die Rechte entgegen und sprach voller Huld und Freundlichkeit: »Heil sei dem Tag, der meine teuren Gastfreunde aus Troja zu mir führt! Anchises, Äneas und allen, die mit diesen edlen Männern gekommen sind, bietet der König dieser Insel herzliches Willkommen!«

Da war Freude unter den Heimatlosen, und hundertstimmige warme Dankesrufe schallten dem edlen Fürsten entgegen. Der König lud die ganze Schar in seine Burg zu Gast, doch der fromme Äneas erwiderte dem milden Wirt: »Deiner Güte freuen wir uns von Herzen und nehmen deine Einladung mit Dank an, edler Fürst; doch zuvor müssen wir eine heilige Pflicht erfüllen und dem erhabenen Apollo, dem diese Insel geweiht ist, unser Dankopfer darbringen. Dort auf dem Hügel im Schatten des Lorbeerhains sehe ich den Tempel des Gottes. Auf, meine Freunde, wascht Hände und Antlitz, legt reine Gewänder an und folgt mir nach zu der heiligen Stätte!«

Unter Führung des Königs Anius bewegte sich der Pilgerzug nach dem heiligen Hügel, wo unter Lorbeerbäumen Marmorsäulen sich erhoben.

Vor der Schwelle des Tempels warf sich der fromme Äneas zur Erde nieder, streckte zum Gebet seine Arme aus und sprach: »Erhabener Herrscher Apollo, du treuer Hort und Helfer meines Volkes, dir zu danken und deinen Namen zu preisen, sind wir zu deinem höchsten Heiligtum gekommen. Du weißt, wie wir irren über Land und Meer, eine neue Heimat zu suchen – o, so neige dein Ohr huldvoll meiner Bitte und gib uns ein Zeichen, ob du diese deine Insel zu unserer neuen Wohnstätte ausersehen hast oder nicht!«

Er schwieg, und alle lauschten atemlos, ob der Gott das Gebet des Flehenden erhören würde.

Da horch! Es erbebte der Tempel bis auf den Grund; durch den Lorbeerhain ging ein Rauschen wir von einem heftigen Wind, und aus dem Inneren des Heiligtums rief eine Stimme: »Flüchtlinge aus Troja, nicht diese Insel ist euch zur Heimat bestimmt, sondern jenes Land, wo vorzeiten die Wiege eures Geschlechts gestanden. Dorthin richtet eure Fahrt, und habt ihr die Urheimat erreicht, so werft Anker und baut die Stadt der Zukunft, die die Völker des Erdkreises beherrschen wird.«

Belebt von der Botschaft Apollos, erhoben sich die Pilger von der Erde, und einer fragte den anderen: »Welches ist wohl das Land, wohin uns der Gott zu fahren heißt?«

Tief in sich versunken stand der alte Anchises da, er suchte in seiner Seele die Deutung des Orakels. Endlich hob er das weiße Haupt empor, seine Augen erglänzten vor Freude, und er sprach mit weithin tönender Stimme: »Das Land, in welchem die Wiege unseres Geschlechts gestanden, kann kein anderes sein als die heilige Insel Kreta. Dorther kam einst Teuker, der Stammvater unseres Volkes, nach Kleinasien und gründete Troja; dort erhebt sich das ältere Idagebirge, wo Jupiter selbst, der Vater der Götter und Menschen, als Kind auferzogen wurde; dort ist die Stätte, auf der wir das neue Troja, das die Völker des Erdkreises beherrschen wird, erbauen sollen – auf denn nach Kreta!«

Kreta

Die Deutung des weisen Anchises wurde von allen mit Jubel aufgenommen, denn die Insel Kreta lag nicht allzu fern, bei gutem Fahrtwind war sie in zwei bis drei Tagen wohl zu erreichen. Voll Dankbarkeit gegen die Götter opferte nun Äneas Apollo und Neptun je einen Stier und den Beherrschern der Winde weiße und schwarze Lämmer; darauf bewirtete Anius seine Gäste aufs Beste, spendete ihnen Korn, Brot und Wein in reichem Maße für die Reise, geleitete sie an den Hafen und rief, mit der Hand winkend, der aufbrechenden Flotte ein herzliches »Fahre wohl!« nach.

Neptun, der mächtige Gott des Meeres, zeigte sich den Schiffern freundlich gesinnt, ein frischer Wind blähte die Segel, fröhlich ging es vorwärts, an vielen Inseln vorüber: an Naxos, Donusa, Paros, Oleares und manchem anderen lieblichen Eiland des inselreichen kykladischen Meeres, bis man am dritten Tag glücklich die Insel Kreta erreichte.

In froher Hoffnung betraten die Flüchtlinge das schöne Eiland, das die Götter ihnen zur neuen Heimat bestimmt. Der Strand war nur spärlich bewohnt, und keinen Widerstand, keine Feindschaft fanden die landenden Trojaner bei den Fischern Kretas. Da Äneas und die anderen Führer nicht zweifelten, dass sie hier dauernd wohnen würden, gingen sie mit dem ganzen Volk sogleich ans Werk, eine Stadt zu bauen, die nach Priamus' Burg den Namen Pergamus erhalten sollte. Die Arbeit ging rasch vonstatten, denn von früh bis spät regten sich alle Hände fleißig, während die Kinder froh und lärmend am Strand spielten. In der Lust freudigen Schaffens vergingen den Ansiedlern die Wochen und Monate wie Tage; die Stadt wurde vollendet; Äneas teilte den Familien Häuser und Äcker zu und saß mit den Ältesten im Rat, für das neue Pergamus weise Ordnungen und Gesetze zu ersinnen.

Allein: Der Mensch denkt, aber Jupiter, der höchste Gott, lenkt, und es kommt oft gar viel anders, als menschliches Denken und Vorschauen erwartet hat. So auch in der jungen Stadt der Trojaner. Der erste Sommer und Winter waren ihnen in fröhlicher Arbeit glücklich verlaufen; jetzt kam der neue Frühling mit Vogelsang und Sonnenschein; die Äcker wurden bestellt; auf den grünenden Triften tummelten sich Pferde, Rinder, Ziegen und Schafe; lieblich und lustig ertönten die Weidenflöten der Kinder und der Hirten Rohrschalmeien; barfüßig wateten flinke Knaben und langzöpfige Mädchen am weißen Strand in das spiegelglatte blaue Meer hinein: überall Lust und Glück und fröhliches Leben – Heil dir, neues Pergamus!

Allein, selbst der Sonnenschein kann zum Übel werden. Die Saat auf dem Feld, der Baum im Wald, ja selbst Tier und Mensch bedürfen Regen, Wind und Ungewitter, wenn sie wachsen und gedeihen sollen. Der Frühling auf Kreta aber brachte nur Sonnenschein, heute wie gestern und morgen wie heute, einen Tag um den anderen und Woche um Woche, bis er zu Ende war.

Und dann kam der Sommer, ein Sommer so dürr und heiß, wie selbst der alte Anchises ihn noch nie erlebt hatte. Die Saaten verdorrten, Laub, Gras und Blumen verwelkten, allerorten versiegten die Quellen; das Vieh fand keine Nahrung mehr auf den Weiden und musste verderben und sterben; mit weit aufgesperrten Schnäbeln saßen die Vögel auf den dürren Bäumen und lechzten nach frischem Wasser, und da also die Not schon groß genug war, kam von Süden her über das schlafende Meer der glühende Wüstenwind, der Samum, und versengte mit seinem heißen Atem in Flur und Wald alles, was noch Saft und Leben hatte. In den Adern der Menschen und Tiere aber vergiftete sein Feuerhauch das Blut, und es kam ein großes Sterben. Bald war in Pergamus kein Haus, in dem nicht ein Kranker und Sterbender lag. Des Jammers war gar zu viel, und kein Beten und Opfern brachte die ersehnte Rettung aus der schrecklichen Not; die Götter schienen zu schlafen, oder sie wollten nichts hören – was mochten nur die armen Ansiedler verschuldet haben, dass sie so furchtbar gestraft wurden?

Das war die Frage, über die die Ältesten der Gemeinde, Anchises an der Spitze, viel ratschlagten, und da trotz aller Opfer die Seuche fortwütete, wurde endlich der Beschluss gefasst, Kreta zu verlassen und nach Delos zurückzusegeln, um das Orakel in Apollos Tempel noch einmal zu befragen.

Äneas verkündigte die Botschaft dem Volk, und lauter Beifall antwortete ihm aus der Mitte der Gesunden und Ungebrochenen. So wurden denn die Schiffe seetüchtig gemacht und mit den dürftigen Vorräten von Speise und Getränken, die noch vorhanden waren, ausgerüstet und Tag und Stunde der Abfahrt dem Volk verkündigt.

Die letzte Nacht brach an; in den Straßen und Häusern der Stadt wurde es allmählich still; alle begaben sich zur Ruhe, um in der Frühe des nächsten Tages frisch belebt wieder aufzustehen und zu Schiff zu gehen.

Auch Äneas, der Fürst und Führer des unglücklichen Volkes, hatte sein Lager aufgesucht, aber der sanfte, gliederlösende Schlaf wollte ihm nicht die Augen schließen. Sein Herz war voller Sorge um das Schicksal der vielen, die sich seiner Führung anvertraut hatten. War es wohlgetan, Kreta, wohin die Stimme des Gottes sie gewiesen hatte, zu verlassen? Was sollte aus der Stadt werden, die sie hier auferbaut, und was aus den Genesenden und Fieberkranken, die in der Stadt zurückbleiben mussten? War der Beschluss, fortzuziehen, nicht doch übereilt? Wie, wenn sie ausharrten, bis Dürre und Seuche vorüber, konnte nicht Pergamus aufblühen zu einer glücklichen, weltbeherrschenden Stadt, wie der Gott es verheißen? – O, war denn nirgends Antwort zu finden auf diese Fragen, die seine Seele beunruhigten und von seinem Lager den Schlaf fortscheuchten?

»O, ihr himmlischen Götter, denen nichts verborgen ist und die das Schicksal sterblicher Menschen in ihrer Hand haben, erbarmt euch meines Volkes und gebt mir ein Zeichen, ob es euer Wille ist, dass wir von hinnen ziehen!«

So betete aus Herzensgrund der fromme Mann und harrte dann mit Spannung auf das erbetene Zeichen.

Auf dem Altar nächst dem Herd standen die weißen Götterbilder, die Penaten seines Hauses, die er aus Troja glücklich bis hierher geführt hatte. Silberhelles Mondlicht drang durch das

Gitter herein und warf einen Glanz über die heiligen Figuren. Voll frommer Scheu blickte Äneas auf die weißen Gestalten, die schon den Ahnen seines Hauses teuer gewesen waren und ihren Herd treulich beschirmt hatten. Und wie er so mit schlaftrunkenen Augen und doch wachen Herzens die mondbestrahlten Götterbilder betrachtete, kam es ihm vor, als erhielten die Figuren Leben und Bewegung, und er vernahm deutlich die Worte: »Äneas, du starker und frommer Sohn des Anchises und der schönen Göttin Venus, verzage nicht und sei getrost! Wir, die Götter deines Hauses, die du aus dem brennenden Troja gerettet hast, sind mit dir und werden dich beschirmen auf allen deinen Wegen. Vertraue uns nur und vernimm, was wir dir im Namen des großen Apollo zu verkünden haben! Nicht Kreta ist das Land der göttlichen Verheißung und der Zukunft deines Volkes, nicht Pergamus allhier die Stadt, welche einst den Erdkreis beherrschen wird, nein, das Land heißt Italien oder in der Sprache der Griechen Hesperien – kennst du das Land? Das ist die Urheimat deines Volkes; dorther kamen Dardanus und Iasius, die ältesten Ahnherrn des trojanischen Stammes, nach Kleinasien; dorthin sollst nun du die letzten Kinder des unglücklichen Troja zurückführen und in der uralten Heimat die Stadt bauen, die nach der Verheißung des delischen Apollo die Völker des Erdkreises beherrschen wird. Das Ziel ist fern und hoch, aber baut nicht der Adler seinen Hort auf den höchsten Bergeskuppen, um als König die Lüfte zu beherrschen? Sei adlerkühn, Äneas, und du wirst als König in Hesperien herrschen!«

Nach diesen Worten war es wieder still wie zuvor im Gemach; das Mondlicht spielte auf den Götterbildern, und die Figuren standen stumm und reglos da wie sonst immer – hatte Äneas den ganzen Vorgang nur geträumt? Schweißtropfen standen auf seiner Stirn und sein Herz klopfte heftig – nein, kein Traum hatte ihn getäuscht; klar und deutlich hatte er die Stimme des

Gottes vernommen. Er konnte den Morgen kaum erwarten vor Ungeduld, und als das erste Tageslicht ins Gemach fiel, sprang der Held von seinem Lager auf, wusch sich Hände und Angesicht, legte reine Gewänder an, sprengte betend den Göttern aus einem Krug Wein als Dankesspende und eilte alsdann zu seinem Vater, um ihm das nächtliche Erlebnis kundzutun.

Als der Greis alles vernommen hatte, schlug er sich mit der flachen Hand vor die Stirn und sprach lebhaft: »Wahrlich, die Penaten haben das Orakel des delischen Apollo richtiger gedeutet als ich! Wohl ist unser Vater Teuker von Kreta nach Troja gekommen, aber unsere Urahnen Iasius und Dardanus entstammten dem Land Hesperien, das man nach dem König Italus jetzt Italien heißt. Kein Zweifel, du hast der Götter Stimme vernommen, mein Sohn Äneas; darum lass uns dem Wink folgen und anstatt nach Delos die Kiele unserer Schiffe abendwärts nach dem gelobten Land Hesperien richten.«

»Also geschehe es, mein Vater«, erwiderte Äneas. »Ich eile, dem Volk die Weisung der Götter kundzutun.« Mit Jubel wurde die Botschaft von der Menge aufgenommen, und von Mund zu Mund ging nun die Losung: »Nach Italien, nach Italien! Dort werden wir das neue Troja erbauen.«

Die Hoffnung belebte alle Herzen, in froher Zuversicht gingen Jung und Alt zu Schiff, nur ein kleines Häuflein blieb mit den Kranken in der verlassenen Stadt zurück, und noch in späten Tagen blühte auf der Insel Kreta Pergamus, die Troerstadt.

Die Weissagung der Harpyie

Kaum war die Flotte so weit auf hoher See, dass auch das schärfste Späherauge die Kuppe des Ida auf Kreta nicht mehr wahrnehmen konnte, als der ganze Himmelsbogen sich mit dunklen Wolken bedeckte und ein gewaltiger Sturm losbrach.

Das Meer fing an zu brüllen und zu toben wie die wilden Tiere der Wüste; immer mehr verfinsterte sich die Luft, immer dichter ballten sich die Wolken zusammen, und es wurde bald so dunkel wie in einer sternlosen Winternacht. Da plötzlich rissen die schwarzen Wolken auseinander; ein Blitzstrahl flammte auf und übergoss Himmel und Meer mit blendend hellem Licht. Nur einen Augenblick, dann war es finsterer als zuvor, und mit dem Donnern der sturmgepeitschten Wogen wetteiferte nun die schreckliche Stimme des Donners in den Lüften. Die Schleusen des Himmels taten sich auf und Regen rauschte in Strömen herab: Es war ein Rauschen und Tosen, ein Brüllen und Heulen, ein Pfeifen und Brausen, ein Knattern und Krachen und Donnern und Wettern oben und unten und ringsumher, als stünden die Götter des Himmels mit allen Ungeheuern der Tiefe im wildesten Kampf.

Drei Tage und drei Nächte währte der grausige Aufruhr der Elemente, drei Tage und drei Nächte kämpften die trojanischen Schiffer verzweifelt um ihr Leben – dann war es vorüber: Die guten Götter hatten den Sieg errungen, das empörte Meer beruhigte sich allmählich, durch Dunst und Nebel blickten blaue Himmelsaugen nach den armen Menschen auf den Schiffen, und endlich kam auch die Sonne wieder und streute rosiges Licht auf die schaumbedeckten Wogen.

»Den großen Göttern Lob und Dank, wir sind gerettet!«, sagte tief aufatmend der fromme Äneas, und mit ihm erhoben alle in seinem Schiff die Hände betend zum Himmel. Darauf hielten sie Umschau nach den anderen Fahrzeugen, erblickten aber nur wenige in der Nähe und spannten ein weißes Segel aus, um den Sturmverschlagenen ein Zeichen zu geben. Bald kamen die zerstreuten Schiffe eines nach dem anderen herbei, und endlich waren alle wieder beisammen, keins war verlorengegangen. Freudebewegt rief da Äneas mit lauter Stimme: »Uns haben die Himmlischen sichtbarlich beschirmt, sonst lägen wir alle wohl tief unten auf dem Grund des Meeres. Wie schwach ist Menschenkraft den Schrecken der Natur gegenüber, aber wie groß und gewaltig sind die Götter, deren Hand uns emporgehalten hat in der furchtbaren Not und Gefahr! Das, meine Freunde, wollen wir nie vergessen und den Huldreichen droben allzeit Dank opfern.«

Groß war die Freude über die glückliche Errettung auf allen Schiffen, aber niemand vermochte zu sagen, wo sie sich befanden, selbst nicht der seekundige Steuermann Palinurus. Im Vertrauen auf die Führung huldvoller Götter richteten sie die Kiele gen Sonnenuntergang, und nicht lange, da erblickten sie eine felsige Insel und steuerten darauf zu, obschon sie nicht wussten, ob dort gastfreundliche Menschen oder grausame Ungeheuer wohnten.

Nahe herangekommen, erblickten sie auf der grünen Weide am Fuß der Berge grasende Rinder und Ziegen: ein friedliches, lockendes Bild nach den wilden Schrecken der letzten Tage. Viele streckten die Hände nach der Insel aus und lachten und weinten vor Freude. Als die Schiffe in den Hafen einfuhren und Männer, Frauen und Kinder jauchzend auf den Strand sprangen, hoben die gehörnten Rinder und bärtigen Ziegen die Köpfe empor und blickten mit Verwunderung nach dem Gewimmel am Ufer. Kein Hirte ließ sich sehen, kein Hund schlug an, auch zeigte sich nirgends eine menschliche Ansiedlung – waren die Herden herrenlos? Lebten auf der Insel keine Menschen?

Niemand vermochte diese Fragen zu beantworten, denn die Insel war allen, selbst dem alten Anchises und dem weitgewanderten Palinurus, völlig unbekannt. Durften sie wagen, aus der Herde ein paar Rinder und Ziegen herauszuholen und zu schlachten, den Göttern zum Opfer und allen Hungrigen zur Speise? Wohl scheute sich der fromme Äneas, dem Wunsch der Menge zu folgen, denn mochten nicht diese Herden einem

mächtigen König oder gar einem Gott zu Eigen gehören? –
Dem Flehen und Drängen des hungernden Volkes aber konnte
der mildherzige Mann nicht widerstehen, er nickte endlich Ge-
währung, und alsbald sprangen hurtige Jünglinge nach der Weide und holten aus der Herde ein paar fette Rinder und ein Dut-
zend Ziegenlämmer heraus.

Am Rand des Felsengebirges, wo hohe Eichen Schatten spen-
deten und eine Quelle rieselte, wurde das Lager aufgeschlagen;
alle labten sich an dem frischen Wasser, die Priester schlachte-
ten Rinder und Lämmer, lustige Feuer flackerten auf, an den
Spießen wurde das Fleisch gebraten, Äneas brachte den Göttern
ein Opfer dar, alle beteten und erhoben alsdann die Hände zum
lecker bereiteten Mahl.

Welch köstliche Speise war der duftige Braten den Hungrigen!
Jeder gab sich ganz der Esslust hin, und Schweigen herrschte im
Lager.

Da auf einmal schreckte ein mächtiges Rauschen in der Luft
wie von den Schwingen einer herannahenden Vogelschar die
Gefährten auf. War das ein Wirbelwind, der aus den Felsklüf-
ten hervorbrach, oder waren es Geier und Raben, die zur At-
zung herbeiflogen?

Es war nicht der Wind des Gebirges, es waren auch nicht Geier und Raben, sondern die Harpyien: große Vögel mit Jung-
frauenköpfen und menschlichen Sinnen, Spukgestalten der
Nacht, scheußlich anzuschauen und den Menschen feindlich
gesinnt.

Gierig und grimmig fuhren die Ungeheuer über das Mahl her,
rissen es mit ihren Krallen an sich und verschlangen es gleich
hungrigen Wölfen. Ein lautes Geschrei erhob sich, die Frauen
kreischten, es schrien die Kinder und suchten sich angstvoll zu
verstecken, beherzte Männer aber drohten und schlugen mit
Fäusten nach den frechen Geschöpfen. Wohl ließen sich einige
schrecken und erhoben sich mit misstönendem Geschrei in die

Lüfte, aber neue Schwärme kamen herbei und stürzten sich beutegierig auf das Mahl.

Da befahl Äneas den Männern, die Waffen zu ergreifen, und grimmig hieb er mit seinen Gefährten auf die schlingenden Ungetüme ein. Das half: Die Harpyien stoben angsterfüllt in die Luft empor und flogen mit gellendem Geschrei ins Gebirge. Eine nur blieb zurück, wiegte sich oben im Kreis, ließ sich dann auf einen Felsen nieder, schlug mit den Flügeln und begann in menschlicher Sprache zu reden. Äneas gebot den Seinen Schweigen und es trat eine Stille ein. Die Harpyie aber sprach mit lauter Stimme: »Hört, ihr Männer von Troja, und merkt genau meine Worte! Ihr habt von meiner Herde Rinder und Ziegen geraubt, habt auf mich und meine Schwestern mit Schwertern eingehauen, weil wir Hungrigen teilnehmen wollten an eurem Mahl – wahrlich, der Frevel wird einst bitter gerächt werden! Ich, Kelaino, sehe eure künftigen Tage, sehe, wie ihr nach langer Irrfahrt an Italiens Küste landet und euch anschickt, die neue Heimatstadt zu bauen. Aber ehe ihr das Werk angreift, wird grässlicher Hunger euch zwingen, die Tische, von denen ihr gegessen, mit euren Zähnen anzunagen und gierig zu verzehren. Also bestrafen gerechte Götter die Missetat, die ihr an uns Hungrigen begangen.«

Sprach's, schwang die Flügel und rauschte mit höhnischem Gelächter von dannen.

Schreckerstarrt verharrten alle in atemlosem Schweigen; zu grässlich war die Kunde, die das Ungeheuer vermeldet. Endlich ermannte sich Äneas, strich mit der Rechten über sein Angesicht, als wollte er den tiefen Schatten wegwischen, der darauf lag, und sprach ernst und fest: »Ihr habt die Weissagung gehört, meine Freunde, wir werden nach dem gelobten Land Italien kommen – ist das nicht bei allem Unheil ein erhabener Trost? Lasst uns das Zeichen wohl merken: Haben wir einst, von Hunger getrieben, mit unserem Mahl auch die Tische verzehrt, so sind wir am Ziel unserer Fahrt, der Jammer hat ein Ende, und wir dürfen getrost anfangen, das neue Troja zu bauen.«

Alle nahmen diese Worte zu Herzen, der Greis Anchises aber erhob seine Hände und flehte die Götter an, ihn und sein Volk vor schweren Leiden zu behüten; dann riet er, alsbald die schauerliche Insel der Harpyien zu verlassen.

Alle zollten ihm Beifall, denn unheimlich und schrecklich war jedem die Insel. Wie von bösen Feinden verfolgt, eilten sie nach dem Strand und atmeten erst wieder freier auf, als die Schiffe das weite, offene Meer erreicht hatten.

Tage der Freude

Dahin durch schäumende Wogen segelte die Flotte. An vielen grünen Inseln kam sie vorüber, an Zakynthos, Same, Dulichium, Ithaka, der Insel des Odysseus, an Scheria, dem friedlichen Eiland der Phäaken, und gelangte endlich an den Strand von Epirus. Dort fuhren die Schiffe in einen Hafen ein und warfen die Anker. Von Fischern, die mit ihren Netzen am Ufer beschäftigt waren, hörte Äneas die schier unglaubliche Kunde: Helenos, ein Sohn des unglücklichen Königs Priamus, lebe hier als gebietender Fürst mit Andromache, der edlen Gemahlin des tapferen Hektor.

Als solches der Greis Anchises vernahm, rief er freudig bewegt: »Welch eine glückliche Botschaft! So wären wir ja zu guten Freunden und Landsleuten gekommen! Wohlan, mein Sohn, mach dich auf und geh in das Land hinein, um die Wahrheit der trostreichen Nachricht zu erforschen!«

Äneas nahm seine Waffen und ging vom Strand in den nahen Wald. Da erblickte er, von der Stadt herwandelnd, eine Frau von edler Gestalt und so stolzer Haltung, wie solche nur Königinnen eigen zu sein pflegt. Sie trug ein Körbchen mit Früchten und einen Krug zu einem Altar, der myrtenbekränzt unter Zypressen stand, besprengte mit Wein den Altar, legte Früchte als Opferspende darauf und beugte betend die Knie an der heiligen Stätte.

Ehrfurchtsvoll nahte sich Äneas, und wen erkannte er in der hohen Frau am Altar? Nein, er täuschte sich nicht, es war Andromache, die einstige Gemahlin des strahlenden Hektor.

Auch sie erblickte den Fremdling, maß ihn verwundert mit ihren großen Augen und fragte zweifelnd: »Naht dort nicht Äneas, des Anchises tapferer Sohn, aus meinem geliebten Troja? Die Rüstung ist troisch, von Gestalt und Ansehen gleicht er ganz dem frommen Helden – wär's möglich, dass Äneas noch unter den Lebenden weilte?«

Jetzt trat der Held aus dem Schatten der Eiche heraus und näherte sich dem Altar. Andromache hatte sich erhoben, Auge in Auge standen sie eine Weile in sprachloser Freude.

»Äneas«, rief die Fürstin, »lebst du wirklich oder kommst du aus der Unterwelt, um mir eine Botschaft von dem geliebten Hektor zu bringen?«

Ehrfurchtsvoll verneigte sich der Held vor der hohen Frau und erwiderte: »Nicht von den Abgeschiedenen komme ich, edle Andromache; als Flüchtling irre ich auf der Erde umher mit meinem alten Vater Anchises, meinem kleinen Sohn Askanius und vielen anderen aus Troja, die sich um mich geschart haben, eine neue Heimat zu suchen. Du aber, edle Andromache, lebst du hier als Sklavin des schrecklichen Pyrrhus oder herrschst du wirklich, wie mir die Fischer verkündigt, als Königin in diesem griechischen Land?«

Da schlug das hohe Weib die Augen nieder und antwortete leise: »Mich führte der grausame Pyrrhus an dieses Gestade und hielt mich als Dienende an seinem Hof; ebenso hatte dem Sieger auch Priamus' Sohn Helenos in die Knechtschaft folgen müssen. Als aber Pyrrhus nach Sparta zog, übergab er mich dem edlen Helenos zur Gemahlin. Pyrrhus fiel unter dem Schwert des Orestes, und seitdem herrscht in diesem Land mein Gemahl Helenos als freier Fürst. Siehst du dort das weiße Schloss auf der Höhe unter den Bäumen? Das ist unser Fürstensitz, und die Stadt zu Füßen heißt Pergamus. Ach, nicht prangt sie in solcher Größe und Schönheit wie unser altes Troja, aber doch danken wir jeden neuen Morgen den huldreichen Göttern, dass sie uns hier eine Heimat gegeben haben. Nun aber du, Äneas«, rief sie lebhaft, »o sprich, wie ergeht's deinem Sohn Askanius! Du weißt, wie er einst mit meinem geliebten Astyanax so fröhlich gespielt unter den Bäumen der Heimat, und jetzt verlangt es mich von Herzen, das Ebenbild meines armen Knaben zu schauen.«

Tränen schimmerten in den schönen Augen der unglücklichen Mutter, und ihr Mund zuckte wie zum Weinen. Wie gern hätte der edle Äneas die Trauernde getröstet, aber er konnte nicht Worte finden für das unsägliche Leid der hohen Frau, die das grausame Schicksal ihres geliebten Kindes beweinte.

Indem er so ratlos vor der Fürstin stand, siehe, da nahte sich von der Stadt her der König Helenos mit mehreren Begleitern. In freudiger Überraschung erkannte der König den hohen Gast und rief lebhaft: »Welcher der Göttlichen sendet mir den tapferen Sohn des Anchises als teuren Gast in mein Haus?«

Und der Fürst umarmte Äneas, küsste ihn und sprach: »Tausendmal willkommen, mein Freund! Und nun sage mir: Bist du allein gekommen oder führst du noch andere Trojaner mit dir, die dem Verderben glücklich entronnen sind?«

»Siehe!«, erwiderte Äneas, mit der Rechten hindeutend, »dort naht mein Vater Anchises mit meinem Sohn Askanius und vielen anderen, die die Götter meiner Fürsorge anvertraut haben.« König Helenos blickte auf, eilte dem Greis entgegen und begrüßte ihn mit ehrfurchtsvoller Freude; Andromache aber schloss den Knaben Askanius in ihre Arme, herzte und küsste ihn und sprach mit tränenvollen Augen: »Kleiner Freund meines Lieblings, denkst du noch an deinen munteren Spielgefährten Astyanax?«

Nach der Stadt geleitete der König seine Gäste, führte sie in sein Haus und bewirtete sie köstlich zwei Tage und zwei Nächte. Am dritten Morgen wehte ein frischer Südwind von den Bergen, und Vater Anchises mahnte zur Fahrt. Da teilte der König reiche Gastgeschenke an seine Freunde aus: Rüstungen und Waffen aus funkelndem Erz, prächtig aufgeschirrte edle Rosse, Wein und Öl in Krügen und Brot und köstliche Früchte in Fülle; Andromache aber schenkte dem Knaben Askanius buntfarbige, mit Gold durchwirkte Gewänder und ein phrygisches Kleid, wie ein solches einst Astyanax getragen, küsste den Sohn der Crëusa und sprach trauervoll: »Du Ebenbild meines armen Astyanax, oh wie gern möchte ich dich hierbehalten und dich hegen in mütterlicher Liebe wie mein eigenes Kind! Doch du musst ja nun von hinnen ziehen, und ich sehe dich wohl niemals wieder! Mögen die hohen Götter dich behüten und schirmen, mein holder Knabe, und dich dereinst zu einem ruhmreichen Völkergebieter machen!«

So sprach die Königin und legte segnend ihre weißen Hände auf das Haupt des staunenden Knaben.

Darauf geleitete König Helenos seine Gäste an den Strand des Meeres, schüttelte dem Greis Anchises und seinem starken Sohn die Rechte und sprach: »Fahrt wohl, meine Freunde! Und wenn ihr das Land gefunden, das die hohen Götter euch zur Heimat bestimmt haben, so sendet mir Botschaft und lasst uns in Zukunft treue Freunde und Bundesgenossen sein.«

Sie gingen zu Schiff und verließen unter Segenswünschen den gastlichen Strand von Epirus.

Bei den Zyklopen.
Anchises' Tod

Nach längerer Fahrt gen Sonnenuntergang erblickten die Schiffer ein Land, das nicht einer Insel glich, sondern sich unabsehbar weithin gen Norden und Süden erstreckte.

»Italien!«, rief der Held Achates mit lauter Stimme, und »Italien! Italien!« scholl es in tausendfachem Jubel. Kein Zweifel, das war das gelobte Land; nun durften die Flüchtlinge hoffen, nach kurzer Frist den Boden ihrer neuen Heimat zu betreten, und auf jedem Angesicht strahlten Erwartung und Freude. Näher herangekommen, erblickten sie auf einem Berg die Zinnen eines Tempels. Da ließ sich Vater Anchises einen goldenen Becher reichen, füllte ihn mit funkelndem Wein, hob seine Augen zum Himmel und sprach: »Euch, ihr hohen Schutzgötter dieses Landes, bringe ich den duftenden Wein von Epirus als Dankesspende dar! O hört mein Flehen und vergönnt uns Unglücklichen, das neue Heimatland im schönen Italien, das unsere Augen nun zum ersten Mal schauen, bald zu betreten!«

Sprach's und versprengte mit zitternder Hand den Wein. Und sein Gebet schien Erhörung zu finden: Ein frischer Wind blies die Segel und trieb die Flotte in rascher Fahrt dem Land zu. Siehe, dort öffnete sich, zwischen hohen Felsen eingebettet, eine Hafenbucht. Die Schiffe fuhren eins nach dem anderen hinein, und was erblickten die Augen der Seefahrer nahe dem Strand? Vier schneeweiße Rosse weideten auf der grünen Wiesenflur am Fuß des Hügels, auf dessen Kuppe der Tempel stand. Alle schauten verwundert auf das seltsam schöne Bild, der Greis Anchises aber schüttelte sorgenvoll sein weißes Haupt und sprach: »Rosse bedeuten Kampf und Schlacht; sonach ist diese blaue Meerbucht nicht ein Ruhehafen für unsere Flotte. Ich rate, zu kurzer Rast auf der festgegründeten Erde das Ufer zu betreten, unsere Krüge mit frischem Quellwasser zu füllen und alsdann wiederum die Segel zu entfalten und von hinnen zu fahren.« Niemand zweifelte, dass dieser Rat gut sei, und die Schar, alt und jung, erging und vergnügte sich ein Stündchen auf dem grünen Rasen und kehrte dann wieder, obwohl mit Seufzen, an Bord der Schiffe zurück.

Weiter ging die Fahrt gen Süden, vorüber an dem Meerbusen von Tarent, vorbei an der Stadt Kroton und dem klippenstarrenden Skylation. Endlich tauchte in der Ferne die Insel Sizilien auf, und die Schiffer vernahmen mit Grausen ein fürchterliches Donnern und Tosen.

»Die Charybdis!«, rief Palinurus mit Entsetzen. »Jetzt gilt es, mit aller Kraft die Ruder zu rühren, damit wir dem schwarzen Verhängnis glücklich entrinnen.«

Ein gewaltiger Kampf hob an zwischen den Schiffern und der Charybdis. Mit nervigen Händen führten starke Männer Ruder und Steuer in dem tosenden Strudel. Fürchterlich brüllten die Wogen, und bis zu den Wolken spritzte die Gischt empor. Bald standen die Schiffe hoch auf den schäumenden Wogenkämmen, bald schossen sie in jähem Sturz tief in den schwarzen Abgrund hinab. Frauen und Kinder schrien vor Angst und Grausen, aber unerschütterlich fast wie Felsen, von der Brandung umtost, standen die heldenmütigen Männer im Kampf, und es gelang ihrem mutigen Ringen, alle Schiffe dem wütenden Meerungetüm zu entreißen.

»Gerettet!«, rief Äneas mit jauchzendem Herzen, »gerettet! gerettet!«, scholl es in hundertfachem Widerhall von allen Schiffen. Aber nach dem heißen Streit waren alle Kräfte erschöpft, und jedermann sehnte sich nach Ruhe und Erholung. Dort winkte in der Nähe der felszerklüftete Strand – sollten sie es nicht wagen, zu landen? Zwar wusste niemand, was ihrer dort harrte, allein die Begierde nach Labung und Ruhe besiegte alle Bedenken, und sie lenkten die Kiele in eine Felsenbucht und warfen die Anker.

Kaum aber hatten sie in der Nähe des Strandes ein Lager aufgeschlagen, da erschütterte gewaltiger Donner die Erde, und Rauch und dicker Qualm verfinsterten die Luft. Dem Krater des nahen Berges Ätna entströmten die schwarzen Rauchwolken; denn drunten in der Tiefe lag der Riese Typhon, von Jupiters Donnerkeilen in den Abgrund geschmettert, und wenn das Ungetüm sich in ohnmächtiger Wut reckte und streckte und seinen heißen Atem donnernd durch den Krater stieß, so erbebten der Berg und die Insel und in grausigem Aufruhr schäumte und toste das Meer wider die Felsen.

In Angst und Schrecken brachten die müden Seefahrer die Nacht hin; kein freundlicher Stern strahlte vom Himmel herab, denn der Brodem aus dem Rachen des Riesen verfinsterte wie Nebel und Wolken das ganze Firmament. Als endlich der Tag graute, erhoben sich die Männer vom Lager und ratschlagten, was nun zu beginnen wäre. Da plötzlich rief der Steuermann Palinurus: »Seht dort! Ist das nicht ein Mensch, der dort oben aus dem Gebüsch auf die Kuppe des Felsens tritt?«

Aller Augen blickten empor: Kein Zweifel, es war ein Mensch, aber wie sah der Mann aus? – Sein langes Haar flog verwirrt im Morgenwind; zerrissen und vorn an der Brust mit Dornen zusammengesteckt war sein schmutziges Gewand; aber dessenungeachtet erkannte Äneas in dem Elenden einen griechischen Krieger von der Art, wie solche zu Tausenden einst vor Trojas Mauern gestritten. Hatte dieser Mann, der nun dort furchtsam von dem Felsen herabgestiegen kam, zu dem Heer des Völkergebieters Agamemnon gehört? Jahre waren seit Trojas Fall verflossen; gewiss waren die Griechen längst in ihr Heimatland zurückgekehrt – wie mochte denn nur dieser eine auf diese ferne Insel verschlagen worden sein? War hier ein Schiff gescheitert und hausten noch mehrere seines Stammes in diesen Waldgebirgen? Der Fremde kam zögernd näher und streckte wie hilfeflehend seine Hände den Männern entgegen. Äneas winkte dem

Furchtsamen, und auf dies Zeichen überwand er die Angst und beschleunigte seine Schritte. Einem Jammerbild glich der Mensch; Hunger und Furcht hatten in sein Antlitz tiefe Furchen gegraben, und aus seinen hohlen Augen blickte die Verzweiflung. Plötzlich warf er sich mit einem Sprung Äneas zu Füßen, umfasste seine Knie und flehte jämmerlich: »Erbarme dich meiner, du Erhabener, denn ich bin unglücklich! O, so weit die Sonne scheint vom Aufgang bis zum Niedergang gibt's keinen unseligeren Menschen als mich, deinen Sklaven. Beim hohen Himmel und allen Göttern droben beschwöre ich dich, stoße mich nicht von dir, rette mich, hilf mir!«

Äneas hieß den Jammernden sich erheben und sprach zu ihm: »Fürchte dich nicht, Unglücklicher! Wie ich an deinem zerfetzten Gewand sehe, bist du griechischer Kriegsmann: Wie nennst du dich? Wie bist du hierhergekommen? Enthülle mir ohne Zagen dein Schicksal, du stehst in meinem Frieden.«

Da antwortete der Elende: »Ich heiße Achämenides, bin in Ithaka zu Hause und war ein Knecht des mächtigen Odysseus. Nach der Zerstörung Trojas fuhr ich im Geleit meines Herrn auf vielen Meeren umher und duldete mit ihm unsägliche Leiden. Der schreckliche Schicksalsschlag traf uns auf dieser Insel; denn hier hausen die Zyklopen, jenes grausame Riesengeschlecht, dem nicht einmal das Gastrecht heilig ist. Zu unserem Unheil waren wir in die Höhle des Riesenfürsten Polyphemus hineingeraten. Sechs von unseren Genossen hat das Ungeheuer verschlugen; Odysseus ist ihm, nachdem er sein Auge geblendet hatte, mit den anderen durch eine fein ersonnene List entronnen; ich Unglückseliger allein blieb in der Höhle zurück und habe darin unaussprechliche Qualen ausgestanden, bis endlich auch ich dem schrecklichen Kerker zu entfliehen vermochte. Allein, was hatte ich mit der Freiheit gewonnen? Nichts als Hunger und Not und immerwährende Angst, entdeckt, ergriffen und von den grausamen Zyklopen hingeschlachtet zu werden. Drei Monate irre ich nun schon in diesem wilden Waldgebirge umher, friste mein Leben von saft- und kraftlosen Wurzeln und – – seht! seht dort!«, rief der Unglückliche plötzlich mit allen Zeichen des Entsetzens. »Dort kommt der Mörder Polyphemus von den Bergen herabgestiegen, um hier in der kühlen Flut des Meeres die Höhlung seines Auges zu kühlen. O, wenn euer Leben euch wert ist, so flieht und erlaubt auch mir, mit euch an Bord der Schiffe zu eilen, oder tötet mich hier am Strand; denn besser ist es fürwahr, von Menschenhänden erschlagen zu werden, als in die grausamen Krallen jenes Unholds zu fallen!«

Auf der Felsenkuppe stand Polyphem, gewaltig aufragend wie ein Turm. In der Rechten führte er als Stab einen riesigen Fichtenstamm, und langsam mit dem Stab vortastend kam er den Hang herabgestiegen.

Die drohende Erscheinung des Ungeheuers schreckte alle vom Lager auf und trieb sie in die Schiffe. In Eile wurden die Fahrzeuge vom Ufer gestoßen, und die Männer griffen zu den Rudern. Und es war hohe Zeit! Denn schon hatte der Zyklop den Strand erreicht und watete nun mit seinen Riesenbeinen in das Meer hinein, um sein heißes Auge zu kühlen. Plötzlich horchte er auf – war das nicht Ruderschlag und Wispern und Flüstern menschlicher Stimmen, was sein Ohr vernahm? O, dass der lug- und trugreiche Odysseus sein Auge geblendet hatte!

Grimmig, einem wütenden Stier gleich, warf er das gewaltige Haupt empor, riss den abgrundweiten Mund auf und stieß ein donnerndes Wutgebrüll aus.

Auf dieses Zeichen erschienen auf den Bergen ringsumher zahlreiche Zyklopen, und da sie die Flotte wahrnahmen, kamen sie mit großen Schritten zum Strand herabgeeilt. Zu spät. Die Schiffer auf hoher See lachten und spotteten der ohnmächtigen Gesellen und riefen ihnen empörende Schimpfworte zu.

Achämenides, der im Schiff des Äneas Aufnahme gefunden, wusste auf den Gewässern ringsumher wohl Bescheid, und unter seiner Leitung kam die Flotte diesmal glücklich an der Charybdis vorüber. Jedoch ein anderer, viel schlimmerer Feind, dem keine Menschenkraft zu widerstehen vermag, stellte sich unverhofft ein: der Tod. Zu seiner Beute erkor er den weisen, ehrwürdigen Greis Anchises. Alle weinten und klagten über den schweren Verlust, am meisten sein Sohn Äneas und Askanius, sein Enkel. In der Nähe der sizilianischen Stadt Drepanum, die ein Trojaner, Acestes, beherrschte, trugen sie die Leiche ans Land, schichteten den Scheiterhaufen und verbrannten die Gebeine des edlen Anchises. Die Asche übergaben sie der heiligen Erde, hielten nach trojanischer Sitte ein feierliches Leichenbegängnis und benetzten die Gruft des Toten mit schmerzlichen Tränen. Alsdann gingen sie wieder zu Schiff und fuhren auf das Meer hinaus, um an Hesperiens Küsten die neue Heimat zu suchen.

Die Rache der Göttin
Juno

Hoch auf dem Gipfel des Olymp saß die erhabene Juno und ließ ihre Augen über Land und Meer schweifen. Da erblickte sie plötzlich die Flotte des Äneas im tyrrhenischen Meer, nicht mehr fern von ihrem Ziel. »Wie?«, rief sie aufgebracht, »der verhasste Sohn meiner Nebenbuhlerin Venus sollte wirklich dem Untergang entrinnen und im schönen Hesperien ein neues Troja gründen? – Dies sei fern! Den Preis der Schönheit hat mir die holdlächelnde Venus entrissen, aber noch bin ich, die Gemahlin Jupiters, mächtiger als sie und werde, wie ich mir's geschworen, auch jenen kleinen Rest des Troervolkes, der dort auf den Wogen schwimmt, vom Erdboden austilgen!«
So sprach die unversöhnliche Herrscherin bei sich, schwang sich darauf wie ein Vogel durch die Lüfte und eilte nach dem

*Äneas wird im tyrrhenischen Meer von Äolus, dem Beherrscher der Winde, über-
fallen.*

Felseneiland Äolia, der Behausung der Winde und Stürme.
Dort saß auf seiner Burg wachsamen Auges, in der Rechten das
Zepter haltend, König Äolus, den Jupiter zum Gebieter der
Winde erhoben hatte. Drunten, in den Höhlen der Felsen,
hausten seine unruhigen Untertanen, und er musste scharfe
Wacht halten, damit die wilden Gesellen nicht hervorbrachen
und schreckliches Unheil anrichteten. Ließe er ihnen den Wil-
len, sie würden in Übermut und Tollheit das Meer bis zu den
Wolken peitschen, die Erde überschwemmen und selbst den
hohen Himmel in den Abgrund hinunterreißen.
Scharfen Auges, wie ein Adler von seinem Felsenhort, blickte
Äolus um sich; plötzlich aber fuhr er schier erschrocken von seinem Sitz auf, denn vor ihm stand in ihrer erhabenen Schönheit
die hehre Juno.

»König Äolus«, so begann die Göttin, »ist dir meine Huld ein
Schatz, den du nicht verlieren möchtest, so höre mein Wort
und tu ohne Säumen, was ich dir heiße! Im tyrrhenischen Meer
schwimmt die Flotte des Äneas, eines mir tief verhassten Troja-
ners. Auf! Lass deine flinken Burschen, die Winde und Stürme,
aus ihren Felsenkammern hervorbrechen, alle zugleich, und gib
ihnen Freiheit, auf der See und in den Lüften zu rasen, wie es
ihnen gefällt!«

»Dein Wille geschehe, erhabene Herrin!«, erwiderte Äolus und
neigte sich ehrfurchtsvoll vor der Göttin. Da nickte Juno ihm
freundlich zu, erhob sich in die Lüfte und kehrte in einer rosigen Wolke auf den Olymp zurück.

Und König Äolus streckte seinen Stab aus, stieß damit heftig
gegen den Felsen und rief mit Donnerstimme: »Heraus! Heraus,
meine Burschen allzumal!« Da wurde es lebendig in der Tiefe,
und aus allen Spalten und Löchern kamen sie mit Brausen em-
porgewirbelt, die Winde und Stürme, und bebten vor Ungeduld, die Befehle ihres Herrn zu hören.

»Ha! Meine wilden Sausebolde!«, rief Äolus lachend, »ich sehe,
ihr seid zu Spiel und Tanz wohlaufgelegt; nun denn, so springt
hinaus auf die weite Fläche des Meeres und tummelt euch aus
nach Herzenslust!«

Das ließen sich die unbändigen Gesellen nicht zweimal sagen:
Kopfüber, kopfunter stürzten sie sich mit wildem Jauchzen von
den Felsen hinab in das Meer und hinein in die Luft und begannen alsbald ein so tolles Spiel, dass ihrem König und seiner hehren Gebieterin Juno das Herz im Leib lachte. An allen Ecken
und Enden griffen die Winde und Stürme ihr Werk zu gleicher
Zeit an: Sie wühlten die Flut auf, dass sie sich zu haushohen
Wogen auftürmte, die mit Brausen und Tosen gleich brüllen-
den Ungeheuern wider einander zum Kampf anstürmten; sie
wirbelten die Lüfte durcheinander und entfesselten schreckliche
Stürme; sie ballten Wetterwolken zusammen, schwarz wie die

Nacht und gewaltig aufragend wie dunkeltrotzige Felsengebirge; sie öffneten die Schleusen des Himmels und ließen unter Donnern und Blitzen den Regen niederrauschen, als wollten sie die Welt ersäufen. Äolus lachte in das wilde Getümmel hinein, und oben auf der Kuppe des Olymp stand Juno und rieb sich vergnügt die weißen Hände.

Aber wehe den Schiffern auf den schäumenden Meereswogen! Wehe der armen trojanischen Flotte! Drei ihrer Schiffe zerschellten an Felsenklippen, die anderen wurden hierhin und dorthin verschlagen, und jedes rang um Tod oder Leben mit den unbändig rasenden, übermuttollen Gesellen des Äolus.

»O«, rief Äneas, die Arme zum Himmel erhebend, »welcher von unseren Feinden hat dies schreckliche Unwetter heraufbeschworen, uns zu verderben? Wozu denn all die Mühen und Sorgen und Nöte jahrelanger Irrfahrt, da wir nun doch elend untergehen müssen! Denn hier scheint kein Entrinnen möglich. Ha, wie zucken Jupiters Blitze feurigen Schlangen gleich aus den nachtschwarzen Wolken herab! Wie furchtbar rollt seine Donnerstimme über Land und Meer! Wie rauscht in Strömen der Regen! Wie brausen und schreien die Winde, als stünden wiederum wie in Urzeiten die hohen Götter mit den Titanen im Kampf! Wie türmen sich wolkenhoch die Wogen und treiben mit uns ihr grausames Spiel! Wie brüllt und donnert das Meer gleich dem schrecklichen Typhon in den Felsenschlünden des Ätna! Trojas Freund, du mächtiger Neptun, dem das Meer untertan ist, vom Aufgang bis zum Niedergang, schläfst du? O, wach auf! Wach auf dort unten in deinem hohen Palast und komm herfür, den rasenden Söhnen des Äolus Ruhe zu gebieten!«

Hatte der gewaltige Herr des Meeres die Stimme Äneas' vernommen? – Plötzlich streckte er sein bärtiges Haupt aus den schäumenden Fluten, hob drohend seinen Dreizack empor und rief mit seiner Donnerstimme: »Hierher, ihr Winde und Stürme! Hierher vor mein Angesicht!«

Da kamen sie heran von allen Enden: der Nord und Süd, der Ost und West, noch ganz außer Atem und scheu und betreten, wie schuldbelastete Verbrecher, vor ihren strengen Richter.

Und der gewaltige Erderschütterer blickte die wilde Rotte zornig an und fragte drohend: »Wer hat euch geheißen, in meinem Reich zu wüten, als sollte die Welt vernichtet werden? Ich will euch …!« Dabei schüttelte der Herrscher mit so drohender Gebärde den Dreizack, dass die Schuldbewussten erzitterten vor Furcht und keine Antwort zu geben vermochten.

»Trollt euch nach Hause, ihr losen Burschen, und meldet eurem Herrn, dem König Äolus: Solches lässt dir Neptun, der Gebieter des Meeres sagen: ›Nicht dir ist Macht gegeben, über Wind und Wogen zu gebieten, sondern ihm, dem Erschütterer, dem ebenbürtigen Bruder Jupiters. Du hast darüber zu wachen, dass die Winde in ihren Kammern und Grotten ruhen, bis Neptun ihrer bedarf, nicht aber eigenmächtig sie herauszulassen, um der Laune einer Göttin willfährig zu sein.‹ Das ist's, und nun fort aus meinem Angesicht!«

Sprach's, und die verschüchterten Winde eilten auf beflügelten Sohlen nach Äolia, um hastig in ihre Felsenlöcher zu schlüpfen. Der göttliche Freund der Trojaner aber begnügte sich nicht damit, die Urheber der Stürme verscheucht zu haben, er befahl auch seinen Dienern, das Meer zu beruhigen, ja, er selbst schwang sich in seinen Wagen, fuhr weithin über die schäumenden Fluten und glättete durch Zuruf und mit seinem Dreizack die empörten Wogen.

So wurde die heulende See allgemach besänftigt, auch die schwarzen Wetterwolken zogen von dannen, der Regen hörte auf zu rauschen, blauer Himmel lächelte freundlich herab, und die Sonne warf ihren goldenen Glanz über Land und Meer.

Das Schiff des Äneas hatte den Sturm glücklich überstanden, ebenso sechs andere Fahrzeuge, die sich allmählich um ihren Führer sammelten. Alle waren von Wind und Wetter übel zu-

Neptun beruhigt die Winde.

gerichtet, und die Männer mussten wacker arbeiten, um die Schäden an Bordwänden, Masten und Segeln wieder auszubessern. Als das geschehen war, steuerten sie gen Süden, wo in der Ferne ein grauer Streifen sichtbar war. Erhob sich dort die Küste Italiens oder eines anderen fremden Landes? Niemand vermochte Auskunft zu geben; doch gleichviel, die sturmmüden Seefahrer sehnten sich nach Ruhe und Erholung auf dem festen Erdboden und steuerten und ruderten unaufhaltsam dem fernen grünen Küstensaum zu.

Ein Festland mit mächtigen Gebirgen baute sich allmählich vor ihrem staunenden Auge auf. Das war nicht Italien, nicht Griechenland, es konnte nur die libysche Küste Nordafrikas sein.

Sie gelangten an eine felsenumtürmte Bucht, fuhren hinein und warfen in einem stillen, geschützten Winkel die Anker. Wie glücklich waren Männer, Frauen und Kinder, da ihre Füße wieder festgegründete Erde betraten! Viele knieten nieder, küssten den Boden, benetzten ihn mit Freudentränen und dankten den Göttern und vor allen dem starken Beherrscher des Meeres für ihre Rettung aus grausiger Todesnot. An frisch aus dem Felsen sprudelnden Quellen erquickten sie sich, und dann schlug Achates Flammen aus einem Kiesel und entzündete mit dürren Blättern und Spänen ein lustig aufflackerndes Feuer. Während nun die Männer Zelte aufrichteten, rösteten die Frauen durchnässtes Korn am Feuer, um es zu mahlen und Brot und Kuchen zu backen. Alle waren in geschäftiger Bewegung, und die Freude, den wilden Wasserwogen entronnen zu sein, beglückte aller Herzen und strahlte auf allen Gesichtern.

Auch Äneas war freudig bewegt, aber in die Freude mischte sich Wehmut und Trauer um die vielen Verlorenen. Und der Held nahm seine Waffen zur Hand: Lanze und Schwert, Bogen und Pfeile, rief Achates zu sich und stieg mit ihm die Felsenpfade hinan, um Ausschau über Land und Meer zu halten. Sie erklommen eine hochragende bewaldete Kuppe und ließen ihre Augen über die weithin erglänzende blaue Flut zu ihren Füßen schweifen. Aber nirgends erblickten sie ein Segel, nirgends ein Fahrzeug, so lange sie auch ausspähten, und mit Seufzen sagte Äneas:

»Unsere Freunde ruhen wohl alle auf dem Grund des Meeres, von zwanzig Schiffen sind nur sieben übriggeblieben, und wer mag wissen, wie viele von diesen den Hafen des gelobten Landes erreichen werden!«

Der trauernde Mann zerdrückte eine Träne in seinem Auge. Da sah er, wie nicht fern von ihnen drei Hirsche aus dem Waldschatten in das Licht traten. An der Spitze schritt langsam und majestätisch ein mächtiger Bock mit einem vielgezackten, prachtvollen Geweih, wie ein König im Schmuck seiner goldenen Krone.

Geräuschlos langte Äneas seinen Eibenbogen von der Schulter, nahm einen befiederten Pfeil aus dem Köcher, legte an, die Sehne klang; wie ein Blitz flog der Pfeil durch die Luft, traf, der Hirsch stieß ein furchtbares Gebrüll aus, tat einen gewaltigen Sprung und stürzte tot zur Erde nieder.

Jetzt schoss aus dem Wald ein ganzes Rudel in langer Kette hervor, wohl mehr als fünfzig Stück. Rasch nacheinander erlegte der treffliche Schütze noch sechs aus der flüchtigen Schar, hängte darauf den Bogen wieder über die Schulter und sprach zufrieden: »Jedem Schiff ein Tier, das ist genug; ich denke, der Wildbraten wird allen ein köstlicher Leckerbissen sein, haben wir doch lange nicht mehr kräftige Mannskost genossen.«

Sie kehrten zum Hafen zurück, und Äneas sandte vierzehn handfeste Gesellen aus, die erlegten Hirsche herbeizuholen. Mit Jubel wurden die schwerbeladenen Träger bei ihrer Rückkehr begrüßt. Jedermann staunte über die Größe der Tiere, insbesondere der prächtig gehörnte Leitbock, den der Jäger zuerst erlegt, fand allgemeine Bewunderung.

Als dann nach einer Stunde belebend kräftiger Bratenduft die Luft würzte, da erglänzten aller Augen in Erwartung der langentbehrten köstlichen Speise, und im ganzen Lager sah man nur fröhliche Gesichter wie bei einer Hochzeitsfeier. Äneas ließ sieben große Krüge mit Wein aus den Schiffen holen, brachte den Göttern, vor allen ihrem Erretter Neptun, ein Dankopfer dar und verteilte alsdann die herzanfeuernde Bacchusgabe an die auf der Erde gelagerten schmausenden Gruppen.

Fürwahr, eine köstliche Labung! War es ein Wunder, dass jedermann, ob alt oder jung, sich ganz den Freuden des Mahls hingab und all der Not und Leiden nicht mehr gedachte? Die Götter lebten ja noch, weshalb sollten denn die glücklich Geretteten nicht fröhlich essen und trinken und mit Vertrauen in die Zukunft blicken?

Eine glückliche Begegnung

Venus, die holdanlächelnde Göttin der Liebe und Schönheit, grämte sich über das Missgeschick ihres Sohnes Äneas, das die feindselige Juno über die trojanische Flotte heraufbeschworen hatte, und sie beschloss, Jupiter um seine Huld für die armen Flüchtlinge zu bitten.

Auf dem Gipfel des Olymp saß der Vater der Götter und Menschen und blickte beobachtend auf die Welt herab. Da vernahm er leichte Schritte, und siehe: Die anmutigste aller Unsterblichen nahte sich seinem Sitz. Sein schönheitskundiges Auge erglänzte vor Freude, und himmlische Heiterkeit ergoss sich davon im Widerschein über die ganze Welt.

»Was führt dich zu mir, meine liebliche Tochter?«, fragte der Göttervater huldvoll und küsste die Stirn der schönen Venus. »Lass hören deines Herzens Wünsche, und ich werde erwägen, ob ich sie erfüllen kann oder nicht.«

»O großer Vater«, versetzte die liebliche Göttin mit blinkenden Tränen in den wunderschönen Augen, »kannst du es noch länger mitansehen, wie mein frommer Sohn Äneas mit seiner flüchtigen Schar von dem Zorn deiner erhabenen Gemahlin gleich einem Missetäter verfolgt wird? Siehe! Dort lagert, mit Not und Mühe den stürmischen Fluten entronnen, an dem fernen libyschen Strand das Häuflein der Unglücklichen. Werden die Armen jemals in die ihnen verheißene neue Heimat gelangen?«

»Sie werden!«, antwortete der gewaltige Jupiter mit Nachdruck und nickte bestätigend mit seinem von ambrosischen Locken umwallten Haupt. »Du weißt, mein Kind, mein Ratschluss bleibt unabänderlich und wird vollendet, mögen auch alle Götter sich feindselig wider ihn auflehnen. Also auch hier! Deines Sohnes und seiner Gefährten Geschick ist besiegelt: Sie werden nach Italien kommen und das neue Troja bauen. Und damit du meine Huld erkennst, sende ich meinen flinken Boten Merkur

zu Dido, der jungen libyschen Königin, ihr Herz für die Flüchtlinge freundlich zu stimmen. Bist du nun mit mir zufrieden,
mein schönes Töchterchen?«

So sprach der Erhabene voll Huld und Freundlichkeit, streichelte liebreich ihr glänzendes Haar und küsste zum Abschied
ihren rosigen Mund.

Auf seinen Befehl eilte Merkur auf beflügelten Sohlen nach
Karthago, zur Königin Dido, und auch Venus entschwang sich
den sonnigen Höhen des Olympus und nahm ihren Flug nach
der libyschen Küste.

Zur selben Zeit wanderte Äneas mit seinem Freund Achates
durch das waldreiche Gebirge, um das fremde Land auszukund-
schaften. Auf einmal erblickten die beiden, aus dem Waldes-
dunkel heraustretend, eine schlanke, junge Jägerin, gekleidet
wie ein spartanisches Mädchen, an Wuchs und Kraft einer
Amazone gleichend. Von der Schulter hing ihr der Bogen herab, mit ihrem goldenen Haar spielte der Wind, wie Elfenbein
erglänzten im rosigen Morgenlicht die Knöchel ihrer schimmernden weißen Füße.

»Heda, ihr Männer!«, rief sie kecken Mutes die beiden Wanderer an, »habt ihr auf eurem Weg nicht eine meiner Gefährtinnen, bewaffnet mit Bogen und Pfeilen und in ein Luchsfell gekleidet, angetroffen?«

»Nein«, antwortete Äneas, »wir sind Fremdlinge in diesem
Land, und du bist das erste Menschenkind, das unsere Augen in
diesen Bergen erblicken. Man sagt ja, einem schönen Mädchen
zuerst begegnen, bedeute Glück; nun, wenn das wahr ist, so haben wir großes Glück zu erwarten; denn wahrlich, du bist so
schön, dass ich schier glauben möchte, eine holde Nymphe dieses waldreichen Gebirges oder gar eine der unsterblichen Göt-
tinnen zu schauen.«

Lächelnd schüttelte die reizende Jägerin das goldbezopfte Haupt
und erwiderte: »Du irrst, fremder Mann; ich bin keine der

Himmlischen, ich bin ein phönizisches Mädchen und eine Jägerin; ist es doch Brauch bei den tyrischen Jungfrauen, Köcher und Wurfspeer zu tragen und mit Pfeil und Bogen in Wald und Gebirge den Spuren der Hirsche und Luchse zu folgen.«

»So ist dies Land Phönizien?«, fragte Äneas mit grenzenlosem Staunen.

»Nein, o nein!«, antwortete die freundliche Jägerin, »doch könnte man es wohl das neue Phönizien heißen. Hast du denn nicht von der jungen phönizischen Königin Dido gehört? Du nickst – nun, der herrlichen Dido gehört jetzt dies Land zu eigen. Es ist Libyen, die Nordküste Afrikas, allwo auf der Kuppe des Gebirges der mächtige Atlas steht und auf seinen Schultern den Himmel trägt. Du staunst? ›Wie kommt die schöne Dido nach Libyen?‹, fragst du. Ja, fürwahr, edler Fremdling, das ist eine seltsame und traurige Geschichte. Höre: Pygmalion, Didos schlimmer Bruder, erschlug vor dem Altar der Götter ihren Gemahl, den König Sychäus, um sich selbst die Krone aufs Haupt zu setzen. Vor dem Grimm des Herrschsüchtigen floh Dido mit einem Häuflein ihrer Getreuen und reichen Schätzen an Gold und Silber aus der tyrischen Heimat in dieses Land, fand hier freundliche Aufnahme und fing an, eine Stadt zu bauen, Karthago. Sie ist noch nicht vollendet, verspricht aber groß und gewaltig zu werden wie das alte Tyrus. Auch eine stolze Königsburg erhebt sich in ihr, Byrsa genannt, weil die Königin zum Aufbau der Burg nur so viel Land erbat, wie sie mit einer Stierhaut zu umspannen vermöchte; denn Byrsa bedeutet Stierhaut. Nun aber wirst du staunen über die gewaltige Ausdehnung und Größe der Burg; denn was tat die kluge Dido? Sie nahm die Haut eines mächtigen Stiers, zerschnitt sie in lauter schmale Streifen, knüpfte diese aneinander und umspannte damit einen riesigen Bauplatz. Das Volk sah, staunte und lachte ob der List der schönen Fremden, und da nun Dido mit vollen Händen ihre Schätze austeilte, gewann sie das Herz des libyschen Volkes und wurde zur Königin erwählt. Ihr seid auf dem Weg nach der Stadt Karthago, werdet die junge Gebieterin sehen und – wie ich hoffe – wohl aufgenommen werden in der Burg Byrsa. Aber wer seid ihr denn? Von woher kommt ihr an diesen Strand, und was führt euch in das libysche Land?«

Äneas gab bereitwillig Rede und Antwort, und da er sein Schicksal beklagte und zweifelnd fragte, ob er mit den Seinen wohl jemals die verheißene neue Heimat erreichen werde, streckte die junge Jägerin plötzlich die Rechte empor und rief in freudiger Bewegung: »Schaut dorthin, ihr Fremdlinge, was erblicken eure Augen unter dem blauen Himmelsbogen?«

»Schwäne!«, antworteten beide wie aus einem Mund; »zwölf weiße Schwäne, verfolgt von einem beutelüsternen Adler.«

Alle drei blickten sprachlos nach den fliehenden Vögeln empor, aufs Höchste gespannt, ob es dem grimmen Freund Jupiters gelingen würde, die eilenden Lieblinge der Venus zu erjagen.

Nein; der Raum zwischen ihnen wurde größer und größer; bald gab der Adler die Verfolgung auf, und die glücklich Entkommenen schwebten zur Erde nieder und stimmten, den Krallen des Räubers entwischt, einen jubilierenden Gesang an. Da rief die schöne Jägerin voller Freude: »Gerettet, gerettet! Und wisst ihr, was eure Augen gesehen haben, ihr troischen Männer? Ein Bild eures eigenen Schicksals! Mögen tausend Gefahren euch noch auf eurer Fahrt umdräuen, ihr werdet dennoch die Heimat finden und dereinst wie jene Schwäne ein jauchzendes Siegeslied anstimmen. Jetzt aber begebt euch getrosten Mutes nach Karthago, die schon Dido wird euch gastlich bewirten.«

So sprach die reizende Jungfrau und wandte sich von dannen. Staunend blickten die beiden Männer der hurtig schreitenden nach und Äneas bemerkte einen wunderbaren Glanz an ihrem Nacken und um ihr Haupt, auch füllte ambrosischer Duft die Lüfte, und der Held erkannte an diesen Zeichen in der schönen

Jägerin seine Mutter Venus und rief mit zärtlicher Stimme ihren Namen.

Da wandte die holde Göttin sich noch einmal um, winkte freundlich mit Haupt und Hand, umhüllte die beiden Männer mit einem Nebelschleier, die sie unsichtbar machte den Augen der Menschen, und schwebte alsdann gleich einem rosigen Wölkchen durch den sonnigen Himmelsraum gen Paphos, wo sie am liebsten weilte.

Äneas in Karthago

Als Äneas und Achates die Höhe des Waldgebirges erreicht hatten, blickten sie hinunter auf die neuerbaute, noch unvollendete Stadt Karthago, über deren Mauern sich die Königsburg Byrsa beherrschend erhob. Ein reges Leben und Treiben dort unten fesselte die Blicke der beiden Wanderer. Allerorten arbeiteten wackere Männer an dem Aufbau der Stadt und an der Vollendung der Burg. Wie ein Bienenschwarm, von emsiger Tätigkeit belebt, war das eifrig schaffende, hurtig hin- und hereilende Menschenvolk dort unten anzuschauen. Müßige Gaffer und gähnende Tagediebe waren nirgends zu erblicken, und bewundernd sprach Äneas zu dem Freund: »Sieh doch, Achates, wie fleißig das Volk dort unten zimmert und mauert, meißelt und gräbt, als sollten Stadt und Burg und Hafen heute noch vollendet werden! Solch ein Bild fröhlich schaffender Menschen fesselt das Auge und erfüllt das Herz des Zuschauers mit frischem Mut und hoher Zuversicht. Wahrlich, die landesflüchtige Dido darf sich glücklich preisen, unter diesem Volk Heimatrecht und Königswürde gefunden zu haben. Wie dann, wenn nach der Verheißung auch uns dereinst ein solches Glück winkt? Schier unfassbar scheint mir der Gedanke! Aber lass uns hinuntergehen, mein Freund, und sehen, ob man in dem neu-

Äneas erblickt Karthago

en Karthago auch die Götter ehrt und das heilige Gastrecht übt
wie in unserer Heimat.«

Durch die menschenwimmelnden Straßen schritten die beiden
Helden, gingen über den Markt, wo ehrwürdige Greise zu Gericht saßen, Recht sprachen und weise Gesetze ersannen. Niemand schien sie zu beachten, obwohl sie doch Fremdlinge waren und an ihrer Tracht als solche zu erkennen sein mussten. Sie
verwunderten sich darüber, ahnten sie doch nicht, dass die Ne-
belhülle, womit die fürsorgliche Göttin sie umkleidet, ihre Gestalten den Augen der Menschen verbarg. So kamen sie endlich

zum Tempel der Juno, der gegenüber der königlichen Burg in einem Hain stattlich sich erhob. Die Vorhalle war reich mit Bildern geschmückt, und was war es, das diese großen, prachtvollen Gemälde darstellten? – Sprachlos standen die beiden davor, denn was ihre Augen da auf den Bildern sahen, das hatten sie ja alles miterlebt, das waren ja die Kämpfe um Troja und der Brand ihrer geliebten Heimatstadt!

Aus dem Gewimmel der Schlachten hoben sich die Gestalten der Könige und großen Helden mächtig heraus. Man sah Priamus und Agamemnon, den schrecklichen Achilles im Kampf mit dem strahlenden Hektor; ja, mitten im heißen Männerstreit erblickte Achates auch das Bild seines tapferen Freundes, und staunend rief er: »Sieh, Äneas, jener Lanzenschwinger in der schimmernden Rüstung, vor dem die Feinde mit Entsetzen fliehen, das bist du!«

»Kein Zweifel«, antwortete der Held, »und wer ist der Führer der fliehenden Griechenschar? Schau ihn dir nur genau an – es ist der listenreiche Odysseus! Wahrlich ein großer Künstler hat diese Bilder geschaffen, und frischer Mut und neues Leben strömt von ihnen in mein Herz hinein. Wir werden nicht im Dunkel untergehen; unsere Namen und Taten sind durch die Kunst geweiht, uns blüht unsterbliches Leben! Auch hier in diesem fremden Land dürfen wir getrosten Mutes verweilen; denn allerorten, wo man die Götter ehrt und die Kunst liebhat, findet der heimatlose Fremdling gastliche Aufnahme.«

Wie der Held so redete, siehe!, da nahte von der Burg her mit stattlichem Gefolge die Königin Dido dem Tempel. Es war ein stolzer Aufzug; die junge Fürstin strahlte im Glanz jugendlicher Schönheit und kostbaren Schmucks, und auf den blanken Helmen und Schilden der Jünglinge, welche die Herrin umgaben, blinkten und flimmerten lustig die Sonnenstrahlen. Viel Volk strömte aus den Gassen herbei; bald wimmelte der heilige Hain von Menschen, und als die Königin die Stufen zum Portal emporstieg, zogen sich die beiden Trojaner, um nicht bemerkt zu werden, in den tieferen Hintergrund der Halle zurück.

Auf dem erhabenen Thron auf erhöhter Stätte ließ sich die stolze, junge Königin nieder, winkte mit ihrer Rechten, und herein in den Kreis der Bewaffneten traten Männer aus dem Volk, um aus dem Mund ihrer klugen Gebieterin Befehle für die Arbeit am Aufbau der Stadt, Lob und Tadel, höchsten Recht- und Richtspruch und ernste Mahnung zur Ordnung, zum Fleiß und zur Frömmigkeit zu vernehmen.

Während solches alles in feierlicher Ruhe geschah, entstand plötzlich in der Menge eine heftige Bewegung, wie wenn ein aufspringender Wind durch die ruhigen Wipfel des Waldes fährt. Aller Augen blickten auf, und die Königin selbst hob das Haupt höher und blickte stolz und streng in die Richtung, von woher die Störung kam.

Da siehe: Ein Häuflein Männer in fremder Tracht brach sich gewaltsam Bahn durch die abwehrende Menge, und die Verwegenen machten auch an den Stufen des Tempels nicht halt, sondern traten furchtlos in den Ring der Bewaffneten und vor den Sitz der Königin.

Atemloses Schweigen folgte nun, im dunklen Hintergrund der Halle aber standen zwei Unsichtbare, die sich kaum zu halten vermochten vor Überraschung und Freude. »Äneas«, flüsterte Achates bebend, »erkennst du unsere verloren geglaubten Freunde?«

Lachenden Angesichts nickte der Held, deutete aber mit der Fingerspitze auf die Lippen, um dem Genossen Schweigen zu gebieten. Denn jetzt öffnete die stolze Dido ihren Mund und fragte unwillig und streng: »Wer seid ihr, Fremdlinge, und wie dürft ihr es wagen, ungerufen vor mein Angesicht zu treten?«

Ihre schönen Augen blickten drohend, und es flammte und funkelte unter den dunklen Brauen wie Blitze aus schwarzen Wetterwolken.

Da trat ein Greis aus dem Haufen der Fremdlinge hervor, verneigte sich ehrerbietig vor der zürnenden Königin und sprach: »Edle Herrin, über deren jugendliches Haupt huldreiche Götter die Fülle des Glücks und der Schönheit ausgegossen haben, urteile mild und gütig über uns, denn wir sind unglücklich! Hast du von Troja gehört, der einst so herrlich prangenden Stadt des Priamus? Du nickst, und ich sehe Mitleid und Trauer entwaffnen den Zorn deiner edlen Seele. Wir sind heimatberaubte, meerüberfahrende Trojaner, von Sturm und Wogen an deine Küste verschlagen. Äneas, des Anchises und der Venus Sohn, war unser Führer; du wirst den Schall seines Namens vernommen haben, denn unter dem weiten Himmelszelt wandelt kein größerer Held als er. Sofern er noch lebt! Wir wissen es nicht; der Sturm hat unsere Flotte auseinandergerissen und die Schiffe hierhin und dorthin geworfen. Auch unsere Kiele sind übel zugerichtet, weder seetüchtig noch sturmfest, die Ruder zerbrochen, durchlöchert die Bordwände und Segel und Taue zerrissen. Darum gestatte uns, edle Königin, in deinen Strandwäldern Holz zum Ausbau unserer Schiffe zu fällen, und weise uns nicht aus dem Land, wie es deine Hafenwächter getan haben. Lebt unser edler Führer Äneas noch, und wird er, wie die Götter ihm verheißen, dereinst Fürst und König in Italien sein, so wird er dir alles Gute, das du uns, seinen Leidensgefährten, erweist, reichlich vergelten; denn er ist königlich gesinnt und würde keinem irrenden Fremden die Gastfreundschaft verweigern, wie es deine Strandwächter uns getan haben.«

Da senkte die schöne Dido den Blick zur Erde und sprach: »Du irrst, Fremdling, so du glaubst, im libyschen Volk kenne man die Gastfreundschaft nicht. Aber dies Reich ist noch jung und wird von Feinden bedroht, darum haben die Grenzwächter Befehl, verdächtige Fremde scharf und streng zurückzuweisen. Dies Schicksal hat auch euch betroffen – unverdienterweise, denn wo gäbe es Menschenherzen, die das Schicksal Trojas und seiner Helden nicht rührte! Seid mir willkommen, sturmgeschlagene Söhne des großen dardanischen Volkes! Ihr steht in meinem Frieden und dürft euch gastlicher Pflege und tatkräftiger Hilfe getrösten, so lange es euch gefällt, in diesem Land zu weilen. Auch steht es euch frei, auf immer hier zu bleiben und das neue Troja hier aufzubauen. Was aber Äneas, euren ruhmreichen Führer, betrifft, dessen Antlitz ich nach jenem Bild in der Halle dort wohl kenne, so will ich alsogleich landeskundige Männer senden, die Küsten und Strandwälder meines Landes auszuspähen, ob er mit seinen Gefährten vielleicht irgendwo in einer versteckten Bucht ankert oder im Waldgebirge umherirrt.«

Wie hätte Äneas sich noch länger verborgen halten können, als er diese Worte gehört? – Entschlossen, freudig bewegt trat er in den Kreis, die bergende Hülle fiel ab von ihm, und in seiner strahlenden Heldenschönheit stand er plötzlich, wie aus dem Boden emporgestiegen, vor der staunenden Königin. Jubelnd umdrängten ihren geliebten Führer die Freunde, griffen nach seinen Händen und lachten und weinten vor Freude. Alle, die solches sahen, waren davon gerührt, und in den schönen Augen der Königin schimmerten Tränen.

»Hohe Herrin«, begann darauf Äneas, »der Mann, den du in edler Güte und Menschenfreundlichkeit suchen lassen wolltest, steht vor deinem Angesicht: Äneas, der Troer. Huldvolle Götter haben mich hierhergeführt, damit ich die Freude dieses Zeitalters, die schöne Dido mit Augen schauen soll. Heil dem libyschen Land, welchem die waltenden Götter eine so edle Herrin geschenkt! Solange der hohe Bergwald seinen Schatten in dies gesegnete Tal werfen wird, solange wird auch der Name der Schönsten und Edelsten unter den Königinnen der Erde von den Menschen mit Ruhm und Preis genannt werden. Heil dir, hohe, edelmütige Herrin des neuen Phönizien!«

Errötend neigte die schöne Dido das lichtumstrahlte junge Haupt, denn der diese lobpreisenden Worte sprach, stand im Kreis der Männer groß und schön wie ein Gott vor ihren Augen; nicht einer der edlen tyrischen Jünglinge ihres Hofes konnte sich an Heldenschönheit mit dem Fremdling vergleichen. Und sie lud Äneas und seine Freunde zu sich in die Burg zu festlicher Bewirtung, nach den Schiffen der Trojaner aber sandte sie zahlreiche Schafe und ein paar fette Rinder, damit die Gefährten des Mannes, der ihr Herz gewonnen, nicht Mangel litten an köstlicher Speise. Auf seines Herrn Befehl begab sich auch Achates nach dem Strand, um den Knaben Askanius und kostbare Geschenke herbeizuholen, der huldreichen Königin zur Freude.

Stolz und sehr stattlich erschien die Burg Byrsa von außen, aber weitaus an Schönheit und Pracht übertraf noch die innere Ausstattung den mächtigen äußeren Bau. Mit purpurnen Teppichen, überaus kunstreich und fein mit eingesticktem Bildwerk verziert, waren die Wände behangen; farbenschimmernde Gemälde, die die Geschichte des tyrischen Volkes verherrlichten, schmückten Decken und freie Wandflächen; in den Nischen und auf den Säulen standen wunderschöne Marmorbilder, Krüge, Becher, Schüsseln und Schalen von Silber und Gold prangten auf den Tischen, wo das Festmahl von flinken Dienern und rosigen Mägden hergerichtet wurde: Wohin immer das Auge blicken mochte – überall königlicher Reichtum und auserlesene Pracht und Schönheit, als bestünde die Herrschaft des Stammes der jungen Dido in Karthago nicht erst seit kurzer Zeit, sondern jahrhundertelang.

Als nun die Königin mit ihren Gästen beim Mahl saß, trat Achates mit dem Knaben Askanius in den Saal herein. Schön wie ein Götterspross war der Sohn des Äneas und der toten Crëusa, und die junge Fürstin rief ihren jüngsten Gast zu sich heran, blickte ihm freundlich in die strahlenden Augen, zog ihn auf ihren Schoß und herzte und küsste ihn wie ihren eigenen Sohn.

Am Schluss des Mahls ließ sich die Königin einen schweren goldenen Becher reichen, füllte ihn aus dem Krug mit perlendem Wein, hob das funkelnde Gefäß mit der Rechten empor und sprach: »Erhabener Jupiter, dich zuvörderst grüße ich als den Schirmherrn und göttlichen Hort des heiligen Gastrechts! Wende, großer Vater, deine Huld auch den Männern zu, die ich an meinem Tisch freudig bewirte! Dir auch, göttliche Juno, und dir, rebenbekränzter Bacchus, gilt mein Gruß! Lasst, ihr Himmlischen, die festlichen Stunden, die ich mit meinem Volk unseren lieben Gästen zu weihen gedenke, euren Augen ein Wohlgefallen sein!«

Sprach's und versprengte die Blume des Weins den Göttern zum süßen Geruch; daraufhin nippte sie ein paar Tropfen und reichte alsdann den Becher ihrem vornehmsten Gast.

Äneas feierte die Huld und Schönheit der Königin, trank und gab den Goldpokal weiter, der nun in der Tafelrunde von Hand zu Hand ging. Während der Becher fröhlich kreiste, trat der braungelockte Sänger Jopas auf, schlug die Saiten seiner goldschimmernden Laute und hub an, mit süßtönender Stimme das Wirken und Walten der Götter auf den sonnigen Höhen des Olympus zu preisen, besang den Lauf der Sonne und der Gestirne und der Menschen Freuden und Leiden auf der schönen, blumengeschmückten Erde.

Lauter Beifall erscholl, und die Königin bot mit eigener Hand dem Freudenbringer den Goldpokal und sprach glänzenden Angesichts: »Wer ist's, dem nach den erhabenen Göttern der Preis der Ehre und des Danks gebührt? Es ist der Sänger lieblicher Lieder, der Künder tiefster Weisheit, der Spender reinster Freuden. Wie der Regen die Flur und Morgentau die Blumen erquickt, so labt und beseligt die Kunst des Dichters das Menschenherz und trägt es auf goldenen Schwingen empor in die reinen Gefilde der Schönheit und des Friedens. Und nun, mein edler Gast«, wandte sie sich an Äneas, »erzähle uns von dem großen Kampf um Troja, von Priamus und Hektor, Kassandra und Andromache, Achilles und Patroklus, Agamemnon und Odysseus und vor allem von dir selbst und deinen Fahrten zu Wasser und zu Lande!«

Der Held gehorchte ihrer Bitte und schilderte mit beredtem Mund die gewaltigen Kämpfe um seine geliebte, unglückliche Vaterstadt. In dem Feuer lebendiger Erinnerung erglänzten seine Augen wunderbar; seine mächtige Gestalt schien immer mehr zu wachsen; wie Flammen sprühten die Worte von seinen Lippen, und aus seiner Stimme klang es wie Kriegsgeschrei und Schwerterklang und Schildgekrach.

Atemlos lauschte die Königin, sprachlos die Tafelrunde, und als Äneas endlich schwieg, da war es jedem zumute, als habe er Großes erlebt, als sei der Mann, der so gewaltige Dinge geschildert, einer der Himmlischen, vor dem jeder Sterbliche sich in Ehrfurcht beugen müsse.

Die junge Königin konnte keinen Schlaf finden in der Nacht; unaufhörlich glaubte sie Äneas' Stimme zu vernehmen, und vor seinen strahlenden Augen konnte sie sich nirgends verbergen. Wie herrlich war dieser Mann! Von allen Sterblichen, die sie auf Erden gesehen, konnte sich mit ihm nicht einer vergleichen. Selbst nicht Sychäus, ihr geliebter verstorbener Herr, noch weniger ihr Bruder Pygmalion, auch nicht Jarbas, der Gätulerkönig, der sie mit Ungestüm zur Frau begehrte. »Nie, nie!«, rief sie mit verhaltenem, zürnendem Eifer, »niemals werde ich diesem Gätulerfürsten die Hand zum Bunde reichen! Wie könnte ich mich nur an den Übermütigen verkaufen, seit die strahlenden Augen des Sohnes der Göttin innig auf mir geruht! Er allein ist's, dem ich mit Lust und Freude Herz und Hand und Krone hingeben würde. Ihn liebe ich, ihn allein, und zöge er wieder von hinnen, so nähme er all mein Glück und meine seligste Hoffnung mit sich fort und ich müsste verderben und sterben vor Gram und Herzeleid. Nein, der edle Gast muss in Karthago bleiben, muss die Last der Krone von meinem Haupt nehmen und hier sein neues Troja bauen, das nach der göttlichen Verheißung dereinst den Erdkreis beherrschen soll. Äneas, du Held der Helden, du bist gekommen als armer Schiffbrüchiger, und siehe: Dir winkt allhier eine Königskrone!«

Die Jagd

Am anderen Morgen rief die Königin ihre Schwester Anna, die in treuer Liebe mit ihr aus der Heimat geflohen war, zu sich und fragte sie:»Anna, liebe Schwester, hast du gestern Abend unseren hohen Gast, den Helden Äneas, recht betrachtet?«
Die Angeredete nickte und sprach:»Wie sollte ich nicht, Schwester? Seinesgleichen sieht man wenige auf der weiten Erde.«
»Wenige!«, versetzte Dido mit hochgezogenen Brauen.»O, Liebste, nenne mir doch nur einen, der ihm an stolzer Heldenschönheit gleicht, und ich will dein scharfes Auge bewundern.«
Lachend schüttelte Anna den Kopf und erwiderte:»Nein, nein! Weder in dieser Stadt noch in Tyrus und Sidon sah ich einen Helden, der dem Sohn des Anchises an hoher Mannesschönheit zu vergleichen wäre.«
Träumerisch nickte Dido, beschattete mit der Hand ihre Augen vor dem goldenen Morgenlicht und flüsterte:»Anna, Schwesterherz, du weißt, ich hege den festen Vorsatz, unvermählt zu bleiben; könnte aber einer mich bewegen, diesem meinem Entschluss untreu zu werden, so wäre das allein dieser herrliche Gast. O, wie schwach ist doch das Menschenherz!«
Sie verhüllte mit beiden Händen, die im Sonnenschein rosig leuchteten, das erglühende Angesicht und fing an, bitterlich zu schluchzen.

Erschrocken blickte Anna auf die geliebte Schwester, streichelte ihren braunen Scheitel, küsste ihre Stirn und sprach zärtlich: »Warum weinst du, meine Dido? Ist denn hier ein Unheil geschehen? Ich sehe nichts als Glück und Freude. O, glaube mir nur: Diesen herrlichen Gast hat Jupiter selbst in deine Burg gesandt, dir und deinem Volk zum Heil. Wie? Du wolltest dein junges Leben in einsamer Witwenschaft vertrauern? O, bedenke doch nur, Dido, welch eine schwere Bürde die Krone dieses jungen Reiches ist – zumal für ein schwaches Frauenhaupt! Nicht lange mehr wird der Gätulerfürst Jarbas zu kommen säumen und Herz und Land von dir fordern – wirst du dem Mächtigen widerstehen können? Auch unser Bruder Pygmalion sinnt auf dein gänzliches Verderben; dazu lauern an den Grenzen deines Reiches beutelüsterne Barbarenhäuptlinge, und selbst über das Meer können feindselige Scharen kommen und gleich Heuschreckenschwärmen in das Land einfallen – dünkst du dich stark genug, all diesen Widersachern zu trotzen, du, ein schwaches Weib? – Du seufzt, Dido, ach! Deine Zukunft ist dunkel und schwer, der Feinde ringsumher sind gar zu viele. – Nun, Schwesterherz, freue dich und jauchze! Ein Held ist gekommen, stark und mächtig genug, all deine Bedränger niederzuhalten, dein Volk zu beschirmen und dies junge Reich zu hoher Blüte emporzuführen. So folge denn dem Zug deines Herzens und biete dem Sohn der Göttin Hand und Krone, dann hat all deine Not und Sorge ein Ende.«

Die junge Königin hob das Haupt, in ihrem Antlitz glänzte das Glück, und sie umschlang die Schwester mit beiden Armen, küsste sie innig und rief: »Was selbstlose Liebe mir rät, ist gut und wahr wie ein Spruch der Götter, drum will ich handeln nach deinen Worten; eine Königin darf schon eigene Wege gehen.«

Die Schwestern begaben sich nach dem Tempel der Juno, um zu opfern und die Göttin um ihren Beistand zu bitten für das, was nun geschehen sollte.

Dido opfert den Göttern, um Äneas zu gewinnen.

Und nicht umsonst; ihr Gebet fand Erhörung, denn was konnte der Erzfeindin Trojas willkommener sein als die Vermählung des Äneas mit Dido? Dadurch wurde der Plan, dass in Italien ein neues Dardanerreich mit einer weltbeherrschenden Stadt gegründet werden sollte, vereitelt, und Trojas Name und Volk war für immer auf Erden ausgetilgt. Die erhabene Juno beschloss also, Didos Vorhaben zu fördern, und sagte solches auch der schönen Venus. Diese gab sich zwar den Anschein, als willige sie gern in die Vermählung ihres Sohnes mit der libyschen Königin, im Herzen aber gedachte sie gar viel anders.

Nach der Rückkehr aus dem Tempel führte Dido den geliebten Gast und seinen Sohn durch die ganze Stadt, zeigte ihm alles, was sie geschaffen, und hörte mit Freuden sein Lob. Alle Kostbarkeiten ihrer Schatzkammer breitete sie vor ihm aus, geleitete ihn durch alle Säle, Hallen und Kammern der Burg und lächelte glücklich, da sie sah, wie sein Auge bewundernd auf dem reichen sidonischen Königsglanz weilte. Der Knabe Askanius fühlte sich in den prächtigen Gemächern der Burg so heimisch wie in seinem Vaterhaus, und beim Mahl saß er stolz an der Seite der Gebieterin, als gebühre ihm und keinem anderen der bevorzugte Platz.

Eines Tages veranstaltete die Königin ihren Gästen zu Ehren eine große Jagd im nahen Waldgebirge. Dazu hatte sie die vornehmsten Trojaner, Sidonier und Karthager eingeladen, außerdem einige adlige Knaben, die mit Askanius reiten sollten.

Vor dem Portal stampften zwei feurige arabische Renner, prächtig mit Goldzäumen und Purpurdecken geschmückt, unruhig den Boden. Waidmännisch gerüstete Recken, auserlesene Jünglinge mit Jagdspießen, Netzen und Schlingen, Trossbuben mit den wiehernden Pferden, Jäger mit Spürhunden an den Koppeln und eine Schar lustiger Treiber bewegten sich vor dem Palast fröhlich durcheinander und harrten des Winks zum Aufbruch. Endlich trat die Königin mit ihrem Gast aus der Pforte, und in der Menge wurde es still; aller Augen blickten mit Bewunderung und Ehrfurcht auf das stolze Menschenpaar. Wie herrlich war die hohe Jägerin anzuschauen! Ihr Angesicht strahlte vor Lust und Glück, und wie Sterne glänzten und funkelten ihre dunklen Augen. Sie trug ein reich gesticktes sidonisches Jagdkleid und darüber einen kurzen Purpurmantel. Ihre Stirn umblitzte ein köstliches Diadem aus Gold und Edelgestein, und von der Schulter hing ihr der goldene Köcher. Glich die junge Jagdherrin an Kraft, Anmut und Schönheit nicht ganz der göttlichen Diana?

Jetzt hob ihr stolzer Begleiter die Königin in den Sattel, schwang sich selbst auf Rossesrücken, ein Wink mit weißer Hand, ein Jagdhorngeschmetter – und unter Rossgewieher und Hundegebell und Lachen und Schreien der hundertköpfigen Schar zog der Tross durch die Stadt dem grünen Waldgebirge entgegen.

Dort angekommen, zerstreuten sich die Jäger nach allen Richtungen, Treiber und Hunde begannen zu lärmen, schreckten das Wild aus seinen Schlupfwinkeln empor, und bald sah man eilende Gämsen über die Felsen springen und hochgehörnte Hirsche in rasender Flucht über die Waldblößen flitzen.

Mit seinen jungen Gefährten jagte Askanius mit vorgestrecktem Jagdspieß unter den Fichten dahin. Hirsche und Gämsen waren diesen Waidmannen viel zu gering; auf borstige Wildeber mit glänzenden Hauern und gelbmähnige Löwen waren ihre tapferen Herzen erpicht.

Derweil das Getöse der Jagd das Waldgebirge durchhallte, verfinsterte sich auf Junos Anstiften der Himmel, und plötzlich brach ein furchtbares Wetter mit Blitz und Donner und Regen- und Hagelschauern in den Bergen los. Da hatte die frohe Waidmannslust ein Ende, und jeder suchte einen Zufluchtsort, wo er Schutz vor Sturm und Regen finden könnte.

Die Königin und Äneas sprengten unter einen überhängenden Felsvorsprung, stiegen von den Rossen und zogen sich in die Höhle zurück, die sich unter dem gewölbten Dach befand. Dort waren sie vor dem Unwetter sicher geborgen; ja, die königliche Jägerin freute sich des grausigen Wetterspiels da draußen, und die halbdunkle graue Felshöhle erschien ihr licht und freundlich und prächtig wie ein verzaubertes Feenschloss.

Während droben am Himmel schwerer Donner dahinrollte und mit seiner furchtbaren Stimme die Berge erschütterte; während Blitzstrahlen gleich feurigen Schlangen durch die Lüfte zuckten und manche stolze Eichenkrone grimmig zu Boden schmetterte; während der Sturm gleich einem Riesenvogel durch die Wälder raste und Äste und Stämme wie Rohrstäbe zerbrach; während Regen und Wind und Blitz und Donner draußen wild durcheinandertobten und schrien und brüllten gleich der schäumenden Brandung des Meeres: saßen Äneas und Dido tief im Halbdunkel der Grotte auf dem Moos und merkten wenig von dem schrecklichen Aufruhr der Elemente. Denn jetzt war der Augenblick gekommen, welchen die Königin längst herbeigesehnt hatte – jetzt konnte sie ihr ganzes Herz dem geliebten Mann ausschütten und ihm Hand und Krone anbieten; kein Späherauge war auf sie gerichtet.

Und der fromme Äneas ließ sich betören. Er vergaß, was die Götter ihm und seinem Stamm verheißen hatten und beide gaben sich der Liebe hin.

»Siehst du«, lachte Dido glücklich, »wir ritten ins Waldgebirge, um das flüchtige Wild zu erjagen, und nun haben wir weit Köstlicheres erbeutet: du ein Königreich, ich einen König.«

Kaum war das Wort ihrem Mund entflohen, da zuckte ein greller Blitzstrahl hernieder und zerschmetterte die Krone der Fichte vor dem Eingang der Felsengrotte, sodass Äste und Stamm krachend zusammenbrachen und die Pferde vor Schrecken hoch aufbäumten und mit den Hufen gegen den Felsen schlugen.

Bleichen Angesichts blickten sich Äneas und Dido in die Augen, und ihre Herzen zitterten wie die Blätter draußen unter dem Rollen des Donners.

Äneas muss Karthago verlassen

Es konnte nicht lange verborgen bleiben, dass Dido den Sohn des Anchises vor allen großen ihres Reiches auszeichnete, ja, dass sie den herrlichen Helden zu ihrem Gemahl ausersehen hatte. Man flüsterte heimlich davon, einer vertraute es dem andern, und bald wusste es jedermann in der Burg, dann in den Palästen der Großen und endlich auch in der ganzen Stadt.

Wer war's, der das Gerücht weiter und weiter verbreitete, sodass nach wenigen Wochen im ganzen libyschen Reich und bald über die Grenzen hinaus in allen umliegenden Ländern die Spatzen es von den Dächern pfiffen? Wer trug das Geheimnis den Feinden Didos zu: den numidischen Häuptlingen draußen, dem Gätulerkönig Jarbas und gar übers Meer zu Pygmalion, ihrem feindseligen Bruder? Wer trug das Gerücht wie auf Flügeln des Windes von Ort zu Ort, von Land zu Land?

Fama tat es, die tausendmäulige alte Schwätzerin; Fama, die ränkesinnende, abscheuliche Göttin des Gerüchts. In der Verborgenheit hockt diese Menschenfeindin und horcht mit tausend Ohren, ob sie nicht irgendwo ein wichtiges Geheimnis erlauschen könne. Und ist ihr solches gelungen, so schlüpft sie aus ihrem dunklen Versteck hervor und trägt das Erforschte weiter: von Ohr zu Ohr, von Haus zu Haus, von Stadt zu Stadt, von Land zu Land; und was anfangs nur klein war als ein Senfkorn, das wächst und wird groß und größer wie ein Baum, ein Turm, wie das Atlasgebirge. Und was unschuldig war und harmlos wie ein Kinderspiel, das wird arglistig, böse, bedrohlich und schrecklich wie die Rachegedanken eines grimmen Feindes, wie die Träume des Bösewichts. Wehe dem, dessen Geheimnis Fama erlauscht! Wehe der heimlichen Liebe Didos zu Äneas! Glücklich die beiden, sie hätten sich niemals gesehen!

Von allen am tiefsten empört über das Gerücht war Jarbas, der Gätulerkönig. »Wie?«, rief er aufgebracht, »kann denn diese Stimme, die hunderttönig in mein Ohr klingt, Wahrheit künden? Mich, den mächtigen Herrscher und Völkergebieter, könnte die landesflüchtige Sidonerin verschmähen, um einen hergelaufenen Trojaner ohne Land und Habe mit ihrer Liebe zu beglücken? Und solche unglaubliche, unerhörte Weiberlaune duldete Jupiter, mein Vater, dem ich gehorsam gedient all mein Leben lang? Hundert prächtige Tempel habe ich ihm erbaut; allzeit sind seine Altäre mit Blumen bekränzt und rauchen und duften von süßen Opferspenden, und nun sollte er es geschehen lassen, dass mich eine Dido beschimpfte um eines Landstreichers willen? Schläft denn der große Olympier? Nun wohlan, ich will hingehen und ihn wecken.«

Also sprach Jarbas ungemut und begab sich in den Tempel des Gottes. Und der König, umhüllt mit der priesterlichen Binde, warf sich vor dem weihrauchduftenden Altar nieder, erhob betend seine Hände zu dem Bild des erhabenen Kroniden und rief: »Vater Jupiter, siehe, hier liege ich vor deinem Angesicht und klage die Fürstin Dido schwerer Kränkung meiner Ehre an. Ich habe geduldet, dass der heimatberaubten Sidonerin im libyschen Land Gastrecht gewährt wurde, geduldet, dass man die Fremde zur Königin erhob, dass sie die Burg Byrsa und die Stadt Karthago erbaute, habe sie gar meiner Liebe gewürdigt und muss nun hören, wie die Betörte mir trotzt und den Trojaner Äneas auf den Thron erheben will. Lässt du solches geschehen, mein Vater? Muss ich dich an meine unwandelbare Treue gemahnen? Wer hat wie ich deinem Namen prächtige Tempel erbaut? Wo rauchen und duften Jupiters Altäre, ihm zum süßen Geruch, so zahlreich wie in meinem Land? Sind denn Gehorsam, Frömmigkeit, Glaube und Treue ganz eitel vor dir? O, sofern du noch Jupiter der Gerechte und Allmächtige bist, neige dein Ohr zu mir und räche mich an der stolzen Dido und ihrem Auserwählten! Erhöre mich, mein Vater, und zerreiße mit dem Blitz deines Zorns das Band, das den Trojaner mit der Sidonerin verbindet!«

Und Jupiter vernahm das Flehen seines getreuen Dieners, richtete sein Auge gen Karthago und sah, wie dort Äneas in tyrischer Tracht einherging und völlig die Würde eines gebietenden Königs zur Schau trug. Darob ergrimmte der Vater der Götter und Menschen, schüttelte unmutsvoll sein erhabenes Haupt, dass die ambrosischen Locken im Wind wallten, winkte Merkur herbei und sprach zu ihm: »Was hat Äneas so lange in Karthago zu schaffen, mein Sohn? Es scheint, der fromme Held zappelt in den Banden der schönen Dido und hat völlig vergessen, zu welchem Zweck ich ihn den Mordwaffen der Griechen und den Stürmen des Meeres entrissen habe. Das neue Troja: die weltbeherrschende Roma soll er mir bauen! Auf denn, eile und künde dem Pflichtvergessenen: Ohne Verzug soll er sich einschiffen und nach Italien segeln; ich will es!«

Sogleich band Merkur die goldenen Flügel an seine Füße, setzte den geflügelten Hut auf sein Haupt, ergriff seinen Wanderstab und schwang sich wie ein Vogel vom Gipfel des Olymp in die blauen Lüfte. Hurtig über Land und Meer flog der Götterbote, und bald erblickte er den Riesen Atlas: gebeugt von der schweren Last des Himmels, der auf seinem Scheitel ruht; das fichtenbewachsene Haupt von dunklen Wolken umwogt und gegeißelt von wilden Wetterstürmen; Schnee auf den Schultern und in dem zottigen Bart lang herabhängende, glitzernde Eisnadeln; wilde Bergwasser: Ströme und Bäche, von seinem Kinnwald und den massigen Gliedern seines Riesenleibs mit Donnern und Brausen in abgrundtiefe Schluchten und grüne Täler stürzend – welch ein ehrfurchtgebietendes Bild, dieser Jahrtausende alte Greis! Merkur blickte auf ihn voll Staunen und Mitleid, nickte dem stummen Himmelsträger sonnigen Göttergruß und setzte alsdann seinen Flug fort, bis er die Burg Byrsa in den Lüften erblickte. Ihre Türme ragten so hoch über den Bergwald empor, dass die Schiffer auf dem Meer die bekrönten weißen Zinnen schauen konnten.

Siehe, dort stand ja Äneas vor einem Palastbau, angetan mit einem golddurchwirkten, glänzenden tyrischen Purpurmantel und an der Seite das funkelnde Schwert, gestirnt mit einem leuchtenden hellgrünen Jaspis.

Urplötzlich trat der Gott vor den überraschten Helden, nickte ihm kalten Gruß und sprach zu dem staunenden Mann: »Was treibst du hier, Äneas – bist du zum Baumeister Karthagos bestellt? Was erhoffst, was säumst du so lange im libyschen Land? Solches lässt dir Jupiter, der Vater der Götter und Menschen, sagen: Zur Stunde sollst du die Bande zerreißen, die dich an Dido fesseln, sollst deine Flotte ausrüsten und nach Italien segeln, wo dir und deinem Volk die neue Heimat winkt. Dort, nicht hierzulande, sollst du das neue Troja, die Stadt der Zukunft, bauen, das die Völker des Erdkreises beherrschen wird.«

Sprach's und verschwand so plötzlich, wie er gekommen war, vor den Augen des tief erschrockenen Helden. »Merkur!«, murmelte alsdann Äneas mit stockendem Atem. »O, meine Gebeine zittern, und das Haar meines Hauptes sträubt sich vor geheimem Grauen! – Jupiter zürnt mir«, sprach er bebend. »O, wie habe ich hier auch nur so lange säumen und meinen heiligen Auftrag vergessen können! Arme Dido, arme Dido, nun ist all dein Glück dahin!«

Langsam, mit bleichem Angesicht und schweren Knien kehrte Äneas in die Burg zurück, berief zu sich seine Freunde Achates, Cloanthus und Sergestus und offenbarte ihnen seinen Beschluss, in kürzester Frist Karthago zu verlassen. Zugleich befahl er ihnen, in der Stille und Verschwiegenheit die Flotte zur Abfahrt auszurüsten. Er selbst wollte Zeit und Stunde ausspähen, um der Königin, die es so wohl mit ihm gemeint, Jupiters strengen Befehl mitzuteilen. In keiner noch so schrecklichen Schlacht hatte der Held Furcht verspürt und gezittert, jetzt aber schlich er einen Tag um den anderen wie ein Feigling umher und konnte nicht den Mut finden, mit der schlimmen Botschaft der geliebten Frau vor die Augen zu treten.

Aber die Königin merkte bald, was vorging. Die Angst ihres Herzens tat es ihr kund, denn zu Orakeln werden die Sorgen und Schmerzen wahrhaftiger Liebe. Von heftig pochender Unruhe getrieben, eilte sie durch die Straßen der Stadt, ging in den Tempel der Juno, um im Gebet den verlorenen Frieden zu suchen, sprang aber jäh wieder auf und kehrte mit hastigen Schritten in die Burg zurück, schritt rastlos von einem Gemach ins andere, stürmte, um Luft zu schöpfen, in den Garten hinaus und lief dort, wie von Furien verfolgt, gleich einem gehetzten Reh durch die Gebüsche.

Endlich raffte die Sinnlose all ihren Mut zusammen, beschied Äneas vor ihr Angesicht und sprach zu dem ernsten Mann mit keuchendem Atem: »Treuloser, du wolltest mir heimlich entfliehen? O, bei den ewigen Göttern, nie und nimmer hätte ich solch schwarzen Betrug dir zugetraut, frommer Äneas! Und so eilig hast du es, von Dido fortzukommen? – Winter ist es, die Zeit der Stürme, und du willst auf das tückische Meer hinaus? – Womit habe ich deine Liebe denn nur verscherzt, Äneas? Ich sinne und sinne und kann keine Schuld bei mir entdecken. Als armer Schiffbrüchiger kamst du vor Monaten zu mir, und ich nahm dich und die Deinen gastlich und herzlich bei mir auf – denkst du daran? Über alle Großen meines Reiches hob ich den Fremdling, nicht achtend des Hasses und der Feindschaft vieler Mächtiger, die ich damit wider mich heraufbeschwor. Die Fürsten und Häuptlinge ringsumher, vor allem der Gätuler Jarbas, sinnen auf mein Verderben – deinetwegen, mein Freund – und du wolltest dich heimlich fortstehlen und mich allein dem Grimm all der Feinde überlassen? Solche grausame Lieblosigkeit konnte in deinem Herzen Raum gewinnen, Äneas? Und das alles für unendliche Güte und Freundlichkeit, die ich dir und deinem Kind erwiesen! O sprich nein, Äneas, und ich will niederknien vor dir, Geliebter, und vergebend deine Füße küssen! Sprich nein, Äneas!«

Atemlos, angstzitternd und todbleichen Angesichts harrte sie der Antwort aus seinem Mund. Aber der tief erschütterte Mann gedachte des göttlichen Gebots, rang mit Riesenkraft den Sturm in seiner Seele nieder, schöpfte tief Atem und sprach traurig, doch entschlossen: »Was du fürchtest, ist wahr: Ich will mit meinem Volk von hinnen ziehen – ich muss, geliebte Herrin! Die Götter haben es so beschlossen; Jupiter selbst hat seinen Boten Merkur zu mir gesandt und mir befehlen lassen, ohne Verzug dies Land zu verlassen – weißt du, was das bedeutet? – Ach, viel zu lange schon habe ich hier gesäumt, könnte wohl schon seit Monaten in meinem neuen Heimatland sein und anstatt dein Karthago mein und meines Volkes Troja bauen. Mit Recht zürnt mir Jupiter; du aber, Dido, schelte den Freund nicht! Höher als das Glück steht dem Mann die Pflicht und der Götter Gebot. Berufen bin ich, dem kleinen Rest meines unglücklichen Volkes eine Heimat und meinem Sohn ein Vaterland zu erkämpfen – kannst du mir darum grollen, hochherzige Dido? Ist meine Absicht und mein Gehorsam gegen den Willen der Götter tadelnswert? Ich muss von hinnen ziehen, aber bis an mein Lebensende werde ich deiner in Liebe und unversiegbarer Dankbarkeit gedenken.«

Mit halb abgewandtem Gesicht stand die Königin bebend vor ihm, und da er geendet hatte, sprach sie tonlos: »Nun wohl, ich schelte nicht, ich halte dich nicht zurück – geh von mir und suche deine Heimat, wie du unwiderruflich beschlossen. Aber wenn es droben über den Wolken noch gerechte Götter gibt, so wird auch der Todesschrei verratener Liebe und gebrochener Treue gleich einem Sturm dein Schiff an den Klippen zerschmettern! – Mein Leben ist zerstört – durch dich, Äneas! Ich muss in den Tod gehen, du in dein neues, sonniges Heimatland unter Hesperiens dunkelblauem Himmel! Aber – wo du auch hinziehen und wandeln magst: Didos bleicher Schatten wird dir folgen! Und wenn du einst büßt für all den Jammer, den deine Untreue mir zugefügt, so wird Didos Seele mit wehmütiger Wollust deine Seufzer in den Tiefen des Hades vernehmen!«

Atem, Stimme und Leben versagten der Unglückseligen, und sie schwankte hinaus und wäre ohnmächtig zu Boden gestürzt, hätte nicht ihre Schwester Anna die Schmerzgebrochene in ihren Armen aufgefangen.

Didos Tod

Die trojanischen Gäste: Männer, Frauen und Kinder, eine große Schar, verließen mit Äneas Karthago und begaben sich mit
ihren Habseligkeiten nach dem Hafen.

Die Königin sah aus dem Fenster der Burg den Zug, und als die
letzten hinter den Bäumen ihren Blicken entschwunden waren,
stieg sie auf den hohen Söller des Turms und spähte nach dem
Meeresstrand hinüber. Am Hafen erblickte sie viele hundert
Männer in lebhafter Tätigkeit, die Schiffe zur Fahrt auszurüsten.
Nun konnte sie nicht mehr zweifeln, dass der Mann, den sie
über alles geliebt und verehrt, fest entschlossen sei, mit seinem
Volk von dannen zu ziehen. Unsäglicher Jammer zerriss ihr das
Herz, und sie zerraufte sich die Haare und rief schluchzend: »O,
ihr himmlischen Götter droben, gibt es denn nirgends ein Mit-
tel, den geliebten Mann zurückzuhalten? Ist denn sein Herz von
Stein, dass es kein Erbarmen kennt für mein grenzenloses Weh?
Große Juno, es darf ja nicht geschehen, dass er von mir geht!
Halte ihn doch auf und sende ihn mir wieder, ich muss ja sonst
verderben und sterben!«

In sinnloser Angst stieg sie vom Turm herab, eilte zu ihrer
Schwester und rief händeringend: »Anna, meine liebe Schwester, du siehst meinen Jammer, weißt, was ich leide – o, mach
dich auf und reite nach dem Strand, den treulosen Mann mit
Bitten und Flehen von seinem Vorhaben abzubringen! Du
warst ja stets sein Liebling, dich vor allen hat er geehrt und seine geheimsten Gedanken und Wünsche dir anvertraut – geh zu
ihm, Schwester, und such ihn zu überreden, doch noch zu warten, bis der Frühling kommt und die Stürme des Winters, die
jetzt das Meer aufwühlen, sich gelegt haben. O eile und lass deine Lippen in Flammen sprechen, den harten Sinn des Mannes
zu rühren und zu wenden. Verzieht er nur erst, wenn auch nur
einen Tag oder zwei, so kann sich wohl manches ändern und

alles Verlorene wiedergewonnen werden. Beeile dich, spring auf dein Ross und fliege in Windeseile nach dem Hafen, deiner armen Dido eine Freudenbotschaft aus dem Mund des Einzigen zu holen, den ihre Seele liebt.«

Sogleich ließ die sidonische Jungfrau ihren Berberhengst satteln, schwang sich auf seinen Rücken, pfiff dem Renner und stob im Flug von dannen.

Glühenden Angesichts trat sie vor Äneas, schilderte mit herzbewegenden Worten den Kummer ihrer Schwester und bat und beschwor den grausamen Mann, die Meerfahrt aufzugeben, oder sie doch wenigstens bis zum Eintritt des Frühlings hinauszuschieben.

Der edle Held war keineswegs taub gegen die rührenden Vorstellungen der Jungfrau, allein wie hätte er es wagen dürfen, dem Befehl Jupiters zu trotzen! Alle Vorbereitungen zur Abfahrt waren schon getroffen, und er sollte jetzt noch säumen? Ein einziger Tag der Verzögerung konnte Unheil bringen –

Didos Schwester bittet Äneas, Karthago nicht zu verlassen

nein! er musste fest bleiben, musste auf seinem Entschluss beharren, so tief auch das Unglück der armen Dido ihn bewegte.

»Ich muss von hinnen, teuerste Jungfrau«, sprach er beklommen, aber mit einem Stimmenklang, der jeden Zweifel ausschloss. »Verzeih mir meine Härte, ich kann nicht anders; mein Schicksal ruft, und ich muss folgen! Lebe wohl, Anna! Bring deiner Schwester meinen letzten Gruß und bitte die hochherzige Dido, gerecht gegen den Mann zu sein, der dem Gebot der Pflicht gehorcht.«

Sprach's, wandte sich von ihr und begab sich mit raschen Schritten auf sein Schiff. Sprachlos starrte das Mädchen ihm nach, schüttelte traurig den Kopf, stieg auf das Ross und ritt langsam den Weg zurück, welchen sie vorhin im Flug durchmessen.

Die schlimme Botschaft entriss er armen Dido die letzte Planke, an die sich ihre Hoffnung gleich einem Schiffbrüchigen geklammert hatte. Jetzt fühlte sie, dass alles aus sei. Mit schwankenden Knien begab sie sich in ihr Gemach, streckte sich aus auf dem weichen Kissen und murmelte schier atemlos: »Sterben – sterben – sterben; keinen anderen Ausweg gibt es aus dieser Not.«

Und die unglückliche Königin beschloss, freiwillig in den Tod zu gehen; niemand aber durfte ihr schreckliches Vorhaben erfahren. Um nun die scharfen Augen und das sorgende Herz ihrer Schwester zu täuschen, ersann sie eine List, die ihr auch vollkommen gelingen sollte.

Es war eine äthiopische Zauberin in die Burg gekommen, welche vorgab, zerschlagenen Herzen die Ruhe und den Frieden wiedergeben zu können. Zu diesem Weib nahm die Königin ihre Zuflucht, obwohl sie an ihre geheimen Kräfte nicht glaubte.

Sie rief ihre Schwester zu sich und sprach zu ihr: »Anna, meine Getreue, hast du die Zauberin aus Äthiopien schon gesehen? Das Weib ist mir von den Göttern gesandt, um das verlorene

Glück mir wiederzubringen. Ihr ist von Hekate die Macht dazu verliehen. So lass nun im inneren Hofraum der Burg, wo die Totenaltäre für meinen abgeschiedenen Gemahl Sychäus stehen, einen Scheiterhaufen errichten – sogleich; denn das Beschwörungswerk soll ohne Verzug ausgeführt werden, ehe noch das Schiff des treulosen Mannes den Hafen verlässt. Oben auf das Holzgerüst lege den Purpurmantel, den ich einst meinem Gast geschenkt, dazu sein Bildnis, Schild und Schwert. Ich selbst werde kommen und den Holzstoß festlich bekränzen. Wird dann bei den rauchenden Altären das Zauberweib ihre geheimen Bräuche spinnen und Feuer in den Scheiterhaufen werfen, so wird die heilige Flamme mit den Pfändern des Geliebten zugleich auch meine unselige Liebe zu ihm verzehren, dass sie wie Rauch in die Lüfte zerstiebt, und deine Dido wird wieder heiter und glücklich sein wie zuvor.«

Keinen Betrug ahnte die Schwester hinter diesen Worten, sie freute sich vielmehr solcher Wendung, ging hin, rief ihre Mägde herbei und baute mit ihnen aus Eichenkloben und kienigem Fichtenholz den Scheiterhaufen, ließ sich von den Dienerinnen Purpurmantel, Bildnis, Schild und das Schwert mit dem grünschillernden Jaspis reichen und legte diese Pfänder des Treulosen oben auf den Holzstoß.

Als das geschehen war, kam die Königin selbst in den Hof und bekränzte das Gerüst mit grünen Zypressenzweigen und Blumengewinden, ließ auch die Altäre ringsum prächtig schmücken und gab alsdann den Befehl, dass in der heiligen Frühe des kommenden Tages die Beschwörungsfeier vor sich gehen sollte.

Es kam die letzte Nacht. Alle Geschöpfe auf Erden, ja, selbst Bäume und Blumen im Garten und draußen im Waldgebirge begaben sich zur Ruhe und genossen erquickenden Schlummer. Tiefe Stille senkte sich auch auf die Burg Byrsa und auf Karthago herab. Ebenso war es draußen am Meeresstrand im Lager der Trojaner und auf den Schiffen still geworden, und es schien, als atmeten überall Menschen und Tiere schlummernd den seligen Frieden der Nacht.

Zwei Unglückliche aber schliefen nicht, sondern wälzten sich schmerzdurchwühlt und sorgenbekümmert ruhelos auf ihren Kissen umher: Dido in der Burg Byrsa und auf seinem Schiff Äneas.

Die verzweifelte Königin ließ vor ihrem Geiste noch einmal ihr ganzes Leben vorüberziehen, erwog, was sie besessen und nun unwiederbringlich verloren hatte, und erhob am Schluss die furchtbare Frage: »Kannst du noch in Ehren weiterleben als Gebieterin dieses Landes oder musst du in den Tod gehen?« – Und wie sie nun in der Stille der Nacht grübelte und grübelte, horch!, da vernahm sie aus dem inneren Hof, wo die bekränzten Altäre standen, die Stimme ihres abgeschiedenen Gemahls Sychäus: »Komm, arme Dido, was zauderst du noch lange? Dein Lauf ist vollendet. Schon hält die Parze den Faden deines Lebens in der Linken empor, und ihre Rechte langt nach der Schere ... Auf! Rüste dich zur letzten Reise, die jeder Sterbliche, sei er Sklave oder ein König, zurücklegen muss – früher oder später. Komm, arme Dido! Im Schattenland, unter den Silberpappeln am stygischen Strom, harre ich dein!«

Auf seinem Schiff im Hafen ruhte Äneas, doch kein sanfter Schlummer wollte ihm die müden Augenlider schließen. Aus jeder Welle, die draußen plätschernd an die Bordwand schlug, glaubte er den Klagelaut »Dido« zu hören, bald lauter, bald leiser, und unsäglich heißes Weh um die Verlassene zermarterte sein edles Herz. Da auf einmal erblickte sein schlaftrunkenes Auge den Gott Merkur vor seinem Lager, und sein Ohr vernahm die Worte: »Du schläfst noch, Äneas, und hörst nicht den Morgenwind in den Lüften wehen? Auf, auf! Rüste dich zur schleunigen Abfahrt! Denn der neue Tag kann schwere Gefahren bringen dir und deinem Volk. In den Mauern der Stadt sinnen Feindschaft und Hass auf dein Verderben. Auf, auf!«

»Auf, auf, ihr Schläfer!«, scholl nun auch Äneas' Stimme schreckend durch das Lager. »Seht!«, rief der Held, »schon schmückt Aurora den Himmelsbogen, unter welchem unsere alte Heimat ruht, mit leuchtenden Purpurrosen; schon schirrt der Sonnengott seine Rosse vor den goldenen Wagen, und die Hufe der Hengste stampfen in feuriger Rennbegier den Boden. Frisch auf denn, ihr Männer! Holt die Haltetaue ein, entrollt die Segel, fasst mit nervigen Fäusten die Ruder, und dann vorwärts in Jupiters Namen auf das Meer hinaus!«

Sprach's, und sein Ruf weckte Leben und Bewegung auf allen Schiffen.

Noch einmal war Dido die Stufen zum Turm emporgeklommen; nun stand sie auf dem hohen Söller, mit Gewand und Locken spielte der Morgenwind, und wie ein Adler von seinem ragenden Horst spähte sie mit scharfen Augen nach dem Hafen hinüber. Da sah sie die weißen Segel lustig in den Lüften flattern. Wie Schwäne zogen sie über die blaue Flut dahin, und immer weiter entfernte sich die Flotte vom libyschen Strand. »Dahin! dahin!«, murmelte die Unglückliche traumverloren, und ihre königliche Gestalt sank immer mehr in sich zusammen. Plötzlich aber raffte sie sich kraftgespornt empor, streckte die drohend geballte Faust nach dem Meer aus und sandte dem forteilenden Schiff des treulosen Geliebten einen schrecklichen Fluch nach.

Die Sonne ging auf und küsste mit ihren rosigen Lippen zum letzten Mal die Stirn der schönen Dido. Wehmütig lächelte die Todgeweihte, badete Haupt und Hände noch einmal im goldenen Licht, nickte dem strahlenden Tagesgestirn traurig zu und stieg dann langsam hinunter in den inneren Hofraum, wo gleich einem Schreckgespenst der Scheiterhaufen sich erhob. Mit den geflüsterten Worten »Ich komme, Sychäus« erklomm sie das Holzgerüst, warf noch einen langen, irren Blick auf Äneas' Bild, streckte sich auf dem Purpurmantel aus, fasste mit der Rechten das Schwert und stieß sich die scharfe Klinge tief in das warme Herz hinein.

Das Todesröcheln der Königin schreckte die Dienerinnen in der Burg auf, und bald scholl lautes Jammergeschrei durch alle Gemächer. In rasender Angst stürzte Anna in den inneren Hofraum, sah, was geschehen war, und stieß einen so furchtbaren Schrei aus, dass die Stadt in Aufregung und Schrecken versetzt wurde und viele Menschen aus ihren Häusern stürzten und zur Burg eilten.

»Schwester, Schwester!«, rief Anna mit Schluchzen, »was hast du getan, wie konntest du mich doch so betrügen!«

Zitternd und bebend erklomm die Jammernde den Holzstoß, riss der Geliebten das Schwert aus dem Herzen und erstarrte vor Schreck, da nun das rote Blut in heftigem Strahl aus der Wunde hervorschoss und ihr Antlitz und Gewand grässlich besprengte.

Dreimal hob die Sterbende das schöne, von den Schatten des Todes schon bleich umwitterte Haupt empor und starrte mit irrem Blick auf die wehklagende Schwester; dann sank sie kraftlos auf das Lager zurück, streckte im Todeskampf die jungen Glieder, stieß wie der sterbende Adler einen einzigen markerschütternden Schrei aus und schloss für immer die schönen Augen.

Von hoher See sah Äneas Rauch aus der Burg Byrsa in die Lüfte steigen, und in herzbeklemmender, banger Ahnung flüsterte er: »Arme, unglückselige Dido, wär' es möglich, dass du deine Drohung wahrgemacht hast und im Wahnsinn dein blühendes Leben zerstört hättest? Steigen jene wirbelnden Wolken von deinem Scheiterhaufen empor? O, dann wäre mir's besser, die Flut verschlänge auch mich! – Doch nein, nein, nein! Wie könnte nur die Sonne so freundlich lächeln und Karthagos Mauern goldig umstrahlen, wenn Dido, die Herrliche, gestorben wäre …?«

Fahrt von Karthago
nach Latium

Nachdem Äneas Karthago verlassen hatte, wurde er durch den Sturm wieder an die Westspitze von Sizilien getrieben, wo Akestes herrschte. Es war gerade ein Jahr vorüber, seit er zum ersten Mal hier gelandet; drum hielt er am Todestag seines Vaters prächtige Leichenspiele an dessen Grab. Während die Männer und Jünglinge sich an den Spielen ergötzten, reizte Juno durch ihre Botin Iris die Frauen, welche am Meer saßen und den Anchises beklagten, dass sie die Flotte in Brand steckten, damit dem traurigen Umherschweifen auf dem Meer endlich ein Ende gesetzt werde. Die Männer eilten erschreckt herbei, aber menschliche Kraft vermochte nicht den gewaltigen Brand zu löschen; da sandte Jupiter, von Äneas angerufen, einen starken Platzregen und tilgte das Feuer. Dies Ereignis war aber für Äneas Veranlassung, dass er die Frauen und schwachen Männer, die den Mühsalen der Fahrt nicht mehr gewachsen waren und zum Krieg untauglich waren, in Sizilien zurückließ und ihnen die Stadt Acesta baute.
Sobald die Schiffe wiederhergestellt waren, setzte Äneas seine Reise fort. Wind und See waren gewogen, und die Flotte zog, vom Steuermann Palinurus geführt, ruhig dahin. Die Nacht sank herab, die Mannschaft legte sich zur Ruhe; nur Palinurus, am Steuer sitzend, schloss kein Auge. Da nahte ihm durch die tauige Nacht der Schlafgott, setzte sich in der Gestalt des Phorbas aufs Steuerverdeck und sprach zu ihm: »Palinurus, das Meer trägt selbst die Flotte, und der Wind atmet stet und gleich; es bietet sich ein Stündchen zur Ruhe. Lege das Haupt nieder und schließe die müden Augen; ich will selbst ein wenig deines Amtes walten.« Aber Palinurus widerstrebte; er hielt sein Steuer fest in den Händen und schaute unverwandt nach der Sternenbahn. Da sprengte der Gott mit einem Zweig einschläfernden Tau der Lethe auf seine Schläfe, und bald schwamm sein Auge in süßer

Betäubung. Kaum hatte der Schlaf seine Glieder gelöst, so zerbrach das Verdeck, und der Steuermann fiel mit dem Steuer in die See. Nach kurzem Erwachen bedeckten den Unglücklichen, der vergebens um Hilfe rief, die Wellen; das nahe Vorgebirge Palinurus erhielt von ihm den Namen.

Als Äneas den Untergang seines Steuermanns gemerkt, übernahm er selbst die Führung und lenkte die Flotte an der italischen Küste hin. Sie kamen an den sirenusischen Inseln vorbei, den Inseln der Sirenen, welche vordem jedes vorübersegelnde Schiff durch ihren Zaubergesang ins Verderben lockten, nachdem aber Odysseus unversehrt an ihnen vorübergefahren war, nach dem Schluss des Schicksals sich den Tod gegeben hatten, und fuhren dann in den Hafen von Cumae ein. Dort ging Äneas mit der Sibylle Deiphobe durch einen tiefen Schlund in die Unterwelt hinab, um seinen Vater Anchises zu sehen und sich von ihm die Zukunft eröffnen zu lassen. Von Cumae aus schiffte er nordwärts nach Cajeta, das seinen Namen von Äneas' Amme Cajeta erhielt, welche hier vom Tod ereilt wurde. Nördlich davon liegt Circeji, wo die Zauberin Kirke hauste. Die Troer schifften während der Nacht eilends vorbei; sie hörten in der Ferne die grausigen Stimmen der Löwen und Bären, der Säue und Wölfe, in deren Gestalten die schlimme Zauberin die unglücklichen Menschen gebannt hatte, welche an ihre Küste gekommen waren.

Endlich gelangten sie an die Mündung des Tiberstroms, der sich in einer stillen Waldlandschaft wirbelnd in das Meer ergoss. Sie stiegen an Land und lagerten sich in den Schatten der Bäume, um ein ländliches Mahl zu sich zu nehmen. Sie hatten mannigfaltige Früchte auf Kuchen von Spelt aufgehäuft. Als sie nun die Früchte gegessen und die Esslust sie trieb, auch die Kuchen zu zerbrechen und zu verzehren, da rief auf einmal Askanius scherzend: »Ei, wir verzehren ja die Tische!« Da brach alles in lauten Jubel aus; denn sie sahen jetzt die drohende Weissagung der Harpyie Kelaino in unschädlicher Weise erfüllt und erkannten, dass sie den Ort ihrer Bestimmung erreicht. Äneas erhob sich freudig und rief: »Heil dir, o Land, das mir das Schicksal verheißen, Heil euch, Penaten, die ihr mir treu von Troja gefolgt seid! Hier ist unser Wohnsitz und unser Vaterland!« Darauf umflocht er sich das Haupt mit laubigem Gezweig und rief den Genius des Ortes an und die Mutter Erde und die Ströme des Landes und den Jupiter, den höchsten Lenker aller menschlichen Geschicke. Dreimal antwortete Jupiter seinem Gebet mit lautem Donner aus heiterem Himmel und ließ ihm ein funkelndes Gewölk herniederstrahlen. Da erkannten alle, dass der Tag genaht war, wo sie die verheißenen Mauern gründen sollten; sie erneuten eifrig ihr Mahl, stellten die vollen Mischkrüge auf und aßen frohen Herzens bis tief in die Nacht.

Am anderen Morgen errichtete Äneas am Gestade ein Lager und umgab es zum Schutz mit Graben und Wall.

Der Kampf um die
neue Heimat

Über die friedlichen Gebiete von Latium, wo Äneas gelandet war, herrschte damals in der Stadt Laurentum der alte Latinus, ein Sohn des Faunus, Urenkel des Saturnus. Er hatte nur eine einzige Tochter, Lavinia, um deren Hand viele Fürsten weit und breit sich bewarben; doch der schönste von allen Freiern war Turnus, der edle Rutulerfürst von Ardea, begünstigt von Amata, der Mutter der Jungfrau, deren Neffe er war. Aber wunderbare Götterzeichen sowie die Weissagung des Faunus, die der besorgte Vater eingeholt, verwehrten die Ehe mit einem einheimischen Fürsten und wiesen auf einen aus der fernen Fremde kommenden Schwiegersohn hin, der den Namen ihres Stammes bis zu den Sternen erheben werde. Als daher Äneas gleich am folgenden Tag nach seiner Landung eine glänzende

Gesandtschaft an den König absandte und einen mäßigen Sitz für sich und sein Volk und seine heimischen Götter forderte, erteilte Latinus in Erwägung der ihm gewordenen Wunderzeichen und Orakel eine freundliche Antwort und bot dem gelandeten trojanischen Helden die Hand seiner Tochter an.

Juno hatte ihrem Hass gegen Äneas und die Troer noch nicht entsagt; sie konnte ihnen zwar, das wusste sie, die vom Schicksal bestimmte Herrschaft nicht wehren noch die Vermählung vereiteln, aber sie wollte doch die Gründung des Reiches möglichst verzögern, und zur Weihe der Hochzeit sollten noch Ströme von Blut fließen. Sie reizte durch die Furie Alekto die alte Königin, die dem Bund mit dem Fremden widerstrebte, zu rasender Wut und entflammte den kriegerischen Turnus wegen der Verschmähung zu wildem Toben, dass er die Troer und zugleich den Latinus mit verderblichem Krieg heimzusuchen beschloss. Doch sie ging noch weiter und trennte auch die Macht des Latinus und des Äneas. Askanius nämlich, der an den Ufern des Tiber jagend umherstreifte, schoss mit seinem Pfeil eine Hirschkuh, die, aufgezogen von Tyrrhus, einem Untertan des Latinus, frei und zahm umherging, eine Lust seiner Kinder, ein Liebling allem Volk, das umherwohnte.

Als das verwundete Tier sich ächzend zum Stall schleppte, stürzten Tyrrhus und seine Söhne und die ganze Nachbarschaft zornig und racheschnaubend auf Askanius los, dem seinerseits die troische Jugend zu Hilfe eilte. Es entspann sich ein wütender Kampf, in dem auf beiden Seiten viele Menschen fielen. Als die Kämpfenden sich endlich trennten und die Leichen der gefallenen Latiner in die Stadt getragen wurden, entstand ein tobender Aufruhr. Amata, die Königin, und die von ihr fortgerissenen Frauen mit dem gesamten Volk forderten Krieg, Krieg gegen die fremden Abenteurer, die sich frech und übermütig in ihr Gebiet eindrängten. Latinus vermochte dem Sturm nicht zu widerstehen, er schloss sich in sein Haus ein und überließ die

Zügel des Reiches seiner Gemahlin und der tobenden Menge. Juno selbst riegelte die Pforten des Janustempels auf, die nach altem Brauch beim Beginn eines Krieges geöffnet wurden, und bald stand, von Turnus aufgerufen, das ganze Land umher kriegslustig in Waffen. An der Spitze des gesamten Kriegsvolks stand der junge, heldenmütige Rutulerkönig Turnus, an seiner Seite Mezentius, ein wilder, grausamer König aus Etrurien, der, wegen seiner Tyrannei von den Etruskern verjagt, mit seinen Anhängern bei Turnus eine Zuflucht gefunden hatte. Mit kriegslustiger Mannschaft kamen Aventinus, der starke Sohn des Herkules, Catillus und Coras aus Tibur, Caeculus aus Präneste, Messapus und Clausus und viele andere Helden, auch Camilla, die Heldenjungfrau aus dem Stamm der Volsker, tapfer und schön wie eine jugendliche Amazone.

Als Äneas so ringsum sich die Völker in Waffen erheben sah, schwankte sein Herz ratlos in banger Sorge, wie er mit seiner geringen Mannschaft gegen eine solche Menge bestehen sollte. Da erschien ihm im Traum der Flussgott Tiberius, der ihm als dem Begründer der künftigen Römergröße gewogen war, und riet ihm, bei Euander, dem auf dem palatinischen Berg, wo nachmals Rom stand, eingewanderten Arkaderfürsten, Hilfe zu suchen; denn dieser war ein Feind des ihn stets bedrängenden Turnus und des Mezentius.

Äneas folgte dem Rat des Gottes und fuhr am folgenden Tag in zwei Schiffen den Tiber hinauf zu dem palatinischen Hügel. Euander nahm ihn gastlich auf und gab ihm zur Unterstützung 400 Reiter, die von seinem heldenmütigen Sohn Pallas angeführt wurden. Zugleich gab er ihm den Rat, nach Etrurien zu gehen, dessen Völker unter den Waffen stünden, um den vertriebenen Tyrannen Mezentius und seinen Freund Turnus zu bekriegen, und einem Orakel gemäß einen fremden Führer suchten. Äneas schickte daher einen Teil seiner Leute wieder auf den Schiffen nach seinem Lager zurück und ritt mit Pallas und seiner Schar nach Etrurien. Juno hatte unterdessen den Turnus durch Iris von der Abwesenheit des Äneas benachrichtigt und angetrieben, das trojanische Lager zu bestürmen. Die Trojaner beschränkten sich nach der Vorschrift des Äneas auf die Verteidigung ihrer Verschanzungen und schlugen Angriffe des Turnus tapfer ab.

Da versuchte dieser, die Schiffe der Trojaner, die zwischen dem Wall und dem Fluss in Sicherheit gebracht waren, in Brand zu stecken, und es wäre ihm gelungen, wenn nicht Jupiter durch ein Wunder die Schiffe vor solchem Untergang bewahrt hätte. Die Schiffe waren nämlich aus den Stämmen eines Hains der Rhea Kybele, der Göttermutter, im Idagebirge gebaut worden, und Jupiter hatte damals seiner hehren Mutter versprochen, dass diese Schiffe kein Ende wie gewöhnliche Schiffe haben sollten. Als daher Turnus ihnen mit der Brandfackel nahte, rissen sie sich von den Tauen los und stürzten sich niedertauchend in das Meer; als sie wieder gleich Schwänen hervortauchten, schwammen sie als liebliche Meernymphen durch die Flut. Mit neuem Eifer griffen jetzt die italischen Scharen das trojanische Lager an, denn sie glaubten, dass jetzt nach dem Verlust der Schiffe die Fremdlinge dem sicheren Verderben verfallen seien; aber die Troer vereitelten jeden Angriff. Deshalb zog Turnus gegen Abend ab und schloss das Lager von der Landseite mit einer starken Wache ein. Die Nacht über standen die Troer beobachtend auf dem Wall und an den Toren, während die Feinde in ihrem Lager bei Wein und Spiel sich die Zeit verkürzten.

An dem einen Tor des trojanischen Lagers stand ein tapferes Freundespaar Wache. Nisus hieß der ältere, ein starker, kampfgeübter Krieger; der jüngere, Euryalus, kaum dem Knabenalter entwachsen, war der schönste Jüngling im troischen Heer. Als diese im feindlichen Lager die Wachtfeuer allmählich verlöschen sahen und merkten, dass der Wein und der Schlaf die Mannschaft überwältigt habe, kam ihnen der Gedanke, durch den Feind sich hindurchzuschleichen und die Botschaft, welche die Führer des Heeres von ihrer Bedrängnis Äneas zusenden wollten, zu besorgen. Die versammelten Führer und Askanius nahmen das Anerbieten freudig an, und nun schlichen sich die beiden Jünglinge wohlbewaffnet durch das nächtliche Dunkel den Graben entlang in das feindliche Lager. Hier lagen die Krieger sorglos und weinberauscht in tiefem Schlaf. Die beiden Troer machten sich über die Schlafenden her und mordeten einen nach dem anderen. Endlich, als es im Osten schon zu tagen begann, eilten sie ins Freie. Da begegnete ihnen eine Reiterschar, die Turnus von der Stadt nach dem Lager gesandt hatte, und rief sie an, sie aber flüchteten ohne Antwort in den nahen Wald. Doch der Feind, der Örtlichkeit kundig, besetzte alle Ausgänge, während ein Teil sie durch das Gestrüpp verfolgte.

Nisus entkam glücklich aus dem Bereich der Feinde und rettete sich in das Gefilde; doch als er sich nach seinem Freund umsah, war dieser nirgends zu finden. Er eilte besorgt zurück und erkannte durch das Dämmerlicht, wie der zurückgebliebene Euryalus von allen Seiten von feindlichen Reitern umstellt war. Da schleuderte er, um den Freund zu befreien, aus verborgenem Hinterhalt seine Lanze und streckte einen der Reiter zu Boden. Ein neuer Speerwurf fällte einen zweiten. Wutschnaubend stürzte jetzt Volfcens, der Führer der Schar, auf Euryalus ein und rief: »So sollst du denn für beide büßen!« – »Hier ist der Feind!«, rief Nisus verzweifelt, indem er aus seinem Versteck hervorsprang, »schone den Unschuldigen; mein Speer hat sie beide gemordet!« Ehe er sich rettend zwischen beide stürzen konnte, hatte Volfcens dem Euryalus sein Schwert in die Brust gestoßen. Der zarte Jüngling sank zusammen wie eine Purpurblume, die von der schneidenden Pflugschar erfasst wurde, wie der Mohn mit ermattetem Schaft das Haupt beugt, wenn ihn der Regen schwer belastet. In zornigem Schmerz stürzte sich

Nisus den ihn von allen Seiten umdrängenden Feinden entgegen, um den Tod des Euryalus zu rächen, und sank endlich, aus vielen Wunden blutend, sterbend auf den entseelten Leib des Freundes. Die abgehauenen Häupter der beiden Jünglinge, auf Speere gesteckt, verkündeten ihren Freunden im Lager ihr unglückliches Ende.

Turnus setzte am nächsten Tag die Bestürmung des Lages fort, aber mit so geringem Erfolg, dass Bitias und Pandarus, Zwillingsbrüder vom Ida, zwei gewaltige Recken, die an dem einen Tor Wache hielten, ihr Tor öffneten und sich mit ihrer Schar hinaus auf den Feind stürzten. Sie brachten diesen in große Verwirrung und richteten ein arges Blutbad an, bis Turnus, von einer anderen Seite herbeieilend, dem Kampf eine andere Wendung gab. Er schmetterte den Bitias nieder und wütete so unter der troischen Schar, dass Pandarus schnell das Tor wieder zuschlug, ohne zu bedenken, dass er viele der Seinen ausschloss, ohne zu sehen, dass Turnus im Lager eingeschlossen war. Sobald er desselben ansichtig wurde, stürzte er erzürnt über den Mord seines Bruders auf ihn ein, er glaubte ihn jetzt ganz in seiner Gewalt; aber Turnus verlor mitten im feindlichen Lager den Mut nicht, er hieb den anstürmenden Pandarus mit dem Schwert nieder und wütete dann unter den Übrigen wie der Tiger im Schafstall. Nachdem er viele zu Boden gestreckt, warf er sich mit der blutigen Rüstung in den Tiber, der die eine Seite des Lagers deckte, und schwamm zu seinen Freunden zurück. Unterdessen hatte Äneas mit den Etruskern einen Bund geschlossen und zog, von einem zahlreichen Heer derselben begleitet, zur See in vielen Schiffen zu seinem Lager zurück. Unterwegs erschienen ihm die Meernymphen, die aus seinen Schiffen entstanden waren, und verkündeten ihm die Bedrängnis der Seinen. Darum beschleunigte er seinen Lauf. Gleich bei der Landung entspann sich ein wilder Kampf, in dem sich außer Äneas besonders Pallas, der Sohn des Euander, auszeichnete, aber endlich unter den Händen des Turnus den Tod fand. Um den jungen Freund zu rächen, stürzte sich Äneas mit doppelter Wut auf den Feind und schlug ihn in die Flucht, während zugleich vom Lager aus Askanius durch einen Ausfall ihn unterstützte. Turnus hätte in dieser Schlacht seinen Tod gefunden, wenn er mit Äneas zusammengeraten wäre; aber Juno, seine Gönnerin, führte ihn aus der Schlacht, indem sie ein Scheinbild des Äneas vor ihm her fliehen ließ bis auf ein Schiff am Meeresufer. Sobald Turnus in dieses hineingesprungen war, zerriss die Göttin das Ankertau und führte ihren Liebling an das Ufer von Ardea. Der wilde Mezentius aber und sein Sohn Lausus fanden in dieser Schlacht durch Äneas den Tod.

Hierauf folgte ein Waffenstillstand zur Bestattung der Toten. Sie Leiche des Pallas sandte Äneas seinem alten Vater Euander heim. Während in der Stadt Laurentum nach so herben Verlusten schon der größte Teil des Volkes und der König Latinus selbst für den Frieden sprachen, andere dagegen, namentlich der kriegerische Turnus, dem widerstrebten, rückte Äneas mit seinen Scharen von verschiedenen Seiten gegen die Stadt heran; die Reiterei nahte durch die Ebene, das Fußvolk, von Äneas selbst geführt, kam von der Seite über die Berge. Diesem legte Turnus einen Hinterhalt, während er der Reiterei die Camilla und den Messapus entgegenschickte. Auf dieser Seite entspann sich eine brausende Reiterschlacht, in der die Amazone Camilla Wunder der Tapferkeit tat, bis der tödliche Speer des Arruns ihr in die offene Brust drang. Ihren Tod rächte die Göttin Diana, ihre Freundin und Schützerin, durch die Hand der Nymphe Upis, die, von ihr auf das Schlachtfeld gesandt, dem Arruns einen schwirrenden Pfeil in die Brust bohrte. Der Tod der Camilla aber verursachte eine allgemeine Flucht der Rutuler. Als Turnus hiervon die Kunde erhielt, verließ er seinen Hinterhalt, um den Flüchtenden Hilfe zu bringen. Jetzt konnte Äneas ungehindert durch die Gebirgsschlucht in die Ebene herabziehen, und es wäre in der Nähe der Stadt zu einem harten Treffen gekommen, wenn nicht die hereinbrechende Nacht dem Eifer der beiden Heerführer ein Ende gesetzt hätte. Sie verschanzten sich beide nicht fern von der Stadt.

Am folgenden Tag erbot sich Turnus, da er die Mutlosigkeit der Latiner sah, zum Zweikampf mit Äneas, und obgleich Latinus und Amata besorgt dagegen sprachen, wurden doch die Vorbereitungen dazu getroffen. Man maß den Kampfraum ab, brachte die Opfertiere zur Beschwörung des Vertrags und stellte die Bedingungen fest. Wenn Turnus siegte, so wollte Äneas mit den Seinen zu Euander ziehen und allem Krieg für die Zukunft entsagen; siegte Äneas, so sollte Lavinia seine Gattin werden und beide Völker, Latiner und Troer, zu ewigem Bund vereinigt sein, Latinus aber vorderhand die Herrschaft behalten. Während dieser Vertrag geschlossen wurde, bestimmte Juno die Schwester des Turnus, die Nymphe Juturna, dass sie die Jugend der Rutuler mit Besorgnis um das Leben ihres Königs erfüllte und zum Bruch des Vertrags reizte. Plötzlich begannen sie die Mannschaft des Äneas anzugreifen, sodass bald wieder ein allgemeines Kampfgefühl entstand, in dem Äneas selbst durch einen Pfeil verwundet wurde. Er zog sich aus dem Treffen zurück, wurde aber von seiner Mutter Venus sogleich wieder geheilt. Als er neu gestärkt in die Schlacht zurückkehrte, umringt von seinen tapferen Gefährten, da fürchtete Juturna für das Leben ihres Bruders, schwang sich in dessen Streitwagen in Gestalt seines Wagenlenkers Metiscus und fuhr ihn ringsum auf dem Schlachtfeld umher, stets dahin, wo sein Gegner Äneas nicht zu fürchten war.

Äneas, des langen Suchens und vergeblichen Verfolgens müde, wandte sich endlich auf den Rat seiner Mutter mit den Tapfersten seines Heeres gegen die Stadt Laurentum, um sie mit Waffen und Flammen anzugreifen und die Feinde durch Vernichtung derselben für den Bruch des Vertrags zu strafen. Als da-

durch ein wüster Tumult in der Stadt entstand, die einen der
Bürger nach Frieden schrien, die anderen zur Abwehr auf die
Mauern eilten, Geschosse hin und her flogen und schon die ge-
schleuderten Flammen der Troer die Türme und Häuser entzündeten, da wurde die alte Königin, die von dem Dach ihres
Hauses dem tobenden Kampf zuschaute, von wilder Verzweiflung erfasst; sie glaubte, Turnus, den sie stets zum Krieg gereizt,
sei in der Feldschlacht gefallen, und indem sie sich die Schuld
an seinem Unheil beimaß, beschloss sie zu sterben. Sie zerriss
ihr Purpurgewand und erhängte sich am Gebälk ihres eigenen
Hauses.

Lautes Geschrei und Klagen durchtönte die Stadt, sobald sich
die Kunde vom Tod der Königin verbreitete. Als Turnus dies
hörte, als er in der Stadt den Turm brennen sah, den er selbst
jüngst zur Verteidigung auferbaut, und zugleich ein Bote erschien mit der Nachricht von dem, was in der Stadt geschehen,
da ließ er sich von der besorgten Schwester, die er längst in der
Gestalt seines Wagenlenkers erkannt, nicht mehr zurückhalten
und eilte mitten durch die Scharen der Feinde der Stadt zu, um
Äneas aufzusuchen und im Zweikampf mit ihm eine letzte Entscheidung herbeizuführen. Bald trafen sich die beiden Helden
und stürzten in wütendem Kampf gegeneinander. Nachdem sie
ihre Lanzen ohne Erfolg geschleudert, rannten sie mit den
Schwertern aufeinander los; Schlag fiel auf Schlag, bis die Klinge des Turnus auf der Rüstung des Äneas, die Vulcanus gefer-
tigt hatte, dreifach und vierfach zersprang. Er floh, von Äneas
verfolgt, in weiten Kreisen durch das Gefilde zwischen der
Stadt und den Scharen der Troer, ohne dass ihm einer der Seinen nahen und ein neues Schwert reichen konnte.

Der Speer des Äneas war, als er ihn zuerst gegen Turnus geschleudert, in den Wurzeln eines wilden Ölbaums, der dem
Faunus geweiht war, stecken geblieben. Jetzt wollte ihn Äneas,
da er den Gegner im Lauf nicht erhaschen konnte, ausreißen,

um den Turnus aus der Ferne zu treffen; aber Faunus, von Turnus um Hilfe angerufen, vereitelte sein Bemühen. Während er vergebens mit aller Kraft die Lanze auszureißen strebte, eilte Juturna in Gestalt des Wagenlenkers Metiscus zu dem Bruder und reichte ihm ein neues Schwert. Nun aber ließ auch Venus ihren Sohn nicht im Stich, sie flog ungesehen herzu und zog den Speer aus der Wurzel des Ölbaums. Mit neuem Mut und neuen Waffen, der eine mit dem Schwert, andere mit der Lanze bewehrt, traten die beiden Helden sich wieder entgegen. Im Olymp aber war der Untergang des Turnus beschlossen. Jupiter sandte Grauen und Entsetzen in seine Brust, dass ihm die alte Kraft aus den Gliedern entschwand. Als Äneas ihm nahte, wollte er ihm einen schweren Feldstein entgegenschleudern; aber er vermochte die wuchtige Last kaum zu schwingen und erwartete mit bangem Herzen den Speerwurf des Gegners. Wie eine dunkle Windsbraut sauste die Lanze des Äneas daher, durchbohrte Schild und Panzer und drang ihm tief in die Hüfte, dass er unter dem lauten Wehruf der Seinen zusammenbrechend in die Knie sank.

»Ich verdiente es so«, sprach er kleinmütig, indem er seine Rechte zum Sieger emporhob, »ich will keine Gnade, brauche dein Glück! Doch wenn dich der Jammer meines alten Vaters zu rühren vermag, so erbarme dich seiner; gib ihm mich oder, willst du's nicht anders, meinen toten Leib zurück. Ich gebe mich besiegt, Lavinia ist dein; setz deinem Hass ein Ende.« Schon wollte sich Äneas' Seele zum Mitleid wenden, da sah er um die Schultern des Besiegten das Wehrgehänge des Pallas, das er diesem nach seiner Erlegung abgenommen. Die Erinnerung an den blutigen Tod des geliebten Jünglings regte den Zorn des Äneas von Neuem auf, und er stieß grimmig dem Feind den kalten Stahl in die Brust.

Lavinium und
Alba Longa

Als Äneas endlich alle seine Feinde völlig besiegt hatte und ihm
kein lästiger Nebenbuhler mehr im Weg stand, verweigerte ihm
der König Latinus auch nicht länger die Hand seiner schönen
Tochter Lavinia. Die Stadt Laurentum erfreute sich wieder des
Friedens, blühte nach den furchtbaren Drangsalen der letzten
Zeit neu empor und sah in Äneas den Erben des Throns. Troer
und Latiner verschmolzen friedlich zu einem starken, einigen
Volk, und das Glück von Latium schien für lange Zeit neu gesi-
chert. Es lag aber nicht in Äneas' Absicht, sich für später mit einer Herrschaft in Laurentum zu begnügen; ihm schwebte dauernd sein glühender Wunsch und die Verheißung der Götter
vor, Troja selbst wieder in einer neuen Siedlung entstehen zu
lassen und seinen Landsleuten damit einen Ersatz für die verlorene Heimstätte zu geben. So gründete denn der Held in der Nähe der Küste eine neue Stadt und gab ihr, seiner Gemahlin zu
Ehren, den Namen Lavinium. Zinnengekrönte Mauern, aus denen sich ragende Türme erhoben, umgaben die neue Siedlung,
Straßen wurden gezogen, stattliche Häuser erbaut, und eine ragende Burg lag krönend über diesem Abglanz des alten Troja.
So schien nun alles erfüllt, was Göttersprüche verheißen hatten,
und die Flüchtlinge von Troja, die ihre alte, teure Heimat verloren hatten, glaubten in Frieden sich der neuen erfreuen zu
können. Während der alte König Latinus weiter in Laurentum
herrschte, regierte Äneas von Lavinium aus das ihm gehörende
Gebiet und baute die neue Stadt immer schöner mit neuen An-
lagen und prächtigen Tempeln aus, in denen das Volk den Göttern viele Dankopfer für die Errettung aus so langer Not darbrachte.
Wenn aber alle meinten, dass die Tage des Schreckens vorerst
vorüber wären und sich das Volk unter einem gütigen und klu-

gen Fürsten der Segnungen eines schwer errungenen Friedens längere Zeit erfreuen könnte, so war das eine Täuschung, die bald bitterer Wirklichkeit Platz machen sollte.

Zwar waren die Rutuler und ihre Bundesgenossen mehrfach schwer besiegt worden und hatten ihren kühnen König verloren, aber gerade dadurch war ihr Rachegefühl angefacht, und sie harrten nur einer günstigen Gelegenheit, um sich nach Erholung von ihrer Niederlage aufs Neue auf den Feind zu stürzen. Nach wie vor, auch nach ihrer Verschmelzung mit den Latinern, erschienen den heimischen Stämmen die Troer nur als landfremde Eindringlinge, von denen man den Boden Italiens säubern müsse. Auch auf die Latiner und besonders auf deren greisen Herrscher erstreckte sich dieser Groll, da man Latinus die Schuld an dem Tod des Turnus beimaß und ihm nicht verzieh, dass er seine Tochter Lavinia dem fremden Fürsten zur Gemahlin gegeben und diesen so im Land sesshaft gemacht hatte. Schließlich erregte der aufblühende Glanz der neuen Siedlung zornigen Neid, sodass Bündnisse gegen die Troer geschlossen wurden. Ein mächtiges Kriegsheer wurde von den Rutulern aufgestellt und rückte gegen Lavinium vor, um die verhasste Stätte dem Erdboden gleichzumachen und ihre Bewohner zu vertilgen. Die Gefahr war groß, denn an Zahl waren die Feinde der neuen Ansiedlung bedeutend überlegen. Aber Äneas und die Seinen verloren darum nicht den Mut. Eingedenk der früheren Siege rottete sich die waffenfähige Mannschaft rasch zusammen und zog unter der Führung ihres Fürsten dem Rutulerheer kühn und siegesfroh entgegen.

Das Zusammentreffen war furchtbar, denn die Erbitterung, mit der auf beiden Seiten gefochten wurde, war aufs Höchste entfacht. Heldenblut floss in Strömen, und das Hin- und Herwogen der Schlacht ließ befürchten, dass beide Völker sich zu gegenseitigem Untergang aufreiben würden. Selbst der Himmel griff in das Toben ein. Jupiter türmte ein furchtbares Unwetter über den Kämpfenden auf. Sein rollender Donner übertönte noch das Getöse der wütenden Heeresmassen; Blitz auf Blitz zuckte aus den finsteren Höhen auf das aufleuchtende Gefilde und das vernichtende Ringen der erbitterten Menschen.

Nun öffneten sich die Schleusen des Himmels. Der Regen strömte nieder, als wäre das Firmament geborsten, und die Wassermassen wälzten sich, alles mit sich fortreißend, bald in rauschenden Bächen über das Feld. Aber die Richtung, die sie nahmen, war den Rutulern verderbenbringend und half den Troern. Der Beistand des Himmels, der so deutlich gegen sie war, brachte den Mut der Italier ins Wanken, bis schließlich ihr allmähliches Zurückweichen in wilde Flucht überging und den Troern ein voller Sieg beschieden war.

Aber er wurde mit dem schwersten Verlust erkauft, den sie erleiden konnten: Die Schlacht kostete dem Helden Äneas das Leben. Durch die ungeheuren Wassermassen, die aus der Höhe niederstürzten, war die Strömung des Flusses Numicus, an dem der Kampf stattfand, so gefährlich angeschwollen, dass schließlich die Uferdämme brachen und sich das wildstrudelnde Element donnernd über das Gefilde ergoss. Freund und Feind wurden von den Fluten verschlungen, als erste die Kühnen, die sich am tapfersten vorgewagt. Hier muss Äneas seinen Tod gefunden haben. Sein Leichnam wurde auch nach dem Ablauf der Wasser nie gefunden; er blieb rätselhaft verschwunden, als hätten ihn die Götter entrückt. Wehklagen und lauter Jammer herrschte im Heer der Troer und Latiner, als der furchtbare Verlust bekannt wurde, und Freude über den glänzenden Sieg wollte nicht aufkommen. Äneas war stets ein gütiger, gerechter Fürst, der Hort der Schwachen und der Stolz der Starken gewesen; nicht nur Heldenstärke und Mannesmut zeichneten ihn aus, sondern auch ein kluger Regentensinn und jenes weise Maßhalten, das allein zu sicheren Erfolgen führt. Dadurch war es ihm gelungen, den Resten der Troer in Beharrlichkeit und

Besonnenheit eine neue Heimat zu gründen und die junge Siedlung derart zu festigen, dass ein stetiges Emporblühen, wenn auch in hartem Ringen, zu erhoffen war.

Beim Tod seines Vaters war Askanius noch sehr jung, aber Äneas' Tüchtigkeit war auf ihn übergegangen, und durch die harte Schule, durch die seine Jugend hatte gehen müssen, waren sein Geist und Körper gestählt und fähig, dem Vater ein würdiger und starker Nachfolger zu werden. Sein gefürchtetes Schwert hatte die gleiche Schärfe und zwang stets die widerwilligen Völkerschaften im Umkreis, die sich immer wieder auflehnten, zum Gehorsam und zur Botmäßigkeit unter das junge trojanische Reich. Die Rutuler und Etrusker mussten die Vorherrschaft Laviniums anerkennen und es dulden, dass der neue Staat seine Grenzen weit in ihr Gebiet ausdehnte.

Dreißig Jahre waren vergangen, da Askanius (Julus) bei der mächtigen Entwicklung seines Volkes die Lage des von seinem Vater gegründeten Lavinium nicht mehr für zentral genug erachtete und die Anlage einer noch größeren Stadt im Innern des Landes an geschützter Stelle plante. Auch war der Ort, an dem Äneas die Siedlung gegründet hatte, unter dem Druck des Augenblicks gewählt; im Lauf der Jahre erwies sich, dass die Ebene in der Nähe der Tibermündung nicht nur wenig fruchtbar, sondern auch ungesund war. Lavinium blieb bestehen, und zweimal kehrten die Hausgötter der Troer, die man nach der neuen Siedlung überführen wollte, heimlich nachts in ihren alten Tempel zurück. Trotzdem zog Askanius den größten Teil der Bewohner an die sanften Abhänge des Albanergebirges, wo er über dem großen Kratersee die prächtige und gewaltige neue Stadt Alba Longa errichtete. Schon der Name besagt, in welcher Ausdehnung sich diese Siedlung an dem steilen Ufer hinstreckte. Von hier aus wurde die Übermacht der Troer für die Umwohner noch weit fühlbarer, und da sie sich deren Einfluss doch nicht entziehen konnten, schlossen sie klugerweise mit

Alba Longa einen Bund, der bald dreißig Städte im Gebiet Latiums umfasste und die Grundlage für die spätere Weltmacht Roms bildete.

Als König Askanius nach langer, segensreicher Regierung starb, sollte die Nachfolge in der Herrscherreihe Alba Longas nicht auf seinen Sohn übergehen. Nachdem nämlich Äneas gefallen war und sein junger Erbe den Thron bestiegen hatte, befiel seine Gemahlin, die Königin Lavinia, Furcht und Argwohn vor dem Jüngling, und sie entfloh in die Waldungen bei Laurentum. Dort schenkte sie einem Knaben das Leben, der nach seiner Geburtsstätte Silvius genannt wurde und seinen Vater Äneas freilich nie kennenlernte. In Silvius nun sah man allenthalben den Enkel des alten heimischen Herrschers Latinus; so fiel nach Askanius' Tod diesem Thron und Reich zu, und seinem Geschlecht entstammten in langer Folge die albanischen Könige. Die Nachkommenschaft des Askanius wurde dafür mit der höchsten Priesterwürde entschädigt.

DIE RÖMISCHE

MONARCHIE

ROMULUS UND
REMUS

rei oder vier Jahrhunderte waren dahingegangen, in denen Alba Longa als mächtiges Haupt des latinischen Städtebundes blühte und das Königsgeschlecht der Silvier in steter Folge das Zepter führte. Da begab es sich, dass der Albanerkönig Procas zwei Söhne hinterließ mit Namen Numitor und Amulius, und Numitor als dem Älteren fiel nach des Vaters Tod die Herrschaft zu. Mit neidischen Augen betrachtete der ehrgeizige Amulius das Vorrecht seines Bruders; zwar war er mit großen Reichtümern und ausgedehnten Ländereien entschädigt worden, aber seinen hochfahrenden Plänen genügte dieser bescheidene Wirkungskreis nicht. Hinterlistig trachtete er danach, den Bruder zu beseitigen und sich zumindest die Krone zu erzwingen. Seine Schätze setzten ihn in den Stand, eine Schar beherzter Männer zu dingen und sich durch reichliche Spenden beim Volk beliebt zu machen. Dann wartete er einen günstigen Augenblick ab, um eine Palastrevolution anzuzetteln, und stieß seinen unglücklichen Bruder vom Thron. Die starke Leibwache, die den neuen König umgab und ihm auf Tod und Leben ergeben war, wusste den Unmut des Volkes in Schranken zu halten, und schließlich fügten sich die Albaner in den schändlichen Rechtsbruch, zumal der neue Herrscher einsichtsvoll regierte.

Das böse Gewissen aber ließ Amulius keine Ruhe finden und malte ihm die Schrecken künftiger Rache aus, die vielleicht die Nachkommenschaft seines Bruders Numitor an ihm nehmen könnte. Diesen selbst zu töten, wagte Amulius nicht, denn furchtbar trifft die Strafe der Götter einen Königsmörder. Er verbannte Numitor auf ein kleines Gehöft und sorgte dafür, dass er hier ein stilles und von der Außenwelt abgeschlossenes Leben führte.

Dafür fiel der Sohn des verstoßenen Herrschers den Ränken seines Oheims zum Opfer; auf einer Jagd ließ der tückische Tyrann den nichtsahnenden Jüngling heimtückisch ermorden. Aber Numitor besaß noch eine Tochter, Rhea Silvia genannt. Um der Gefahr, die dem neuen König von dieser selbst oder ihrer etwaigen Nachkommenschaft drohen konnte, zu begegnen, zwang Amulius die Jungfrau, Priesterin der Vesta zu werden und damit der Ehe für immer abzuschwören. Nun erst fühlte sich der gewalttätige Herrscher sicher; er bedachte nicht, dass die Rachegötter sich nicht betrügen lassen und jeden Frevel gebührend strafen.

Eines Tages traf Rhea Silvia das Los, in dem nahen Wald das reine Quellwasser zum heiligen Dienst der Göttin Vesta zu schöpfen. Da erschien im Schatten der Bäume ein Wolf, vor dem die Jungfrau erschrocken in eine nahe Grotte floh. Das hatten die Himmlischen so gefügt, denn in der Grotte erschien vor Rhea plötzlich der Kriegsgott Mars und begehrte das zagende und zweifelnde Mädchen. Um seine Gottheit zu beweisen, ließ Mars die Sonne erlöschen und bedeckte die Erde mit Dunkelheit. Beim Anblick dieser überirdischen Erscheinung wagte die Jungfrau nicht zu widerstehen und gab sich dem liebenden Gott hin.

Dem Bund des Mars mit Rhea Silvia entspross ein Zwillingspaar, das die Namen Romulus und Remus erhielt. Als ruchbar wurde, dass die Priesterin der Vesta zwei Knaben das Leben geschenkt und so das heilige Gelübde ewiger Ehelosigkeit gebrochen hatte, fasste die Priesterschaft Entsetzen über solchen Frevel, und König Amulius brauste in Zorn und Schrecken auf. Nicht die Verletzung der göttlichen Satzung war es, die ihn erbleichen ließ, sondern die Angst vor diesen Enkeln des Numitor, in denen er die Rächer ihres Großvaters vorausahnte. Wieder wagte er nicht, seine Hände mit Blut zu besudeln, und erwog, wie er trotzdem das Zwillingspaar und seine Mutter vernichten könne. Gegen Rhea Silvia bot sich der Weg von selbst, befahl doch das Gesetz ausdrücklich ihren Tod als Strafe für den Frevel. Nichts half es der Unglücklichen, dass sie aufs Heiligste beteuerte, ein Gott habe sich ihr als Gemahl gesellt und die Mächte des Himmels hätten durch sichtbare Zeichen den Bund geschlossen. Das Standbild der Göttin Vesta bedeckte selbst zornvoll sein Antlitz, und das heilige Feuer erlosch auf dem Altar. So war Rhea Silvia nicht mehr zu retten, selbst wenn des Königs Gnade es gewollt hätte.

Amulius war froh, seine Rache so leicht stillen zu können. Die unglückliche Frau wurde zum Tod durch Ertrinken verurteilt, und die Frucht ihrer Liebe sollte ein gleiches Schicksal treffen. Als die junge Priesterin in die Fluten des Tibers versenkt wurde, erbarmte sich ihrer der Stromgott gütig; er verlieh ihr Unsterblichkeit und machte sie zu seiner Gemahlin. Auch das Zwillingspaar rettete der Gott vor dem sicheren Tod; hatte man doch die zwei Knaben in einem Korb ins Wasser gesetzt, um so das unschuldige Blut zwar nicht zu vergießen, aber doch die hilflosen Kinder dem Untergang zu weihen. Die Flussufer waren gerade weit überschwemmt, und so trieb der Gott den Korb in seichtes Wasser, wo er alsbald beim Verlaufen des Hochwassers an einem Feigenbaum im feuchten Sand haften blieb. Eine Wölfin, die ihr Weg von den Bergwäldern herab zur Tränke an dem Baum vorüberführte, war barmherziger als die Menschen: Statt die beiden wimmernden Kinder zu zerfleischen, trug sie die Zwillinge sorgsam in ihre Höhle, leckte und säugte sie und erhielt sie so am Leben. Auch von einem Specht und einem Kiebitz, die den Kleinen allerlei Nahrung zutrugen, weiß die Sage zu berichten. Jener Feigenbaum, der am Fuß des palatinischen Hügels der späten Roma stand, genoss noch in historischer Zeit durch Jahrhunderte gleich einem Heiligtum große Verehrung unter dem Namen des »ruminalischen Baums« (Rumina war die Schutzgöttin der säugenden

Romulus und Remus von der Wölfin gesäugt.

Herden), und in seinem Schatten wurde das eherne Standbild einer Wölfin errichtet zum Gedenken an die wunderbare Rettung der beiden Kinder.

Eines Tages nun wurde die Wölfin von Hirten verjagt, die ihr Tun beobachtet hatten. Die erstaunten Männer betraten die Höhle und nahmen sich der inzwischen schon etwas herangewachsenen Kinder an, die sie schließlich einem Hirten des Königs, namens Faustulus, zur Pflege übergaben. Dieser schlichte Mann und seine treue Frau Acca Larentia übernahmen gern die Mühe, die fremden Knaben aufzuziehen, und wandten ihnen alle elterliche Liebe und Treue zu. So gediehen die Zwillinge prächtig und wurden stark und groß zur Freude des Hirten und seiner Gemahlin. Bald halfen sie dem vermeintlichen Vater die Herde hüten und teilten ganz das Leben der einfachen Hirten, die am Tiberufer ihre ärmlichen Strohhütten bewohnten.

Je mehr aber das Knabenpaar heranwuchs, umso deutlicher trat ein unverkennbarer Unterschied gegenüber den anderen Kindern der Hirten hervor. An Stolz, Kraft und Schönheit waren die Zwillinge allen weit überlegen und bekundeten deutlich ihre Herkunft aus edlem Geschlecht. So war es ganz natürlich, dass Romulus und Remus, wie die Zieheltern die Kinder genannt hatten, bald unter der Schar ihrer Altersgenossen die Anführer wurden, denen gern und willig alle folgten, zumal die Tapferkeit der Findlinge mit vornehmer Gesinnung gepaart war. Jeder der Brüder gewann allmählich seinen gesonderten Anhang, der bei Remus die Fabier, bei Romulus die Quinctilier genannt wurde. Mit ihren Leuten oder allein, als Führer des ganzen Hirtenvolkes anerkannt, durchstreiften die Jünglinge rings das Weideland und die Wälder. Überall bewiesen sie Mut und Heldenstärke, rotteten Untiere aus und legten auch Übeltätern und schlimmen Gesellen das Handwerk. Faustulus und seine gute Frau hatten helle Freude an ihren Ziehsöhnen, von denen niemand ahnte, dass sie nicht die rechten Kinder der Hirten waren, und mit dankbarer Anhänglichkeit vergalten Romulus und Remus ihrerseits die elterliche Liebe.

Die angesehene Stellung, die sich die Jünglinge unter dem Hirtenvolk verschafft hatten, die Erfolge ihrer Tapferkeit und wohl auch der jugendliche Überschuss an Kraft und Unternehmungsgeist ließ sie freilich nicht überall genau die Schranken wahren, die ihnen zukamen. Häufig entstanden Streitigkeiten mit den Hirten anderer Gebieter, zumal mit denen des alten Numitor, die dem Palatin gegenüber auf dem aventinischen

Hügel ihre Weideflächen hatten, bis es zu einer ersten Fehde und schließlich zu einer kleinen Schlacht kam. Romulus und Remus mit ihren Anhängern blieben Sieger und drängten die Gegner auf ihr Gebiet zurück. Damit aber hatten sie Zorn und Rachsucht bei den Hirten Numitors so sehr erregt, dass diese insgeheim einen gefährlichen Anschlag planten.

Als am Palatin nach alter Sitte das Fest der Luperkalien gefeiert wurde, wobei die Jünglinge den Berg im Wettlauf zu umkreisen pflegten, legten ihnen die Aventiner einen Hinterhalt und nahmen in keckem Überfall Remus gefangen. Der Jüngling wurde vor Amulius, den Herrn des Landes geschleppt, und dieser überwies ihn zu harter Bestrafung für angebliche Freveltaten an seinen Bruder Numitor, dessen Hirten sich für geschädigt hielten. Das Schicksal des unglücklichen Remus schien besiegelt, denn es war nicht anzunehmen, dass seine Ankläger glimpflich mit ihm verfahren würden.

In seiner Verzweiflung gab der alte Faustulus das bisher streng gehütete Geheimnis von der rätselhaften Herkunft seinem anderen Ziehsohn Remulus preis, und da er bei der allgemeinen Kenntnis der früheren Vorgänge im Königshaus längst ahnte, wessen Söhne er einst gefunden und gerettet hatte, so gab er auch an Numitor selbst Botschaft von dem seltsamen Zufall, damit nicht etwa der alte entthronte Herrscher seinen eigenen Enkel töten lasse.

Erst mit Staunen, dann mit zweifelnder Verwunderung hörte Numitor die Kunde. Prüfend betrachtete er den schönen, stolzen Gefangenen, der so gar nicht den anderen Hirten glich. Er ließ sich alle näheren Umstände erzählen, und schließlich durchschaute er mit dankbarer Freude über die Fügung der Götter den wahren Sachverhalt. Nun wurde auch Romulus herbeigeholt, und der Greis erkannte, dass ihm der Himmel selbst in diesen längst als tot beweinten Enkeln die Werkzeuge zur Rache an seinem tyrannischen Bruder gesandt hatte.

Das Brüderpaar, das rasch mit großer Liebe an dem wiedergefundenen Großvater hing und sich nun selbst für auserwählt zu großen Taten hielt, vernahm mit Grauen, wie schrecklich Amulius an ihnen und ihrer edlen Mutter gehandelt hatte, nur um seinen geraubten Thron sicherzustellen. Ein wilder Hass flammte in Romulus und Remus gegen den Tyrannen auf. Da die Kunde von der Wiederauffindung der Zwillinge am Königshof bald ruchbar werden konnte, beschlossen die Zwillinge voll Tatkraft und jugendlichen Ungestüms, rasch zu handeln und ihren alten Großvater wieder in seine Rechte einzusetzen. Eine beherzte Schar von Anhängern hatten sie unter den Hirten und alten Freunden bald gefunden, mit denen sie plötzlich den Königspalast in Alba Longa überfielen. Ein wildes Handgemenge entspann sich dort, in dem die Eindringlinge Sieger blieben. Amulius wurde durch einen Schwertstreich des Romulus niedergestreckt, und nun geleitete das Brüderpaar den greisen Numitor unter dem Jubel der Bevölkerung auf den ihm nach göttlicher Ordnung und menschlicher Satzung allein gebührenden Thron. So hatte Alba Longa statt eines gewalttätigen Tyrannen wieder einen rechtmäßigen und gütigen Herrscher, dem sich ganz Latium willig beugte.

DIE GRÜNDUNG
ROMS

o hoch gestiegen nun auch Romulus und Remus im stolzen Alba Longa waren, haftete ihr Herz doch an der alten Hirtenheimat, an die sie hochfliegende, stolze Pläne knüpften. Diese in der Stadt ihrer Väter zu verwirklichen, ging nicht gut an, und so schenkte ihnen auf ihr Bitten der dankbare Großvater jenen weiten

Bezirk am Tiberstrom, wo sie im Bannkreis der sieben Hügel aufgewachsen waren. Hier wollten die Brüder nun eine neue, gewaltige Stadt erbauen und sich eine eigene Herrschaft gründen, die sie über das ganze Land auszudehnen hofften. Seit sie wussten, dass sie dem Blut des Äneas entstammten und dass es Aufgabe dieses Stammes war, eine Siedlung zu gründen, die heranblühend einmal die Welt beherrschen sollte, fühlten sie sich berufen, ein neues Staatswesen aufzubauen. Jedem stand eine stattliche Schar treuer Anhänger zur Verfügung. Tapfere, unternehmungslustige Leute haben immer eine Gefolgschaft, die sich zur Mithilfe begeistern lässt; das Neue lockt, Abenteuer winken, und gerade die Schwierigkeit bedeutet für tapfere Herzen nur einen Anreiz mehr. So waren denn fleißige und arbeitgewohnte Hände genug da, um die Weisungen der Brüder auszuführen; als aber alles vorbereitet war, zeigten sich unerwartet Schwierigkeiten. Diese lagen in der Natur der Brüder selbst, denn alle beide waren so stolzen und trotzigen Sinnes, dass sie wohl zusammen handeln, aber nicht einer dem anderen den Vorrang lassen konnten. Einer jedoch musste schließlich der neuen Stadt den Namen geben, ihren Mittelpunkt und ihre Gesetze festsetzen, denn auch darüber herrschte bei den Zwillingen keine Einigkeit. Romulus hielt den steilen Palatin für geeigneter, Remus beharrte auf dem länger hingestreckten Aventin. So war Anlass zu Hader und Streit gegeben, und als eine Übereinkunft nicht zu erzielen war, beschlossen die Brüder, die Entscheidung den Göttern anzuvertrauen und nach Glaube und Sitte des Landes das Zeichen des Vogelflugs zur Deutung zu nehmen.

Wie es der Brauch verlangte, begaben sich beide lange vor Tagesanbruch jeder mit seiner Gefolgschaft auf den Platz, den sie für die geplante Stadt erwählt, Romulus auf den Palatin, Remus auf den gegenüberliegenden Aventin. Dort harrten sie nun mit den Priestern und Sehern, ob sich am Himmel keine Vögel Jupiters zeigen und so ihre Ansprüche klären würden. Die Stunden zogen dahin, der Mond versank, und obwohl die Brüder mit den Krummstäben vorschriftsmäßig die Quartiere des Himmels von Ost nach West und von Nord nach Süd in schwingenden Linien abgrenzten, wollte sich nichts im Dunkel der Nacht zeigen. Schon dämmerte fern in lichtem Streifen der junge Tag herauf, als ein lauter Jubelschrei vom Aventin erscholl. Sechs Geier zogen von Osten rechts an Remus vorüber. Kaum aber war der Bote enteilt, um Romulus den Sieg des Bruders zu melden, so rauschten vor Romulus zwölf Geier vorüber und kündeten damit deutlich an, dass Jupiter den Palatin und seinen Herrn auserwählt habe.

Nun war der Streit nicht nur nicht geschlichtet, sondern schlimmer als vorher. Remus berief sich auf das frühere Zeichen, Romulus auf die doppelte Anzahl der Vögel. Aufs Neue spaltete sich das Gefolge in zwei Parteien; aber Romulus hatte einen größeren Anhang. Remus musste weichen und grollend dem Bruder die Grenzsetzung der neuen Stadt und deren zukünftige Herrschaft überlassen. Sofort machte sich der Sieger ans Werk und zog die heilige Furche, durch die der Umkreis der anfangs naturgemäß nur kleinen Siedlung bestimmt werden sollte. Dementsprechend wurden Mauer und Graben angelegt, auch sie zunächst in geringen Ausmaßen. Spöttisch und verletzt betrachtete Remus das Beginnen seines Bruders, und um ihn zu verhöhnen sprang er in seiner Erbitterung über die niedrige Mauer ins Innere der Anlage. Eine schmählichere Verletzung heiliger Rechte und schwerere Kränkung war nach damaliger Auffassung nicht möglich, galten doch die Mauern für heilig und eine Tat, wie sie Remus geübt, war dem Angriff eines Feindes gleich, den die Ehre zu bekämpfen gebot. Auf kochte Romulus' Herz bei solcher Schändung seiner jungen Siedlung, und er streckte mit einem Schlag seinen Bruder tödlich nieder. So entsetzlich uns das heute erscheinen mag, der junge Herrscher hatte nach damaliger Sitte nur seine Pflicht getan, und jeder billigte seinen stolzen Ausruf: »So möge es jedem ergehen, der nach dir über meine Mauer setzt.«

Aber Romulus litt sehr unter seiner Tat. Niemand machte ihm einen Vorwurf, und auch der Himmel wollte den Mord wohl nicht strafen; trotzdem schien der Totschlag wie ein Fluch auf dem Land zu lasten, denn Seuchen und Missernten traten auf, die Romulus schließlich dadurch zu bannen hoffte, dass er den Schatten des Dahingeschiedenen durch die Aufstellung eines zweiten Throns neben dem seinen zu versöhnen suchte. Da lagen nun Zepter und Krone für den toten Remus, als wäre er der berechtigte Mitregent. Wirklich wich nun die Bedrängnis, und die Stadt wuchs mächtig empor. Roma wurde sie genannt nach ihrem Gründer, und der Name schien für die Ewigkeit und wie für die Herrin der Welt geprägt.

DAS ASYL UND DER FRAUENRAUB

on Anbeginn an wurde Roms Übermacht in den nächstgelegenen Landstrichen anerkannt, wenn auch nur widerwillig. Die Tapferkeit der Bewohner und ihres hochgesinnten Fürsten zwang die anderen Ortschaften, sich unter die junge Siedlung zu beugen. Damit aber war Romulus' weitausschauenden Absichten noch nicht gedient. Seine Stadt sollte wachsen und sich immer weiter ausdehnen; um dies zu erreichen, verfiel der Fürst auf einen trefflichen Gedanken. Er gründete auf einer Einsenkung des kapitolinischen Hügels eine Freistätte und ließ im ganzen Land verkünden, dass ihm dort alle Heimatlosen, Landflüchtigen, kurz jedermann als Bürger der Stadt willkommen sei, sofern er

nur sich anzusiedeln wünsche, Landbesitz zum fleißigen Bebau-
en begehre und sich den Gesetzen der Stadt unterordne.

Da strömten nun bald von allen Seiten Männer der verschie-
densten Art und aus den mannigfaltigsten Gründen zusammen:
tüchtige Leute, die sich eine Existenz durch harte Arbeit gründen wollten, Abenteurer, Verbannte, junges Volk, ja auch Ver-
femte und Verbrecher. Über das Anwachsen der Bevölkerungs-
zahl des jungen Roms brauchte sich Romulus nicht länger zu
sorgen. Mehr als dreitausend freie Bürger waren bald vorhanden, und aus ihnen erwählte der Herrscher einen Rat von hundert der klügsten und hervorragendsten Männer. In der Folge-
zeit bildeten deren Nachkommen die Patrizier, das waren die
Edlen und Vornehmen der Stadt.

Aber eben diese Frage der Nachkommenschaft war es, die Romulus mit Recht beunruhigte. Die junge Siedlung war ausschließlich von Männern bevölkert, und so konnte man, im Fall
sich dieser Zustand nicht durch Zuführung von Frauen änder-
te, mit Sicherheit berechnen, dass nach einigen Jahrzehnten
Rom völlig ausgestorben sein würde. Darum sandte Romulus
Boten in die Städte Latiums und bot ihnen ein gegenseitiges
Ehebündnis der Bewohner an. Aber der Antrag fand taube Ohren, sah man doch nicht nur mit Neid, sondern auch mit erklär-
lichem Misstrauen auf die Männer in Rom, deren Herkunft
und Vorleben vielfach im Dunkel lag und die mehr einen Staat
von Abenteurern bildeten, denen man die Töchter der altein-
gesessenen Familien nicht anvertrauen wollte. An einigen Or-
ten ließ man die Antwort offen, an anderen lehnte man ab, ja es
kam vor, dass man die Boten mit Hohn und Spott aus den Toren jagte und nicht einmal die Bräuche des Gastrechts beachte-
te. Mit finsteren Blicken vernahm Romulus den Bericht seiner
Gesandten. Das war nicht die Art, wie er fremden Stämmen erlaubte mit ihm zu reden. Am liebsten hätte er alle sofort mit
Kampf überzogen und seinen Willen gewaltsam durchgesetzt.

Aber dafür war Roms Macht noch nicht groß genug, und so beschloss der Herrscher, durch List zu seinem Ziel zu kommen. Er ließ glänzende Festspiele mit ritterlichen Übungen in Rom ansagen und alle Nachbarn dazu einladen. Von allen Seiten eilten die Geladenen mit Weib und Kind zu dem Schauspiel nach Rom, denn die gewaltigen Vorbereitungen dazu erregten schon seit geraumer Zeit große Neugier. Auch war man begierig, die neue Siedlung von innen zu betrachten, und so konnte an dem Festtag die Stadt die Fülle der Geladenen, unter denen Frauen, Mädchen und Kinder die Mehrzahl bildeten, kaum fassen. Besonders aus den Nachbarstädten des Latinerlandes und dem Sabinergebiet zogen zahlreiche Scharen herbei.

Fröhlich war der Willkomm und die ritterliche Art des Empfangs. Alle staunten über das schnelle Wachstum der schön und vorteilhaft angelegten Siedlung, und als gar noch die glanzvollen Spiele begannen, war man ganz Auge und Ohr für die festliche Veranstaltung.

Doch das harmlose Spiel nahm unerwartet und plötzlich eine jähe Wendung. Mitten in den Scheinkämpfen stürmten auf ein gegebenes Zeichen die ritterlichen Jünglinge unter die Menge der arglosen Gäste, sprengten diese auseinander und raubten die anwesenden Jungfrauen, wie sie der Zufall jedem in die Hand spielte. Ungeheure Bestürzung bemächtigte sich der fremden Zuschauer. Die Männer waren waffenlos und nicht auf die Verteidigung ihrer Töchter vorbereitet, die verzweifelt aufschrien. Laute Anklage wegen Verletzung des heiligen Gastrechts scholl zum Himmel, dann ergriffen alle, die sich nicht in der Gewalt der Römer befanden, die Flucht und hielten nicht eher inne, bis sie ihre Heimstätten erreicht hatten.

Dort erst kamen ihnen wieder Besinnung und Mut. Sie betrauerten ihre Töchter, als hätte sie ihnen der Tod geraubt, und der Ruf nach Krieg und Rache erscholl allenthalben. Boten eilten von Ortschaft zu Ortschaft, ein Bund wurde gegen Rom geschlossen, alle rüsteten sich zum Kampf, wobei man besonders auf den tapferen Sabinerkönig Titus Tatius und dessen tatkräftiges Eingreifen rechnete. Dieser weise Herrscher wusste, dass ein Krieg gegen Rom keine Kleinigkeit war, und bereitete alles gründlich vor. Doch dies dauerte der Ungeduld der anderen Städte zu lang. In ihrer Angst um das Schicksal ihrer Töchter vermochten die Väter ihren Rachedurst nicht länger zu zügeln; keiner wartete auf den anderen, und in törichter Übereilung brachen die Heere von Cänina, Crustumerium und Antemnä einzeln auf. Romulus hatte natürlich vorausgesehen, welche Folgen sein kecker Streich haben würde, und seine Krieger vortrefflich ausgerüstet und geordnet. Sofort sah er, welch Glück für ihn das gesonderte Vorgehen der gekränkten Gemeinden bedeutete. Rasch warf er sich mit seinem Heer auf die Haufen des Königs Akron von Cänina, die er leicht in die Flucht schlug, und stand dann plötzlich vor den Mauern von Cänina, eroberte es und tötete beim Sturm auf die Stadt mit eigener Hand den König Akron. Nicht länger brauchte er zum Niederringen der anderen beiden Städte.

Im Triumph kehrte Romulus dann nach Rom zurück und trug hoch zu Ross an einer Stange die Rüstung des erschlagenen Herrschers. Sie wurde als erste und älteste Trophäe Roms auf dem kapitolinischen Hügel dem Jupiter geweiht und diesem ein prächtiger Tempel gelobt.

Damit war aber der Krieg noch nicht zu Ende. Wenn die Römer auch aus Bewunderung für ihre Tapferkeit Zuzug von allen Seiten, namentlich aus dem Etruskerland unter Führung des Cäles Vibenna erhielten, so stand ihnen doch ein schwerer Kampf mit dem Hauptheer der sabinischen Streitmacht des Königs Titus Tatius bevor. Das war ein gefährlicherer Gegner als der Kriegshaufen der kleinen Städte. Romulus konnte ihm nicht in offener Feldschlacht entgegentreten, sondern musste ihn im Schutz der Stadtmauern erwarten. So rückten denn König Titus Tatius und sein riesiger Held Mettus Curtius an der Spitze des Sabinerheeres ungehindert bis vor die Befestigungen des kapitolinischen Hügels. Droben befehligte der Römer Spurius Tarpejus, entschlossen, den Feinden bis zum Äußersten Widerstand zu leisten.

Auf seine Krieger konnte er sich verlassen, aber ein ungeahnter Feind erwuchs ihm im schmucklüsternen Herzen seiner eigenen Tochter Tarpeja. Diese war am Fuß des Hügels beim Wasserschöpfen mit sabinischen Kriegern, darunter dem König zusammengetroffen und wurde von diesen mit drängendem Ungestüm zu überreden gesucht, zur Nacht verräterischerweise gegen Lohn den Feind in die Feste zu lassen. Das Mädchen zögerte noch, als ihre Augen über die gold- und edelsteingeschmückten Reifen glitten, die die Sabiner am linken Oberarm zu tragen pflegten.

»Gebt mir, was ihr am linken Arm tragt«, sagte die Jungfer schließlich, »so will ich euch das Tor öffnen.«

Das Versprechen wurde vom König und seinen Mannen sofort gegeben, und Tarpeja kehrte mit dem schweren Wasserkrug auf die Höhe der Burg zurück. Heimlich im Dunkel der Nacht öffnete sie dann den Feinden eine Seitenpforte, durch die die sabinischen Krieger nun scharenweise in das Innere der Umfassungsmauer lautlos eindrangen. Als aber nun das Mädchen seinen Lohn begehrte, warfen die Sabiner zugleich mit ihrer Armspange ihre schweren metallenen Schilde mit dem Ruf »Da hast du deinen Lohn, Verräterin!« auf die Unselige, die tot niedersank.

Die schrecklichen Folgen des Verrats hatte nun auch die Besatzung zu tragen. Keine Tapferkeit half dem edlen Spurius Tarpejus und seiner Schar; alle wurden von der Übermacht niedergeschlagen, und ehe der Morgen dämmerte, war der westliche Fels des kapitolinischen Hügels, der noch heute der tarpejische heißt, in der Hand der Sabiner.

Als am nächsten Morgen die römische Schlachtordnung zum Entscheidungskampf vom Palatin in die Ebene zwischen diesem und dem Kapitol rückte, gewahrte sie mit Überraschung und zornigem Entsetzen, wie von droben der Feind hohnvoll auf sie herabdräute. Romulus und der Etruskerfürst Cäles Vibenna, daneben der gewaltige Held und Führer Hostus Hostilius glaubten ihren Augen nicht trauen zu können. Aber nur einen Augenblick zögerten sie. Dann schwoll die Ader auf Romulus' Stirn vor Grimm über den Spott der Feinde, und donnernd befahl er den Seinen, die Kapitolshöhe zu stürmen. Doch der Berg war steil, und die Drobenstehenden nützten ihren Vorteil aus. In erbittertem Ringen stürzten tödlich hinuntergeschmettert der Etruskerfürst und der Held Hostus Hostilius, den die Römer wie ihren Hort betrachteten.

Da mussten die Römer weichen und rissen auch Romulus in die wilde Flucht hinein. Jubelnd brach jetzt der Feind aus der Kapitolsumwallung in die Ebene nieder, wo sich die wilde Schlacht fortsetzte. Aber die Römer vermochten nicht mehr standzuhalten; sie flohen gegen ihre Tore zurück, hart bedrängt von dem riesigen Mettus Curtius, der an der Spitze der sabinischen Recken ritt.

Romulus versuchte vergeblich, dem Weichen der Seinen Einhalt zu tun: Nichts half. Da hob er in höchster Not flehend die Hände gen Himmel und gelobte Jupiter Stator (dem standhaltenden, fluchthemmenden) einen herrlichen Tempel, wenn ihm der Gott das Kriegsglück wieder zuwenden würde. Er selbst fühlte sich durch das Gebet wundersam gestärkt. Noch einmal beschwor er die Seinen und berief sich auf die Hilfe des Himmelskönigs. Diesmal half sein Ruf. Die Römer schämten sich ihrer Verzagtheit und fassten aufs Neue Fuß. Todesmutig traten sie abermals dem überraschten Feind entgegen, und als Mettus Curtius mit Hohnlachen heranstürmte und Romulus' Scharen feige Mädchenräuber schalt, die zu ehrlichem Kampf nicht taugten, flammte allgemeine Empörung auf. Waffenlärmend warfen sich die Römer gegen die Sabiner, dass Mettus' Pferd scheute und in wildem Sprung in den Sumpf des unteren Tals setzte. Lange dauerte es, bis sich der sabinische Held mühsam aus dem gefährlichen Morast, der ihn hinabzuziehen drohte, wieder emporarbeitete und über und über schlammbedeckt zu den Seinen zurückkehrte. Hier aber hatte sich inzwischen das Kriegsglück gewendet. Die Römer schienen die Übermacht zu haben, und die Sabiner wehrten sich nur noch mit dem Mut der Verzweifelten.

Das entsetzliche Ringen schien sich noch lange blutig und unentschieden hinziehen zu wollen, da trat etwas ganz Unerwartetes ein, das auf einmal den Kampf zum Stehen brachte und alle die Waffen senken ließ. Aus dem palatinischen Tor stürzten die gesamten Frauen mit fliegenden Haaren, ihre Säuglinge an der Brust, heran und warfen sich verzweifelt zwischen die Kämpfenden mit dem flehenden Ruf, nicht länger gegenseitig ihre Männer, Väter und Geschwister zu töten. Die Ritterlichkeit der Römer hatte nach dem anfänglichen Schreck und Zorn längst die Herzen der sabinischen Frauen gewonnen. Sie fühlten sich durchaus als römische Bürgerinnen und begehrten gar nicht, zu ihren Familien heimzukehren. So flehten nun sie, um derentwillen der ganze Kampf entbrannt war, selbst um Frieden und Versöhnung und suchten dem grausamen Kampf ein Ende zu setzen, damit ihre eigenen Verwandten sie nicht zu Witwen machten oder ihre Gatten ihre Landsleute erschlugen.

Der Kampf ruhte. Dumpfes Schweigen herrschte auf beiden Seiten, und zwiespältige Erwägungen durchzogen die Herzen der Gegner. Da brachen die Fürsten den auf allen lastenden Bann. Romulus und Titus Tatius, beide ebenso edle und einsichtsvolle wie tapfere Männer, traten gleichzeitig aus den Schlachtreihen vor ihr Heer, und der Römerfürst bot zuerst Frieden und Versöhnung an. Auch Titus Tatius sah ein, dass die

Frauen recht hatten, und ergriff die dargereichte Hand des Feindes. Eine allgemeine Versöhnung und Verbrüderung fand statt, und durch Gelöbnisse wurde für ewig ein Bund zwischen Römern und Sabinern gestiftet. Zu einem Staat sollten die beiden Völker verschmelzen und Rom seine Hauptstadt sein. In die Herrschaft beschlossen sich Romulus und Titus Tatius zu teilen und gemeinsam das Heer zu führen. Schließlich wurde bestimmt, dass nach der sabinischen Stadt Cures das vereinigte Volk Quiriten genannt werden sollte.

Diese Verschmelzung war für Rom ungeheuer bedeutsam. Nicht nur, dass die Stadt vergrößert wurde und an Machtfülle gewann, sondern auch neue geistige und kulturelle Werte zogen damit in Rom ein und ergänzten sich mit dem noch einseitigen und rauen Wesen der jungen Siedlung. Der Frauenraub hatte somit zu einer Vermählung in höherem Sinn geführt, und wenn die Einzelheiten auch Legende und Sage sind, so hat doch das historische Rom gerade in diesem Bündnis sein festes Fundament und die Anwartschaft auf seine große Zukunft gefunden.

Eine Vorausahnung hiervon mag die zwei Völkerschaften durchbebt haben, als sie nach der bitteren Schlacht den Treuebund schlossen. Ein Fest der Verbrüderung wurde in Rom gefeiert, das diesmal keinen traurigen Abschluss fand, sondern in eitel Fröhlichkeit und Glück begangen wurde.

Die Frauen hatten den größten Anteil daran, und man erkannte dankbar an, dass sie es gewesen, die den Frieden herbeigeführt. Darum stiftete Romulus ihnen zu Ehren das Fest der Maturnalien und räumte den Frauen vielerlei Ehren und Vorrechte ein. Einer Matrone musste jeder mit Ehrfurcht begegnen, ihr ausweichen und die gebührende Achtung erweisen. Die Ehemänner wurden verpflichtet, ihre Frauen stets hochzuhalten, sie nie mit Arbeit zu überbürden und stets dankbar eingedenk zu bleiben, dass weibliche Klugheit und Hingabe Rom in einer seiner schwersten Stunden gerettet hatte.

Die Doppelherrschaft des Romulus und Titus Tatius währte nicht lange. Der Sabinerkönig hatte sich bei den Bewohnern von Laurentum durch mancherlei Gewalttätigkeiten verhasst gemacht, und als der Herrscher einmal nach Lavinium zum Opferfest zog, wurde er dort von der empörten Volksmenge erschlagen. Sein Grab im Lorbeerhain des Aventin aber wurde noch lange verehrt und ihm bis in die historische Zeit ein jährliches Opfer gebracht. Nach Titus' Tod regierte Romulus allein die geeinten Völker voll Weisheit, Milde und Gerechtigkeit, sodass er verehrt wurde, als wäre er ein Gott oder zumindest der geliebte Vater aller seiner Untertanen. Treu den Verfassungsgrundsätzen, die er selbst eingeführt, hielt er den Senat in hohen Ehren und befragte ihn um seine Meinung vor allen wichtigen Entschlüssen. Dankbar behielt er in Erinnerung, dass das Vogelzeichen Jupiters ihm die Gründung Roms verholfen, und so blieb sein gläubiges und frommes Herz stets dieser Kundgebung der Götter zugetan, die zu einer der wichtigsten religiösen Staatseinrichtungen führte.

Außer der Einsetzung des Senats, der wohl der stärkste Grundpfeiler römischer Größe und Staatskunst wurde, gliederte Romulus das Volk in drei Stammtribus und dreißig Kurien. Besondere Sorgfalt aber wandte er als kühner Kriegsheld der Ausbildung eines trefflichen Heeres zu, und die Ordnungen und Satzungen, die er hier traf, blieben lange maßgebend.

Es war Romulus nicht vergönnt, alle diese Einrichtungen in stetem Frieden und Ruhe zu treffen. Zu viel Eifersucht auf die steigende Macht des jungen Roms war ringsum rege, es gab noch manche Nachbarstadt, die sich für stärker und mächtiger hielt. Besonders das stolze Fidenä suchte Rom den Vorrang abzulaufen und verletzte ständig dessen Staatsgrenze, bis es schließlich zum Krieg kam. Romulus wusste das Heer der Bewohner von Fidenä aus der Stadt in einen Hinterhalt zu locken, schlug es dort in die Flucht und drang dann durch die offenen Tore in Fidenä ein, das sich bedingungslos unterwerfen musste.

Bald aber lehnte sich noch eine andere Stadt, das mächtigere Veji, gegen die junge Tiberstadt auf, deren aufblühende Macht dem Land so unbequem wurde, und erklärte Rom den Krieg, um es von Grund aus zu zerstören. Doch die Vejenter hatten sich über ihre eigene Stärke getäuscht: In einer furchtbaren Feldschlacht unterlagen sie, und die Sage erzählt, von den vierzehntausend Gefallenen habe Romulus selbst die Hälfte erschlagen. Veji musste um Frieden bitten und erhielt einen hundertjährigen Waffenstillstand zugesichert, musste aber einen Teil seines Gebiets an Rom abtreten. Von da an wagte niemand mehr, Rom anzugreifen, und ein jahrzehntelanger ungetrübter Frieden war der aufblühenden Tiberstadt vergönnt.

Siebenunddreißig Jahre hatte der große Fürst Romulus regiert, als er auf eine ebenso seltsame Weise seinem Volk entrückt wurde, wie sein götterentstammtes Leben begonnen hatte. Bei einer gewaltigen Heerschau, die Romulus auf dem Marsfeld abhielt, erhob sich ein fürchterlicher Orkan; Staubwolken und Regengüsse verdunkelten die Lüfte, brüllender Donner tönte vom Himmel und Blitze durchzuckten die Finsternis. Das Unwetter war so schrecklich, dass man glauben konnte, die Sonne sei erloschen. Alles Volk floh von dannen, um sich zu retten, nur der König blieb auf seinem Thron; da erschien ihm plötzlich sein Vater Mars und entführte ihn mit Jupiters Bewilligung auf seinem Götterwagen in den Kreis der Himmlischen zur Unsterblichkeit.

Als das Unwetter vorbeigezogen, fand sich das Volk verwaist. Der Thron stand leer, und spurlos war der König verschwunden. Die große Bestürzung und das dumpfe Schweigen gingen bald in lautes Klagen über. Jammernd riefen die Römer nach ihrem Vater, dem Gründer ihrer Stadt und ihrer Macht, ihrem

Schutz und Schirm. Eine Ahnung der göttlichen Entrückung zog durch die Gemüter und wurde halb durch den Traum eines angesehenen Landmanns bestätigt. Romulus erschien ihm und befahl die Einstellung der Trauer mit der Kunde, dass er fortan als der Gott Quirinus über seinem Volk walten und wachen werde. So wurde der erste Herrscher Roms wie ein Gott verehrt und seinem Andenken herrliche Tempel errichtet.

NUMA POMPILIUS

um Nachfolger des großen Romulus wurde Numa Pompilius vom Volk gewählt, der als schlichter Bürger in der sabinischen Stadt Cures lebte. Er war ein Anverwandter des Königs Titus Tatius, pochte aber nicht auf seine hohe Abkunft, sondern hielt sich in der Stille und schätzte Frömmigkeit und Weisheit höher als Macht und Reichtum. Darum liebten ihn seine Mitbürger, holten bei allen wichtigen Angelegenheiten seinen Rat ein, und bei vorkommenden Streitigkeiten übertrugen sie oft dem weisen Mann das Schiedsrichteramt.

Gern weilte Numa in der Einsamkeit des Albanergebirges und hielt oft Zwiesprache mit der Nymphe Egeria, die in einer Felsengrotte, aus der eine kristallklare Quelle herabrieselte, im heiligen Waldesschatten wohnte. Die Nymphe liebte den frommen Mann und teilte ihm aus dem Schatz göttlicher Weisheit vieles mit, was die Menschen gut, edel und glücklich machen kann.

Numa trachtete nicht nach hohen Ehren, und als nun die römischen Gesandten zu ihm kamen mit der Botschaft, das Volk habe ihn zum König gewählt, da stand er bestürzt vor ihnen und wusste nicht, was er dazu sagen sollte. Romulus war ein kriege-

Numa hält Zwiesprache mit der Nymphe Egeria

rischer König gewesen, und nun sollte er, der friedliebende Numa, sein von Waffengetöse durchhalltes Erbe antreten?

Er weigerte sich und erklärte den Gesandten, er sei kein Kriegsmann und tauge nicht zum römischen König. Aber die Männer ließen sich nicht abweisen; sie sagten, des Krieges sei Rom nun satt, die äußeren Feinde seien überwunden, nun wolle das Volk die Künste des Friedens pflegen; das sei auch der Wille der Götter, die selbst des Volkes Sinn auf Numa gelenkt hätten.

Da sträubte sich der fromme Mann nicht länger; er folgte den Gesandten und hielt unter dem lauten Jubel der Quiriten seinen Einzug in Rom. Ehe er aber sein hohes Amt übernahm, wollte er den Willen der Götter erforschen, denn die Zweifel in seinem Herzen waren noch nicht überwunden. Mit einem Seher (= Augur), der der Deutung des Vogelflugs wohl kundig war, begab sich Numa auf das Kapitol und setzte sich oben, das Antlitz gegen Mittag gewandt, auf einen Stein. Der Vogelschauer ließ sich mit verhülltem Haupt ihm zur Linken nieder, in der Rechten hielt er einen krummen Stab ohne Knoten. Er nahm die Aussicht über die ihnen zu Füßen liegende Stadt und über die weite Ebene, bezeichnete die Himmelsgegenden von Morgen bis Mitternacht, steckte sich in Gedanken ein Ziel, woher die Vögel kommen sollten, nahm den Krummstab aus der rechten in die linke Hand, legte die Rechte auf Numas Haupt und betete also: »Vater Jupiter, wenn es dein heiliger Wille ist, dass Numa Pompilius, dessen Haupt ich jetzt berühre, König von Rom werde, so sende uns innerhalb der Grenzen, die ich bezeichnet habe, untrügliche Zeichen!«

Darauf nannte er die Vögel, die er als Boten der Götter erwartete, und siehe: Sie kamen dahergeflogen! Numa selbst sah sie, und als erkorener König stieg er von der Schauhöhe herab und trat sein Herrscheramt an.

Die Römer waren durch die vielen Kriege, die Romulus geführt hatte, stark verwildert, und Waffengetöse war ihre liebste

Musik. Um nun ihre Lust zum Kampf unter den Willen der Götter zu stellen und ihren kriegerischen Trotz zu brechen, erbaute Numa einen Janustempel als Merkmal des Friedens und des Krieges. Geöffnet zeigte er an, Rom stehe in Waffen; geschlossen, es habe mit allen umwohnenden Völkern Frieden. Als der Tempel vollendet und feierlich eingeweiht war, verschloss Numa seine Pforte, und das Volk wusste nun, dass Rom fürderhin keine Kriegsgefahr zu befürchten habe.

Nun war der weise König darauf bedacht, die waffenfrohen Bürger an friedliche ländliche Beschäftigung zu gewöhnen; er ließ das ganze römische Gebiet vermessen, teilte es in kleine Bezirke und besiedelte diese mit Ackerbauern. Die Gewerbetreibenden, Kaufleute und Handwerker, vereinigte er in Zünften und ordnete für diese besondere Fest an. Nach dem Lauf des Mondes teilte er das Jahr in zwölf Monate ein. Für die drei höchsten römischen Götter Jupiter, Mars und Quirinus stellte er Eigenpriester an und setzte über alle einen Oberpriester (Pontifex), dem er selbst und nach seinem Beispiel das ganze Volk hohe Ehrerbietung erzeigte. Für den Dienst der Vesta, der Beschützerin des häuslichen Herdes, erlas er besonders tugendhafte Jungfrauen, welche schwören mussten, dreißig Jahre lang das heilige Feuer in dem Tempel der Göttin keusch und züchtig zu warten.

Alles, was der König tat, zeugte von Gottesfurcht und führte die trotzig-rauen Römer allmählich zu milderen Sitten, zur Frömmigkeit und Freude an friedlicher Tätigkeit.

So kam das achte Jahr der Herrschaft Numas heran. Da fiel eine Pest in Italien ein und raffte auch in Rom viele Menschen dahin. Der fromme König flehte die Götter an, sich seines geliebten Volkes zu erbarmen. Sorgenbekümmert wandelte er oft in der Einsamkeit des Waldes umher und kam einmal an eine Grotte, aus welcher eine Quelle hervorsprudelte. Sinnend blickte er in das quirlende, plätschernde Wasser und dachte:

»Welcher Nymphe mag dieser Springquell wohl heilig sein?«
Da donnerte es plötzlich über den Wipfeln droben, und hernieder sank, von Blitzen umflammt, aus den schattigen Kronen ein blanker Schild, der sich zu den Füßen des Königs niederließ. Staunend betrachtete Numa die Wehr und wusste nicht, wie er dies Wunder deuten sollte. Da trat aus der Grotte seine göttliche Freundin, die Nymphe Egeria, und sprach zu dem freudig überraschten Mann: »Dein Gebet ist erhört, Numa Pompilius; zum Zeichen dessen sendet dir einer der hohen Götter, der mächtige Mars, diesen Schild (ancile). Nimm das Waffenstück nach Rom und halte es hoch in Ehren! Denn solange der heilige Schild in der Stadt aufbewahrt wird, hat es keine Gefahr, Rom wird feststehen und wachsen und blühen.«

Der hocherfreute König hob die glänzende Wehr vom Boden auf, kehrte mit ihr in die Stadt zurück und begab sich mit dem kostbaren Göttergeschenk zu dem berühmten alten Waffenschmied Veturius Mamurius. Diesem trug er auf, elf ebensolche Schilde zu machen, aber so genau dem Muster nachgebildet, dass auch das schärfste Auge einen von dem anderen nicht unterscheiden könnte.

Der Meister übernahm die Arbeit und vollbrachte sie zur Zufriedenheit des Königs: Alle zwölf Schilde waren vollkommen gleich, kein Dieb hätte das göttliche Waffenstück herausfinden können.

Der fromme Numa ließ nun die zwölf Schilde in den Tempel der Vesta bringen und sie dort aufhängen. Darauf stiftete er dem Mars zu Ehren die Brüderschaft der Salier, der Tanzpriester, die künftighin in jedem März, mit den heiligen Wehrzeichen gerüstet, vor allem Volk ihre Waffentänze aufführen sollten. Sie waren mit einem gestickten Leibrock bekleidet, auf dem ein eherner Brustschild erglänzte. Vor ihnen her schritt beim Fest des Mars in stolzer Haltung der kunstreiche Waffenschmied Mamurius und spottete der Lanzenstöße und Schwerthiebe, die ihm die Salier versetzten: Die Waffen der Priester waren stumpf, und der kluge Schmiedemeister hatte seinen Leib reichlich mit Büffelleder ausgepolstert, sodass er von den Püffen und Schlägen wenig verspürte. Wie hätten auch ihm, der die Rolle des mächtigen Kriegsgottes spielte, die Waffen sterblicher Menschen etwas anhaben können!

Numa stiftete auch der Fides (= Göttin der Treue) einen Tempel und ein jährliches Fest. Zu diesem Heiligtum mussten die Priester in einem bogenförmig überdeckten zweispännigen Wagen fahren und bei Darbringung des Opfers die Hand bis an die Fingerspitzen eingehüllt haben. Damit sollten sie andeuten, dass man die Treue aufs Beste verwahren solle und selbst in der Rechten sie nicht heilig genug halten könne.

Unter allen Werken dieses guten Königs aber war das das größte, dass er während seiner ganzen Regierung den Frieden zu erhalten wusste.

Der fromme Numa starb, nachdem er dreiundvierzig Jahre regiert und sein Volk beglückt hatte.

TULLUS HOSTILIUS

Das Gegenstück zu diesem friedliebenden König war sein Nachfolger Tullus Hostilius, denn der Sinn dieses Königs war wieder nur auf Kriegsruhm und Ausbreitung der römischen Macht gerichtet. Der Waffenlärm kam in Rom wieder nicht zur Ruhe.

Der größte der vielen Kriege, die er fast ununterbrochen geführt haben soll, war der mit dem benachbarten Alba Longa, das man recht wohl als die Mutterstadt Roms bezeichnen kann. Grenzstreitigkeiten hatten die Veranlassung gegeben, dass Tullus Hostilius sogleich rüstete. Als es aber zum Kampf kommen sollte, wurden die Gegner auf Vorschlag des Albanerfürsten Mettus Fufetius einig, die Streitfragen und damit den ganzen Krieg durch einen Zweikampf entscheiden zu lassen. Das geschah im Altertum häufig, um das viele Blutvergießen zu vermeiden.

König Tullus ging darauf ein, und es wurde festgesetzt: Drei römische Krieger sollten gegen drei albanische kämpfen, und welche von diesen beiden Parteien unterliege, deren Volk solle dem anderen dienstbar sein, die Römer den Albanern oder umgekehrt diese den Römern. Es handelte sich also in Wahrheit um Sein oder Nichtsein eines der beiden Völker.

Die Horatier und Curiatier

Im römischen Heer befanden sich Drillingsbrüder: die drei Horatier, ebenso im albanischen die drei Curiatier. Dieses seltene Vorkommen hielt man für einen Wink der Götter, und so wurden sie als die Kämpfer gewählt, die den Krieg und das Schicksal ihrer Völker entscheiden sollten.

Der dreifache Zweikampf begann. Äußerst erbittert schlugen die Gegner aufeinander los, und die Götter schienen den Römern abhold zu sein, denn zwei der Horatier fielen gleichzeitig, aber auch ihre Gegner bluteten aus tiefen Wunden. Glücklicher war der dritte Römer, Publius Horatius, gewesen. Er hatte dem Gegner ebenfalls tiefe Wunden geschlagen, während er selbst ohne ernste Verwundung geblieben war. Jetzt kamen aber die beiden anderen Albaner ihrem Bruder zu Hilfe und – der Römer ergriff die Flucht, zum Schrecken seiner Landsleute, die nun alles verloren sahen. Die drei Curiatier verfolgten ihn, waren jedoch durch den Blutverlust schon sehr geschwächt, sodass sie sich bald trennten und einer hinter dem anderen lief und die Abstände immer größer wurden. Dies hatte der schlaue Horatier mit seiner Flucht bezweckt. Plötzlich wandte er sich, überraschte den vordersten der Brüder und stach ihn nieder, sprang dann dem zweiten entgegen und dann dem dritten, die zu überwältigen ihm wenig Mühe machte. Ungeheurer Jubel des römischen Heeres empfing ihn, denn er hatte Rom zur Herrin von Alba Longa gemacht und die Albaner zu Untertanen der Römer.

Trotz dieses hohen Verdienstes um das Vaterland hätte Publius Horatius aber doch noch beinahe sein Leben verloren, und zwar auf die schimpflichste Weise. Seine Schwester war nämlich mit einem der gefallenen Curiatier verlobt gewesen, und als ihn die Römer im Triumph zur Stadt führten, kam sie ihm wie eine Rasende entgegengelaufen und überhäufte ihn mit Schmähungen. Da übermannte ihn der Zorn, er riss sein Schwert aus der Scheide und stach sie nieder. Nun erhoben alle Frauen ein großes Geschrei, und auch die Krieger standen entsetzt vor dieser Tat. Die starre Gerechtigkeitsliebe der Alten ließ sie nun über das hohe Verdienst des Jünglings hinwegsehen, sie erblickten in ihm nur noch den Mörder der eigenen Schwester.

Publius wurde vor den König gebracht, und dieser ernannte, da er ihn nicht selbst aburteilen mochte, weil er dem Vaterland einen so außerordentlichen Dienst geleistet, zwei Richter, und diese verurteilten den Jüngling nach dem strengen Gesetz zum Tod wegen öffentlichen Mordes. Publius aber legte Berufung ein, und das Volk sprach ihn frei.

Später benutzten die Albaner allerdings eine Gelegenheit, wo die Römer anderweitig mit einem Krieg beschäftigt waren, und machten den Versuch, die römische Herrschaft wieder abzuschütteln. Aber alsbald schloss Tullus Hostilius dort Frieden und zog mit seiner ganzen Heeresmacht gegen Alba Longa heran. Er besiegte das ihm entgegentretende Heer der Albaner, eroberte die Stadt und zerstörte sie bis auf die Tempel der Götter, die allein verschont wurden. Die Bewohner aber führte er fort in das römische Gebiet, wo ihnen Wohnplätze angewiesen wurden, und das Land der Albaner besetzte er mit Römern. Diese Maßregel ist auch später noch oft angewandt worden, wenn es galt, ein unterjochtes Volk, das sich als ewiger Unruhestifter erwies, zur Ruhe zu zwingen.

Die Albaner waren fortan als eigenes Volk nicht mehr vorhanden, sie verschmolzen, wie vordem der Hauptstamm der Sabiner, vollständig mit dem römischen Volk.

ANCUS MARCIUS

ach dem Tod des Tullus Hostilius wählte das Volk Ancus Marcius zum Nachfolger, einen Mann, der sich sowohl im Rat wie im Krieg mannigfach hervorgetan hatte. Er war ein Enkel des Numa Pompilius, denn seinem Vater Marcius, einem der edelsten Geschlechter des Volkes angehörend, hatte dieser König seine Tochter Pompilia zur Gattin gegeben.

Ancus war zwar nicht ein so kriegerisch gesinnter Herrscher wie sein Vorgänger, da aber die Römer von den umwohnenden kleinen latinischen Stämmen vielfach beunruhigt wurden, musste er häufig gegen sie ziehen und verleibte ihre Gebiete dem römischen ein, oder er verpflanzte die Bewohner nach Rom, wie es Tullus mit den Albanern getan hatte, und ließ ihr Land von Römern besetzen.

Jenseits des Tiber legte er auf dem Berg Janiculum starke Befestigungen an, die eine Schutzmauer gegen die Etrusker bilden sollten. Als den wichtigsten Abschluss seines Werks aber erwarb er das ganze Gebiet zu beiden Seiten des untersten Tiber bis zu dessen Mündung. Hier gründete er Ostia, einen noch heute vorhandenen Ort, von dem das nun schon so volkreiche gewordene Rom die nötigen Vorräte an Salz bezog. Die Seesalzwerke von Ostia sind viele Jahrhunderte hindurch berühmt gewesen.

LUCIUS TARQUINIUS PRISCUS

nter der Regierung des guten Königs Ancus Marcius, eines Enkels des frommen Numa Pompilius, dehnte der römische Staat seine Grenzen bis an das Meer aus. Rom blühte immer mächtiger empor und lockte wagemutige Männer aus den Nachbarstaaten heran, die in der wachsenden Stadt am Tiberstrom Ehre, Reichtum und Macht zu erjagen hofften.

Unter den Zuzüglern war auch ein Mann aus Tarquinii mit Namen Lucumo. Er war reich, klug, ehrgeizig, hatte eine Gattin aus dem vornehmsten Haus der Stadt, die schöne, stolze Tanaquil, wurde aber doch nicht so hoch geachtet wie mancher andere Mann, weil er der Sohn eines Ausländers, eines Griechen, war. Das kränkte seinen Stolz, aber noch mehr als er litt darunter seine Frau Tanaquil, und sie beredete ihren Mann, Tarquinii zu verlassen und nach Rom zu ziehen, denn – so meinte sie – in der jungen, mächtigen Stadt am Tiberstrom frage man niemand nach seiner Herkunft; dort werde der Mann nach seiner Tüchtigkeit, seinem Wert und Reichtum geschätzt, und auch ein Fremder könne dort die höchsten Ehrenstellen erlangen.

Lucumo glaubte an die verheißungsvollen Worte seiner ehrgeizigen Gattin, verkaufte Häuser und Felder in Tarquinii, lud seine Schätze auf einen Wagen und fuhr damit nach Rom. Dicht vor dem Ziel der Fahrt erlebten die Reisenden eine wunderbare Erscheinung. Angesichts der Türme Roms schwebte ein Adler auf breiten Schwingen vom blauen Himmel herab, ergriff mit seinen Krallen Lucumos Hut, flog mit seiner Beute unter lautem Geschrei über dem Wagen hin und her, setzte dem erstaunten Mann den Hut alsbald wieder auf den Kopf und stieg, als habe er nun seinen wichtigen Auftrag erfüllt, still und majestätisch, wie er gekommen, wieder zum Himmel auf.

Lucumo und Tanaquil sahen dem königlichen Vogel nach, bis er in den blendend weißen Sommerwolken droben ihren Blicken entschwand, dann fragte der betroffene Mann schier bestürzt, was der seltsame Vorgang wohl zu bedeuten haben möge.

»Was das bedeutet?«, entgegnete die kluge Tanaquil mit glänzenden Augen. »O, mein Lieber, denkst du nicht daran, dass der Adler Jupiters Vogel ist? Der Vater der Götter und Menschen hat ihn gesandt, dir kundzutun, dass dein Haupt auserkoren sei, mit dem höchsten Ehrendiadem, der Königskrone Roms geschmückt zu werden – glaubst du das, mein Geliebter?«

Lucumo wiegte schweigend sein Haupt, Tanaquil aber umarmte den Zweifelnden und sprach voll gewisser Zuversicht: »Glaube nur, Herr, o glaube mir nur: In dieser Stadt, die vor uns auf den Hügeln so herrlich im Sonnenglanz steht, harrt dein ein großes Schicksal, ein großes Glück!«

Erhoben von diesem Gedanken, fuhren sie in Rom ein. Lucumo nannte sich von nun an Lucius Tarquinius Priscus, kaufte sich ein prächtiges Haus, suchte die Bekanntschaft angesehener römischer Bürger und erwarb sich durch Freigebigkeit, Gastfreundschaft und ein edles Benehmen bald einen guten Leumund. Man sprach in Rom mit jedem Tag mehr von dem reichen, stolzen Tarquinier; bald vernahm auch König Ancus sein Lob, und er ließ ihn zu sich kommen, unterhielt sich lange mit ihm und gewann eine solche Zuneigung zu dem klugen, vornehmen Mann, dass er ihm sein ganzes Vertrauen schenkte und ihn künftig zu allen öffentlichen und geheimen Beratungen hinzuzog. Auch die Liebe der jungen Söhne des Königs wusste Tarquinius sich zu gewinnen, und als dann König Ancus Marcius im vierundzwanzigsten Jahr seiner Regierung schwer erkrankte, berief er seinen Freund Tarquinius Priscus zu seinem Stellvertreter und zum Vormund seiner Kinder.

Der König starb und wurde als ein frommer, gerechter, tapferer Herrscher von seinem ganzen Volk betrauert. Wer sollte dem guten Ancus Marcius auf dem Thron folgen? Seine Söhne waren noch zu jung; ihr Vormund Tarquinius sandte sie aus der Stadt Rom auf die Jagd; dann trieb er die Väter an, den Tag der Königswahl festzusetzen, warb mit Geld und freundlichen Worten um die Gunst des Volkes, und was er und seine stolze Frau erstrebt und gehofft hatten vom Tag ihres Einzugs in Rom bis hierher, das geschah: Lucius Tarquinius Priscus wurde vom römischen Volk einstimmig zum König gewählt.

Da frohlockte die stolze Tanaquil und sprach zu dem neuen Herrscher von Rom: »Denkst du an unseren Einzug in diese Stadt, Lucumo? Nun ist erfüllt, was Jupiters Bote uns damals verhieß: Dein Haupt schmückt die Königskrone! Wohlan, jetzt zeige den Quiriten und jenen stolzen Bürgern in Tarquinii, die dich nicht als ihresgleichen achteten, dass du in der Tat und Wahrheit ein großer König bist!«

»Das will ich!«, rief Tarquinius mit leuchtenden Augen.

Und der König hielt Wort: Klug im Rat, kraftvoll und kühn mit der Tat, im Frieden väterlich milde und fürsorgend, tapfer und heldenmütig im Krieg – so erwies er sich als wahrer Herrscher des tüchtigen, kühn aufstrebenden Römervolkes.

Seinen ersten Krieg führte Tarquinius mit den benachbarten Latinern, eroberte mit Sturm ihre Stadt Apiolä und führte reiche Beute heim nach Rom. Den eroberten Geldschatz verwendete er dazu, neue Volksspiele einzurichten und die alten prächtiger auszugestalten. So legte er eine große Rennbahn an und ließ die Fechter und Pferde für diesen Zirkus aus Etrurien kommen. Alle Jahre wurden von nun an diese Spiele gefeiert und hießen die römischen oder die großen Spiele.

Als der König an dem Aufbau der Stadtmauer beschäftigt war, kam auf einmal die Botschaft nach Rom, dass die Sabiner mit einem großen Heer feindselig gegen die Stadt heranzögen. In Eile rüstete Tarquinius, zog dem Feind entgegen und lieferte ihm in der Nähe des Flusses Anio eine blutige Schlacht. Den Sieg hatte keines der beiden Völker errungen, doch waren die Verluste der Sabiner so groß, dass das Heer sich ins Lager zurückzog und den Angriff nicht erneuerte.

Tarquinius glaubte, zur Besiegung des starken Feindes mangele es ihm an Reiterei, und er beschloss, die Centurien, welche schon Romulus geschaffen hatte, durch einige Reiterfähnlein zu vermehren. Diesem seinem Vorhaben aber widersetzte sich der berühmteste Augur (= Vogelschauer) Roms, Attus Navius. Der Mann erklärte, ohne Genehmigung der Vögel dürfe der König eine so wichtige Neuerung nicht vornehmen. Tarquinius, über den Widerstand des frommen Mannes aufgebracht, spottete seines Eifers und rief: »Wohlan denn, befrage zuerst einmal deine Vögel, ob das ausführbar ist, was ich jetzt denke! Triffst du das Rechte, so will ich an die göttliche Sendung der Vögel glauben.« Attus Navius beobachtete den Vogelflug und brachte alsdann dem König die Antwort: Das, was er sich erdacht habe, sei sehr wohl ausführbar.

»So so«, versetzte Tarquinius und lachte laut auf. »Weißt du, was ich mir gedacht habe, frommer Mann? Ich dachte, du solltest mit diesem Schermesser den Schleifstein hier durchschneiden – vermagst du solches?«

Verblüfft empfing der Priester das Messer, setzte es an den Schleifstein, drückte kräftig, und was geschah? – Der harte Stein wurde durchschnitten, als wäre er ein mürber Kuchen.

Darob erstaunten der König und alle, die bei ihm waren; Attus Navius und seine Amtsgenossen aber stiegen von Stund an so im Ansehen des Volkes, dass ohne Befragung des Vogelfluges fortan keine wichtige Neuerung im Staat ausgeführt wurde. Auch unterließ es Tarquinius nun, neue Reitergeschwader zu errichten, aber die schon bestehenden verstärkte er um das Doppelte, sodass die drei Centurien jetzt aus 1800 Mann bestanden.

Als das geschehen war, griff er die Sabiner von Neuem an, und um die Feinde sicher zu verderben, bediente sich der König folgender List: Am Ufer des Flusses Anio lagen große Haufen gefällten Holzes; diese ließ Tarquinius anzünden und in den Strom werfen. Der Wind fachte das Feuer zu heller Lohe an, das brennende Holz trieb gegen die Brücke und entzündete sie; die Sabiner, vom römischen Fußvolk und Reiterscharen stürmisch bedrängt, ergriffen die Flucht. Da sie aber über die brennende Brücke nicht entfliehen konnten, stürzten sie haufenweise in den Fluss und viele ertranken, die anderen wurden niedergehauen oder gefangen, nur ein kleiner Teil rettete sich durch die Flucht in das Gebirge.

Tarquinius schickte die Gefangenen und die Beute nach Rom, die Waffen der Erschlagenen aber ließ er auf einen Haufen sammeln und verbrennen, wie er in der Schlacht dem Gott Vulkan gelobt hatte; darauf setzte er sich an die Spitze des Heeres, um die fliehenden Feinde zu verfolgen. Im Gebirge stellten sich die Sabiner, weil sie nicht entrinnen konnten, zur Schlacht. Sie wurden besiegt und baten demütig um Frieden. Er wurde ihnen gewährt, doch mussten sie die Stadt Collatio und ein großes Gebiet um diese herum an den Sieger abtreten.

Tarquinius hielt nun mit seinem Heer einen triumphierenden Einzug in Rom; das ganze Volk jauchzte ihm zu, und die Augen der Königin Tanaquil erglänzten in stolzer Freude.

Doch nicht lange war den tapferen Streitern die Ruhe vergönnt: Die unruhigen Latiner erhoben wiederum die Waffen gegen Rom. Tarquinius zog aus zum Kampf wider das benachbarte und verwandte Volk, nahm eine latinische Stadt nach der anderen ein und strafte die Besiegten so hart, dass sie auf lange Zeit an keinen Krieg denken konnten.

Jetzt endlich hatte der König Ruhe vor seinen Feinden und konnte seine ganze Kraft an die guten Werke des Friedens setzen. Die angefangenen Ringmauern um die Stadt wurden vollendet, Kanäle durch die Stadt nach dem Strom gezogen, um die Täler zwischen den Hügeln trockenzulegen, und endlich wurde auf dem Kapitol der Grund zu einem großen Jupitertempel gelegt.

Um diese Zeit wurde im Königspalast eine wundersame Erscheinung beobachtet. Unter der Dienerschar wuchs ein Knabe auf mit Namen Servius Tullius. Er war der Sohn des im Kampf gefallenen Königs von Carniculum und war mit seiner gefangenen Mutter an den Königshof zu Rom gekommen.

Eines Tages lag dieser Knabe in der Vorhalle und schlief. Da auf einmal fing das Haar auf seinem Kopf an zu brennen, ohne dass Feuer es entzündet gehabt hätte. Alle, die das Wunder sahen, erhoben lautes Geschrei. Da kam auch der König mit seiner Gemahlin herzu und beide sahen mit Staunen die hellen Flammen, die jedoch das Haar des Knaben nicht verzehrten. Die kluge Tanaquil merkte sogleich, dass diese Erscheinung etwas Besonderes zu bedeuten haben müsse, und verbot den herzutretenden Dienern, das Feuer zu löschen. Sprachlos starrten die Zuschauer auf die flackernden Flammen, bis sie plötzlich von selbst erloschen. Da erwachte der Knabe aus dem Schlaf und blickte mit verträumten Augen auf die vielen Menschen, die ihn mit Staunen und Schrecken anstarrten. Auch den König und die Königin sah er im Kreis stehen, und er sprang auf und neigte sich grüßend vor ihnen.

Da strich Tanaquil dem schönen Knaben mit der Hand über das völlig unversehrte Haar, hieß ihn aus der Halle gehen und befahl alsdann den Zuschauern, dem Servius nicht zu verraten, was mit ihm geschehen war. Zu ihrem Gemahl aber sprach sie: »Was hältst du von dem Knaben, Tarquinius? Kündet die Stimme in meinem Herzen Wahrheit, so wird dieser Servius Tullius uns einst ein Licht in dunklen Tagen und dem königlichen Haus ein Retter in der Not werden. Darum rate ich, diesen schönen Knaben, den die Himmlischen, wie sie bezeugt, zu großen Diensten auserlesen haben, mit Liebe und Sorgfalt zu erziehen, als wäre er unser eigener Sohn.«

Der König pflichtete seiner Gemahlin bei, und von Stund an wurde Servius Tullius vor allen anderen Knaben am Königshof bevorzugt: Die besten Lehrer unterrichteten ihn in den Wissenschaften und tapfere Helden in allen Waffenübungen. So wuchs Servius unter den Augen seiner königlichen Pflegeeltern in treuer Hut auf und wurde ein so edler junger Mann, dass der König ihm, als dem vornehmsten und tüchtigsten aller römischen Jünglinge, seine Tochter vermählte. Durch sein ritterliches Wesen und seine Herzensgüte gewann Servius Tullius sich auch die Herzen der Väter und des Volkes, und die Römer erblickten in ihm schon ihren künftigen König.

Nun lebten in Rom aber noch die beiden Söhne des verstorbenen Königs Ancus Marcius, deren Vormund einst König Tarquinius gewesen war. Diese waren nun Männer geworden und grollten darüber, dass der Fremdling aus Tarquinii den Thron des Vaters eingenommen hatte. Und nun mussten sie auch noch sehen, wie ein Servius Tullius, der Sohn einer Sklavin, ihnen vorgezogen wurde – sollten sie diese Zurücksetzung noch länger dulden? Wäre es nicht ehrenvoller, als Männer zu handeln und sich ihr gutes Recht mit Gewalt oder List zu verschaffen, als untätig grollend beiseite zu stehen? Die Königssöhne ratschlagten mit ihren Anhängern, und es wurde der schreckliche

Beschluss gefasst, Tarquinius zu ermorden. Den Servius Tullius wollten sie dann schon verdrängen, und von den beiden Söhnen des Königs hatten sie nichts zu fürchten, die waren noch im Knabenalter.

Die Verschwörer erkauften nun durch Gold und große Versprechungen zwei ihrer rohesten und brutalsten Hirten, den Mord zu vollbringen. Eines Tages nahmen die beiden gedungenen Schurken ihre Ackergeräte zur Hand und schlichen sich damit in die Vorhalle des königlichen Palastes ein. Dort erhoben sie ein Gezänk und gingen, scheinbar sinnlos vor Wut, mit erhobenen Äxten zum Kampf aufeinander los. Auf ihr lautes Geschrei stürzten die königlichen Diener herbei und suchten die Streitenden auseinanderzureißen und aus dem Palast hinauszudrängen. Die Schurken aber schrien nur umso lauter und beriefen sich auf den König, dem sie ihre Sache zur Entscheidung vorlegen wollten.

König Tarquinius ließ darauf die Erbitterten in sein Gemach eintreten und befragte sie um die Ursache ihres Streites. Beide aber schrien wild durcheinander, sodass der anwesende Liktor sie mit barschen Worten anfuhr und einen nach dem anderen reden hieß. Nun trug der eine seine Beschwerde vor, und während der König und der Liktor ihm zuhörten, hob der andere heimlich seine Axt empor und versetzte dem König einen furchtbaren Schlag auf den Kopf. Darauf ergriffen die Mörder jählings die Flucht und suchten den Ausgang aus dem Palast zu gewinnen; aber sie wurden von den Beilträgern (Liktoren) verfolgt und in Ketten gelegt.

Das Gerücht von der schrecklichen Tat erscholl im ganzen Palast und pflanzte sich wie der Blitz bis auf die Straße fort. Als nun die Anstifter des Mordes hörten, dass ihre Kreaturen ergriffen worden waren, verließen sie eilig das aufgeregte Rom und flohen in das Volskerland, wo sie vor den Verfolgern sicher zu sein wähnten.

Schrecken und Bestürzung herrschte im Königspalast. Die Verwundung des Tarquinius war tödlich, Tarquinius hatte nur noch wenige Minuten zu leben. Da ließ Tanaquil rasch die Pforten des Palastes schließen, damit nach außen nichts verlauten solle, was drinnen vorging. Darauf ließ sie ihren Schwiegersohn Servius Tullius rufen, führte ihn zu dem sterbenden König, dessen Hand sie erfasste, und sprach zu dem schreckensbleichen jungen Mann: »Servius, du siehst, der edle Tarquinius verhaucht unter der Wunde, die ruchlose Mörderhand geschlagen, sein teures Leben. Du wirst ihn rächen und nicht dulden, dass ich, die Überlebende, unseren Feinden in die Hände falle. Servius, wenn du ein Mann bist, so ist der Herrscherthron Roms dein. Auf! Höre mich und erfülle nun den Wunsch der Götter, die einst zum Zeichen künftiger Größe dein Knabenhaupt in heiliger Flamme erglühen ließen! Jetzt ist deine Stunde gekommen, Servius Tullius! Du weißt, zu welchem hohen Amt du berufen bist; so geh nun hin und handele als ein Mann und ein Herrscher!«

Unterdessen hatte sich vor dem Palast eine große Menge Volks angesammelt, die mit lautem Geschrei zu hören verlangte, wie es um den König stehe. Da trat die entschlossene Tanaquil an eines der Fenster im oberen Stockwerk, gebot mit einem Wink ihrer Hand Ruhe und verkündigte mit klarer Stimme in die Stille hinein: Der König sei zwar schwer verwundet, doch lebe er, und sie hoffe, er werde sich bald erholen und schon in den nächsten Tagen sich seinen geliebten Quiriten zeigen können. Inzwischen solle nach dem Willen des Kranken Servius Tullius die königlichen Geschäfte führen. Das Volk wisse wohl, dass Servius ein edler und gerechter Mann sei, es möge darum allen seinen Befehlen willig Folge leisten.

Die Menge nahm die Ansprache der Königin mit Beifall auf, und als dann Servius Tullius, angetan mit dem königlichen Purpur, aus dem Palast trat, begrüßte sie ihm mit jubelnden Zurufen.

So wurde der hoffnungslose Zustand und dann der Tod des Königs mehrere Tage geheim gehalten, und Servius gewann Zeit, sich in der Macht zu befestigen. Als dann endlich die Trauerbotschaft erfolgte, dass Tarquinius gestorben sei, hatte Servius die Zügel der Regierung schon fest in den Händen, und Väter und Volk gaben ihre Zustimmung zu seiner Thronbesteigung.

SERVIUS TULLIUS

er neue König zeigte sich groß im Krieg und klug, gerecht und edel im Frieden. Er schlug das Volk der Vejenter, das sich feindselig wider Rom erhob, und hielt als siegreicher Feldherr, jetzt unstreitig Roms König, bejubelt von allem Volk seinen Einzug in die Stadt.

Sein größtes Friedenswerk war die Einführung der Schätzung. Er ließ nämlich sämtliche Bürger Roms nach ihrem Vermögen, ihrem Hab und Gut einschätzen und teilte danach Rechte und Pflichten einem jeden zu. 80 000 waffenfähige Bürger wurden in Rom gezählt. Diese teilte der König in fünf Klassen ein. In die erste Klasse gehörten die Vornehmen und Reichen; diese mussten die höchsten Steuern zahlen, durften sich im Krieg aber auch mit Helm, Rundschild, Brustharnisch, Beinschienen, Lanze und Schwert, alles aus Erz, ausrüsten.

Die zweite Klasse, schon weniger vermögend, trug keinen Brustharnisch und anstatt des Rundschildes einen Langschild.

Die Krieger der dritten Klasse rüsteten sich wie die der zweiten, doch trugen sie keine Beinschienen.

Die vierte Klasse kämpfte mit Lanze und Wurfspieß, die fünfte mit Schleuder und Schleudersteinen. Alles übrige, besitzlose

Volk gehörte in die unterste Klasse und hatte kein Recht auf die Ehre, am Kriegsdienst teilzunehmen.

Nach vollendeter Schätzung berief der König Bürger, Ritter und Fußvolk nach dem Marsfeld. Dort opferte er zur Sühne für das ganze aufgestellte Heer ein Schwein, ein Schaf und einen Stier. Dies Opfer beschloss die Schätzung des Volkes und wurde deshalb der Schätzungsschluss genannt.

Für eine so große Volksmenge, die sich noch mit jedem Jahr vermehrte, wurde die Stadt bald zu klein; da zog der König noch zwei Hügel mit hinein und übergab sie der Bebauung. Auch um diesen neuen Stadtteil ließ er Wall, Graben und Mauer ziehen, um ihn vor feindlichen Angriffen zu schützen. So wirkte König Servius Tullius unermüdlich für seines Volkes Wohlfahrt und Roms Größe.

Inzwischen waren die beiden Söhne des Tarquinius und der Königin Tanaquil, Lucius und Aruns Tarquinius, zu Männern herangewachsen. Da gab ihnen Servius seine Töchter zu Gemahlinnen, damit sie sich nicht gegen seine Herrschaft auflehnen und nach seiner Krone trachten sollten.

Der sanfte Aruns starb bald nach seiner Vermählung. Sein Bruder Lucius war hochfahrenden Sinnes und trug in seinem Herzen schon lange das heiße Begehren nach der Herrscherkrone. Nicht minder stolz und ehrgeizig war seine Gattin Tullia; unausgesetzt stachelte sie ihren Mann an, im Volk Unfrieden und Hass wider den König, ihren Vater, zu säen. Servius habe, wie sie sagte, gar kein Recht, die römische Königskrone zu tragen, weil er der Sohn einer Unfreien, einer Sklavin sei. Die Herrschaft Roms gebühre keinem anderen als ihrem Gatten Lucius Tarquinius, denn er sei der einzige Sohn und Erbe des großen Lucius Tarquinius Priscus.

So schürte Tullia die Flamme des Aufruhrs im Herzen ihres hoffärtigen Gatten, und wenn er einmal in seinem hochverräterischen Treiben nachließ, so rief sie ihm aufrüttelnd zu: »Was zauderst du, worauf wartest du noch, Lucius Tarquinius? Wer einen Edelhirsch erbeuten will, der muss sich die Mühe der Jagd nicht verdrießen lassen. Und hier steht Größeres auf dem Spiel, hier handelt sich's um eine Königskrone. Auf, ermanne dich und erobere dir dein Erbteil, das ein anderer dir so lange vorenthalten hat!«

Durch solche Worte unablässig angestachelt, ging Lucius in Rom umher, schmeichelte den Vätern (= Senatoren) und suchte die Herzen des Volkes durch Geschenke und Verheißungen für sich zu gewinnen. Endlich glaubte er mächtig genug zu sein, seinen verbrecherischen Plan ausführen zu können. Eines Tages sammelte er seine Getreuen um sich, begab sich mit ihnen auf den Markt, setzte sich dort auf den königlichen Stuhl und sandte seine Herolde aus, die Senatoren zu sich zu entbieten. In Bestürzung und Furcht kamen die Gerufenen, und als sie vor dem Rathaus den Lucius Tarquinius auf dem Richterstuhl des Königs sitzen sahen, glaubten sie nicht anders, als um den guten Servius Tullius sei es schon geschehen, er sei gestorben oder ermordet.

Tarquinius wandte sich mit großen Worten an die Senatoren und an das versammelte Volk (= SPQR, senatus populusque romanus), sprach von seinem guten Recht auf den Thron und von seiner rechtschaffenen Absicht, das römische Volk glücklich zu machen, setzte den edlen König Servius Tullius mit schmähenden Worten herab und fragte die Quiriten, ob sie es noch länger dulden wollten, von dem Sohn einer Sklavin beherrscht zu werden?

Als er noch redete, erschien der so heftig geschmähte König auf dem Markt. »Lucius Tarquinius«, rief er empört, »was soll dies Spiel bedeuten? Wie darfst du dich erkühnen, schon bei meinen Lebzeiten die Väter zu berufen und dich auf meinen Stuhl zu setzen?« Trotzig erwiderte der Empörer: »Ich habe mir nur mein Recht genommen, das du mir entrissen hattest! Dieser

Stuhl ist mein ererbter Sitz; denn mir, dem Königssohn, gebührt die Herrschaft in Rom, nicht aber dir, dem Sohn einer
Sklavin!«

Nach diesen Worten stand er auf und schritt, begleitet von seinen zahlreichen Anhängern, unter dem Geschrei des Volkes die
Stufen zum Rathaus empor. Servius Tullius folgte ihm; denn
jetzt galt es einen Kampf um das höchste Kleinod: die Krone
Roms.

Als Tarquinius seinen Schwiegervater dicht hinter sich auf der
Treppe erblickte, wandte er sich blitzschnell um, umfasste den
älteren und schwächeren Mann und warf ihn mit großer Kraft
die Stufen hinab. Tausendstimmiger Schreckensschrei erscholl,
der grausame Übeltäter aber schüttelte nur drohend die Faust
nach seinem Opfer hin und schritt alsdann mit seinen Getreu-
en ins Rathaus.

König Servius Tullius war schwer verletzt durch den jähen
Fall; mit Mühe erhob er sich und wollte sich nach seinem
Haus begeben; als er aber an das Ende der Zyprischen Gasse
gekommen war, überfielen ihn bewaffnete Schergen des Em-
pörers, schlugen ihn nieder und ließen den Toten in seinem
Blut liegen.

Kaum war das Entsetzliche geschehen, da kam die böse Tullia,
die Haupturheberin der Empörung, in ihrem Prachtwagen auf
den Markt gefahren, ließ ihren Mann aus dem Rathaus rufen
und begrüßte ihn mit den jauchzenden Worten: »Heil dem König Lucius Tarquinius!« Der also Gefeierte neigte dankend das
Haupt und lächelte geschmeichelt, aber dann befahl er seiner
unerschrockenen Frau, sich aus dem Gedränge zu begeben und
nach Hause zu fahren.

Tullia gehorchte und fuhr auf demselben Weg zurück, den vor
kurzer Zeit ihr verwundeter Vater gegangen war. Am Ende der
Zyprischen Gasse, dort, wo es rechterhand auf die Urbische
Höhe hinaufgeht, stutzte plötzlich der Rosselenker, riss die hin-

Tullia überfährt die Leiche ihres Vaters Servius Tullius.

stürmenden Pferde zurück und zitterte vor Schreck und Graus.
»Was hast du?«, fragte seine Herrin barsch.
»Dort, dort!«, stotterte der bebende Mann und deutete mit der
Peitsche auf den Leichnam des Königs.
Auch Tullia sah nun ihren Vater in seinem Blut liegen, aber das
verkommene Weib erbebte nicht vor Jammer und Weh, es riss
dem schreckensbleichen Knecht die Zügel aus den Händen,
peitschte die bäumenden Rosse und jagte über den Toten hin-
weg, sodass das königliche Blut, von den Rädern emporgewir-
belt, das weiße Gewand der grausigen Römerin bespritzte.
Alle, die solches sahen und hörten, entsetzten sich, und die Gasse, wo die unerhörte Gräueltat geschehen war, hieß fortan die
Frevelgasse.

LUCIUS TARQUINIUS SUPERBUS

In der gleichen gewaltsamen Weise, in der Tarquinius den Thron an sich gerissen hatte, regierte er auch. Er hielt es nicht einmal der Mühe wert, seine Würde durch das Volk oder den Senat bestätigen zu lassen. Nicht wie ein König übte er sein Amt aus, sondern wie ein Tyrann mit all den Schrecknissen und Gräueln, die eine solche Willkürherrschaft stets mit sich bringt. Ist die Bahn einmal mit Blut beschritten, so ist Blut das einzige Mittel, sich auf ihr zu halten.

Tarquinius hob nicht nur alle von Servius Tullius verliehenen Rechte auf, er schonte auch nicht Leib und Leben von solchen, die ihm verdächtig waren oder auch nur wagten, den ermordeten Herrscher zu beklagen. Dessen kluge Steuerschätzung wurde abgeschafft und die alte Kopfsteuer wieder eingeführt. Um zu vermeiden, dass sich Hass und Erbitterung zusammentaten, wurde jede Versammlung, selbst bei Opferfesten, verboten. Aufs Neue wurden die Plebejer wie Sklaven behandelt. In Waffen mussten sie Frondienste leisten bei den gewaltigen Bauwerken, die der König ausführen ließ. Aber auch die Patrizier sollten zittern, denn wer bei König Tarquinius missliebig war, fiel seinen Schergen zum Opfer. Ein Gericht berief der König nicht mehr; er selbst sprach Urteile, wie es ihm gerade passte. Nicht von Gerechtigkeit ließ er sich leiten, nur von den Begierden der Habsucht und Gewalt. Er riss die Vermögen der Verurteilten an sich, ließ im Senat jeden hinmorden, von dem er einen Widerspruch befürchtete, oder jagte ihn unbarmherzig in die Verbannung; er schaltete und waltete skrupellos, wie es ihm beliebte. Angst und Schrecken hielt das Volk in Bann, die grausame Leibgarde, die dem König auf Tod und Leben ergeben war, ließ keine Auflehnung entstehen oder unterdrückte sie blutig schon im Keim. Ein solches Regiment hatte Rom noch nicht gesehen. Über Strömen von Blut rang das Elend die Hände, und jeder Freiheitswunsch wurde mit schweren Ketten bestraft.

Wie in Rom selbst, ging Tarquinius auch mit aller Willkür und Gewalt gegen die Nachbarvölker vor. Besonders die Städte des latinischen Bundes sollten die Hinterlist und die Faust dieses Fürsten zu fühlen bekommen. Seine Strenge war unerbittlich, er ordnete Hinrichtungen an, machte schlaue Versprechen, ohne sie je zu halten; doch muss man zugestehen, dass die Erfolge auf seiner Seite waren und Rom zugutekamen. Der Ruhm und Glanz der Stadt wuchs unter ihm beträchtlich, niemals war Rom so mächtig gewesen.

Eine Bundesstadt allein widersetzte sich den Zumutungen des Herrschers: das starke, stolze Gabii. Tarquinius griff die Stadt mehrfach an, aber ohne jeden Erfolg; es war offensichtlich, dass Gabii mit Gewalt nicht einzunehmen war. Der König kochte in ohnmächtigem Zorn, aber er verbarg ihn, ließ von der Stadt ab und sann in Rom auf Rache. Schließlich glaubte er ein Mittel gefunden zu haben, Gabii in seine Hand zu bekommen, so unedel, ja gemein es auch war. Er bewog seinen jüngsten Sohn Sextus, der alle schlimmen Eigenschaften des Vaters geerbt hatte, mit blutigen Striemen nach Gabii zu fliehen und dort vorzutäuschen, der Vater habe ihn misshandelt und trachte ihm nach dem Leben. Sextus sollte sich so allmählich das Vertrauen der Bewohner von Gabii erschleichen und vortäuschen, er sei selbst gegen Rom oder vielmehr gegen Tarquinius von erbitterter Rache erfüllt. Tarquinius rechnete damit, dass sein Sohn auf diese Weise Befehlshaber über größere Heeresmassen in Gabii werden würde und ihm dann in einem günstigen Augenblick verräterisch die Stadt in die Hand spielen könne.

Und wirklich gelang dieser ehrlose Plan. Jammernd erschien Sextus als Flüchtling in der Ratsversammlung von Gabii und bat um Schutz vor seinem Vater. Er gab an, Tarquinius habe seine bösen Pläne gegen die Stadt durchaus nicht endgültig aufgegeben und werde plötzlich mit Heeresmacht vor den Mauern erscheinen. Als Dank für das erbetene Gastrecht wollte der heimatlose Königssohn gern selbst gegen den Tyrannen kämpfen. Das beschwor Sextus unter Anruf der Götter und flehte so lange, bis die Gabier ihn voll Mitleid aufnahmen. Es war ja durchaus glaublich, dass ein Herrscher, der so ungescheut die nächsten Verwandten hinmordete und von einer Hinrichtung zur anderen schritt, auch den eigenen Sohn nicht verschonte. Von einem Mann, dessen Grausamkeit keine Grenzen kannte und der jedes Recht mit Füßen trat, ließ sich dergleichen schon erwarten.

Sextus erhielt vertrauensvoll überall Einlass und wurde bald wie ein Bürger von Gabii betrachtet, der gesonnen wäre, die Stadt bis auf den letzten Blutstropfen zu verteidigen. Man zog ihn zu allen Ratsversammlungen zu, in denen er stets den Krieg gegen die Tiberstadt vorschlug; auch versicherte er, dass nach seinem Einblick in die beiderseitigen Heeresverhältnisse der Sieg Gabiis sicher sei. Sextus trat so kühn auf, dass man ihn an die Spitze einiger Kriegerscharen setzte. Mit diesen fiel er in das römische Gebiet ein und blieb, wie er es tückisch mit seinem Vater verabredet hatte, in allen Kämpfen Sieger, um jeden etwaigen Verdacht der Gabier zu ersticken. Er brachte stets reiche Beute mit, zeigte sich selbst tapfer und heldenhaft und wurde alsbald vom Volk umjubelt. Nun wurde es ihm nicht mehr schwer, allmählich den Oberbefehl über die gesamten Streitkräfte in die Hand zu bekommen. Der ersehnte Augenblick kam heran, und Sextus sandte heimlich einen treuen Boten nach Rom mit der willkommenen Nachricht und der Frage, was zu tun sei, um den Verrat glücklich durchzuführen.

Misstrauisch, wie Tarquinius war, wollte er sich, so sehr sein Herz über die Kunde frohlockte, dem Boten nicht anvertrauen, da eine Falle immer möglich war. Andererseits aber war eine Antwort an Sextus nötig. So hörte der König schweigend den Abgesandten in seinem Garten an, blieb weiter stumm und ging wie in Gedanken versunken auf und ab, während er gleichzeitig mit seinem Stab den höchstgewachsenen Mohnblumen die Köpfe abschlug. Der Bote wartete weiter auf Bescheid, der König aber sprach kein Wort und fuhr in seinem merkwürdigen Tun fort; auch eine neue bescheidene Frage ließ er unbeantwortet. Da blieb dem Boten schließlich nichts anderes übrig, als sich erstaunt zurückzuziehen und seinem Herrn in Gabii den unerklärlichen Vorgang zu melden. Anfangs war auch Sextus erstaunt, aber wohlvertraut mit den Gedankengängen seines Vaters erkannte er plötzlich den Sinn dieser wortlosen Antwort: Er sollte die Häupter der Stadt beseitigen, um freie Bahn für das abgekartete Spiel zu schaffen.

Auch zu dieser Schurkentat war der dem Vater gleichwertige Sohn der rechte Mann. Er verstand es, die obersten Bürger von Gabii durch Verleumdung zu verdächtigen und falsche Anklagen gegen sie zu erheben, denen sie zum Opfer fielen, und wo er diesen Zweck nicht erreichte, musste Meuchelmord nachhelfen. So schaffte er die Vornehmen, die ihm hinderlich werden konnten, durch Hinrichtung oder Verbannung aus dem Weg und genoss dabei noch den Beifall des jubelnden Pöbels, an den er die Güter und Äcker der Beseitigten verteilte.

Nunmehr war es Sextus ein Leichtes, dem plötzlich heranrückenden König die Stadt verräterisch in die Hände zu spielen. Ohne Schwertstreich wurde sie eingenommen, und jetzt erst erkannten die Bewohner mit tödlichem Entsetzen, welch teuflischer Tücke sie zum Opfer gefallen. Der Tyrann wütete rachgierig unter ihnen, raubte, was er rauben konnte, und ließ dann seinen Sohn als strengen Statthalter über die verzweifelten Gabier zurück. So sehr sie Sextus nun verabscheu-

Römische Ritter vor dem Tempel des Jupiter Capitolinus.

ten und ihm fluchten, vermochten sie zunächst doch nicht, ihm etwas anzuhaben, bis auch für ihn die Stunde der Vergeltung schlug.

Mit der Beute, die Tarquinius in Gabii und in langwierigen Kriegen mit den streitbaren Volskern in deren reichster Stadt Suessa Pometia gemacht hatte, führte er nun in Rom die prächtigsten und auch nützliche Bauten auf. Das Rund des großen Zirkus wurde mit langen steinernen Sitzreihen umgeben und das der Entwässerung dienende unterirdische Kanalsystem durch den Bau der Cloaca maxima, deren Quadergewölbe wir heute noch sehen, zentral zusammengefasst. Namentlich aber wurde der herrliche Jupitertempel auf dem Kapitol vollendet, den einst Tarquinius Priscus dem Gott gelobt und auf dem tarpejischen Felsen zu erbauen begonnen hatte.

Ein tönernes Viergespann sollte das Gebäude schmücken und wurde in Veji bei kundigen Meistern bestellt. Als es aber dort im Brennofen gehärtet werden sollte, zog es sich nicht zusammen, sondern dehnte sich riesenhaft aus und sprengte den ganzen Ofen. Die herbeigerufenen Seher weissagten, dass Glück und Herrschaft mit dem Besitz dieses Viergespanns verknüpft bleiben werde, worauf die Vejenter natürlich die Ablieferung des Kunstwerks an Rom verweigerten. Gleich darauf fand ein Wettrennen in Veji statt. Wohl siegte ein Vejenter, aber plötzlich raste sein Gespann davon und hielt nicht eher inne, als bis es Rom und das Kapitol erreicht hatte. Da erkannten die Vejenter, dass der Himmel selbst deutlich die Überführung des tönernen Viergespanns nach Rom verlange, und ließen es nun zur Zierde des Jupitertempels auf das Kapitol schaffen.

Höchst folgenschwer für Roms ganze Entwicklung wurde ein anderes Ereignis: das Erscheinen der Sibylle in Rom. Die Sibyllinischen Bücher, wie man die Gabe dieser rätselhaften Greisin nannte, wurden als einer der kostbarsten Staatsschätze aufgehoben und in einen steinernen Behälter im kapitolinischen Tempel niedergelegt. Sie galten als Staatsorakel, das stets in der Hut zweier besonders dafür ernannter Priester lag und nur von ihnen in allen gefährlichen Staatslagen befragt werden durfte. Wie das vor sich ging, wissen wir heute nicht mehr, aber der heilige Brauch hat in vielen schwierigen Fällen den rechten Weg gewiesen und wurde bis zum Ende des Reiches beibehalten.

Wenn auch diese eigenartigen Ereignisse nicht gerade schreckhaft waren, vielmehr die Huld des Himmels Rom gegenüber zu verraten schienen, so traten doch bald andere Zeichen ein, die offensichtlich auf Schlimmes hindeuteten und selbst das verstockte Herz des Königs allmählich beunruhigten: Einmal zerstörten Geier einen Adlerhorst, ein andermal wurde das Opferfleisch von einer großen Schlange verzehrt, die plötzlich, während der König opferte, aus dem Altar schoss. Dann wieder erschienen dem König böse Träume, die auf schwere Erschütterungen hinwiesen, ja selbst die Sonne sah der Fürst im Schlaf ihre Bahn umkehren. Schließlich brach eine Pest in Rom aus; sie befiel meist die Säuglinge und junge Mütter, die dann ringsum tot auf den Straßen liegen blieben.

Es war augenscheinlich, dass die Götter erzürnt waren und eine Sühne verlangten. Zum ersten Mal im Leben war der König beunruhigt und sann auf Abhilfe. Da er selbst keine fand, kam er auf den Gedanken, das berühmte Orakel von Delphi in Griechenland zu befragen, dessen Verehrung seit einiger Zeit auch in Rom Platz gegriffen hatte. Da es aber vielleicht nicht gut war, dass die Antwort des Gottes von einem Fremden gehört wurde, wählte Tarquinius als Boten seine beiden Söhne Titus und Arruns und gesellte ihnen seinen Schwestersohn Lucius Junius Brutus zu.

Brutus, was so viel wie ›der Blöde‹ bedeutet, war der Beiname dieses jungen Mannes, der von Tarquinius' Schwester Tarquinia und einem edlen Römer abstammte. Er spielte eine seltsame Rolle am Hof und galt als völliger Dummkopf, mit dem man sich jeden schlechten Spaß erlauben konnte. Niemand ahnte, dass das eine Maske war, hinter der sich wegen der gefährlichen Verhältnisse am Königshof ein feuriger, kluger Geist verbarg, um seine Pläne desto sicherer durchführen zu können. Lucius Junius sah mit Empörung all die Gräuel, die sein Oheim, der König, verübte; er wusste gut, dass seine eigenen Brüder, wie so viele Edle, dem Wüten des Tyrannen zum Opfer gefallen waren. Glühender Hass gegen diese Geißel Roms, den Vergewaltiger der Freiheit, lohte im Herzen des Jünglings, der hinter erheucheltem Stumpfsinn die Schärfe seiner Beobachtung verbarg, mit der er nach einer günstigen Gelegenheit spähte, um dem schrecklichen Zustand seiner Vaterstadt ein Ende zu machen.

Die Söhne des Tarquinius hatten sich diesen Reisebegleiter gewählt, weil er als Familienmitglied ungefährlich schien, und um jemanden zu haben, an dem sie ihren Übermut auslassen konnte.

In Delphi angekommen, überreichten die zwei Prinzen dem Gott kostbare Geschenke, Brutus aber nur einen hölzernen Stab. Innen jedoch war dieser mit Gold gefüllt und stellte so symbolisch sein eigenes Wesen dar. Nach Vollführung ihres Auftrags gelüstete es die Jünglinge, den Gott zu befragen, wem von ihnen das Schicksal die spätere Herrschaft in Rom schenken werde. Rätselhaft, wie die Weissagungen der Priesterin Apollos zu sein pflegten, klang der Spruch: »Wer von euch zuerst die Mutter küssen wird.« Da beschlossen die beiden Tarquinier, ihrem daheimgebliebenen Bruder Sextus, dem Tyrannen von Gabii, nichts von diesem Spruch zu verraten, um die Anwartschaft auf das Erbe Roms nicht noch mit einem Dritten zu teilen. Der anscheinend so blöde Brutus hatte aber sofort den tieferen Sinn des Orakels erfasst. Beim Verlassen des Tempels tat er so, als ob er stolperte und hinfiel, dabei aber küsste er die Erde, die gemeinsame Mutter aller Menschen, während die nichts merkenden Vettern ihn höhnisch ob seines Falls verlachten.

Als die Abgesandten heimkehrten, fanden sie die Stadt voller Bewegung und im Augenblick nicht bereit, feierliche Orakelbefehle auszuführen. Tarquinius hatte der reichen Rutulerstadt Ardea den Krieg erklärt, um ihre Schätze zu gewinnen, da er gemeint hatte, die Feste rasch im Sturm nehmen zu können. Aber er wurde blutig abgewiesen und schritt nun zur Belagerung, die sich sehr in die Länge zog und nie zum Ziel führen sollte, da ein neues Verbrechen den Untergang des Königshauses beschleunigte.

Einst saßen die drei Königssöhne in ihren Zelten mit ihrem Vetter Collatinus, dem Statthalter von Collatia, zusammen, der mit der schönen, sittsamen Lucretia vermählt war. Auch die Königssöhne waren verheiratet, und jeder pries nun seine Frau als die vortrefflichste. Da sie sich nicht einigen konnten, beschlossen die vier, sich durch den Augenschein zu überzeugen. Auf wilden Rossen jagten sie durch die Nacht, bis sie in Rom die königlichen Schwiegertöchter prassend bei üppiger Mahlzeit, bald darauf aber in Collatia Lucretia noch gegen Mitternacht emsig spinnend im Kreis ihrer Mägde fanden. Collatinus hatte gesiegt, aber die Folgen sollten furchtbar sein. Der schurkische Sextus Tarquinius, der Tyrann von Gabii, hatte bei dieser Gelegenheit eine sündige Neigung zu der sanften, schönen Gemahlin des Collatinus erfasst. Wenige Tage später ritt er daher wieder, diesmal allein, nach Collatia, drang bei Nacht bei seiner Base ein und suchte Lucretia seinen wilden Wünschen gefügig zu machen und zur Treulosigkeit gegen ihren Gatten zu bewegen. An dem tapferen Herzen der edlen Frau prallte aber alle Versuchung ab, bis der Ruchlose sein Schwert zog, ihr mit den schlimmsten Verleumdungen drohte, sie überwältigte und ihr Gewalt antat.

Kaum war der Schänder der Hausehre wieder von dannen geritten, als Lucretia ihren heißgeliebten Gemahl und ihren Vater rufen ließ. Nachdem sie den empörten Männern das verbrecherische Tun des Königssohnes erzählt, stieß sie sich den Dolch ins Herz und lag nun in rührender Schönheit als ein Opfer tarquinischer Lüste entseelt vor den erschütterten Männern.

Auch Brutus war hinzugeeilt und warf in diesem entsetzlichen Augenblick die Maske des Blödlings ab. Er zog den Dolch aus der Brust der hingeopferten edlen Frau, hielt ihn gen Himmel und schwor dem Tyrannen mit seinem ganzen entmenschten Haus Rache und Vernichtung. Alle Anwesenden schlossen sich dem Schwur an, und man trug Lucretias Leiche auf den Marktplatz von Collatia. Weinend und voll Empörung hörten die Bürger, was sich begeben. Brutus sammelte die wehrfähige Mannschaft um sich, zog mit ihr nach Rom und berief dort in Abwesenheit des Königs, der mit dem Heer noch vor Ardea lag, eine Volksversammlung. Vor diese trat er mit flammenden Worten. Aus dem vermeintlichen Dummkopf war plötzlich ein hinreißender Redner geworden, der den langgehegten Groll der Römer zu wildem Hass gegen das tyrannische Königshaus entfachte. Nun gab es kein Halten mehr. Der Aufruhr pflanzte sich fort wie ein brausender Sturm; zu lange schon hatten die geknechteten Römer gelitten; einzig der Durst nach Rache und die Sehnsucht nach Freiheit beseelte sie jetzt. Jubelnd begrüßte man Brutus als Befreier von den Ketten; die Absetzung des Königs und die Verbannung seines ganzen Hauses wurde verkündet.

Der Lärm des Volksgetümmels war schließlich bis zu der ruchlosen Tullia gedrungen, die sich einst an der Leiche ihres Vaters so freventlich vergangen. Sie floh vor der Rache des Volkes, verfolgt von Verwünschungen, mit ihren Schätzen nach dem Lager vor Ardea, um den König um Hilfe zu rufen. Kochend vor Ingrimm raste dieser mit seinem Gefolge hoch zu Ross nach Rom, aber er fand die Tore verschlossen, die Mauern voll Bewaffneter und sah sich von seinem Volk verstoßen. So eilte er schleunigst nach Ardea zurück, um mit dem dortigen Heer gegen die aufrührerische Stadt zu ziehen. Aber Brutus war ihm dort zuvorgekommen, hatte den Kriegern alle Vorgänge in Collatia und Rom berichtet und auch hier durch die hinreißende Kraft seiner Worte den Tyrannenhass zu heller Empörung angestachelt.

Mit wutverzerrtem Antlitz musste Tarquinius das Lager meiden, um sich den drohenden gezückten Waffen zu entziehen. Nur von seinen ruchlosen Söhnen begleitet, jagte er auf schäumendem Ross davon in die Fremde, von den Flüchen seiner Untertanen und Soldaten gefolgt.

Damit hatte die Königsherrschaft in Rom für immer ein Ende gefunden. Tarquinius wandte sich mit seinen beiden ältesten Söhnen ins Etruskerland, während Sextus in seiner Verblendung in Gabii Aufnahme zu finden hoffte. Man ließ ihn dort zwar ein, aber nur, um blutige Rache an ihm zu nehmen und ihm das schuldbeladene Haupt vor die Füße zu legen.

DIE SIBYLLINISCHEN BÜCHER

Die sibyllinischen Bücher sind eine Sammlung von Orakelsprüchen in der Versform griechischer Hexameter. Der Sage nach soll der letzte König Roms, Tarquinius Superbus, diese Sprüche der Wahrsagerin Sibylle abgekauft haben. Die Originalbücher gingen im Jahr 83 v. Chr. beim Brand des Jupitertempels auf dem Kapitol verloren, wurden aber wenig später vom Senat durch eine neue Sammlung ähnlicher Sprüche ersetzt. Endgültig verloren waren sie, als der Heermeister Flavius Stilicho sie 405 n. Chr. verbrannte.

 Als der König Tarquinius Superbus in Rom noch in seiner Machtfülle die Herrschaft innehatte, war zu ihm ein altes Weib gekommen, die Sibylle von Cumae, die durch ihre Weissagung eine weite Berühmtheit erlangt hatte. Sie bot ihm neun Rollen (Bücher) zum Kauf an, in denen ihre Weissagungen der Geschicke Roms niedergeschrieben waren, forderte dafür jedoch einen so hohen Preis, dass Tarquinius auf den Ankauf verzichtete.
Die Alte ging, kam aber nach einiger Zeit mit demselben Anliegen wieder. Jetzt hatte sie nur noch sechs Rollen, drei hatte sie vernichtet, und forderte für diese sechs denselben hohen

Preis wie damals für neun Rollen. Abermals abgewiesen, erschien sie nach einiger Zeit zum dritten Mal, hatte wiederum drei Rollen verbrannt und bot nun diese letzten drei zum Kauf an. Sie forderte für diese drei Rollen jedoch wieder denselben hohen Preis, und nun begriff der König, wie wichtig diese Weissagungen für Rom sein und in schwierigen Fällen für alle Zukunft werden könnten. Er ließ der Sibylle also den geforderten hohen Preis auszahlen, für den er vordem alle neun hätte haben können.

Diese sibyllinischen Bücher wurden nun als Heiligtum in dem kapitolinischen Tempel aufbewahrt und unter Aufsicht einer eigenen Priesterbehörde gestellt. In besonders schwierigen Fällen, wo alle übrigen Götterzeichen versagten, nahm man seine Zuflucht zu diesen Weissagungen der Sibylle von Cumae, um darin einen Fingerzeig zu finden, wie dem Übel abgeholfen werden könne, und da hatten sie sich in der Tat schon mehr als einmal auch wirklich bewährt.

DIE RÖMISCHE
REPUBLIK

BRUTUS, ERSTER
RÖMISCHER
KONSUL

 Das römische Volk wählte nun Brutus, seinen Befreier vom Tyrannenjoch, zum ersten Konsul, und alle, die mit dem Haus des Tarquinius blutsverwandt waren, wurden aus dem Land verwiesen. Das war eine harte Maßregel, und es gab, besonders unter den vornehmen römischen Jünglingen, viele, die die Verbannung der königlichen Familie beklagten, hatten sie doch mit den leichtsinnigen Söhnen des Tarquinius ein lustiges, ausschweifendes Leben führen dürfen, während jetzt, unter den scharfen Augen des Konsuls Brutus, niemand es wagen durfte, wider die Gesetze zu freveln. Diese Unzufriedenen hegten den schlimmen Wunsch, der vertriebene König möchte mit Heeresmacht heranziehen, den Brutus stürzen und sich wieder auf den Thron setzen.

Und fast schien es so, als sollte der heimliche Wunsch der Königsfreunde erfüllt werden. Eines Tages erschienen Gesandte des Tarquinius in Rom und forderten im Namen ihres Herrn die Herausgabe aller Güter und Schätze, die der König bei seiner Flucht in der Stadt hatte zurücklassen müssen.

Was war am besten zu tun: Sollte man dem Tyrannen sein Geld und Gut ausliefern oder nicht? Ein Teil der Senatoren stimmte dafür, andere aber sprachen heftig dagegen und meinten: Gäbe man dem König seine reichen Schätze wieder, so würde er in Etrurien Kriegsvölker anwerben, nach Rom kommen und mit Gewalt den verlorenen Thron wiederzuerobern suchen. Die Väter konnten lange zu keinem Beschluss kommen, und so zogen sich die Beratungen mehrere Tage hin.

Und was taten in dieser Zeit die Gesandten des Königs? Sie schlichen wie Füchse in der Stadt umher, besuchten die heimlichen Freunde ihres Herrn, insbesondere viele vornehme, reiche Jünglinge, und ratschlagten in der Stille mit ihnen, wie man den Konsuln die Herrschaft entreißen und Tarquinius wieder auf den Königsthron erheben könnte. Zu den Hochverrätern gehörten auch die beiden Schwager des Konsuls Brutus, die Brüder Vitellius und Aquilius, ja, diese beiden ehr- und pflichtvergessenen Männer fanden sogar den traurigen Mut, die beiden Söhne ihres Schwagers, Titus und Tiberius, in die Verschwörung hineinzuziehen.

Im Senat gelangte endlich der Beschluss zum Sieg, die königlichen Güter herauszugeben. Nun brauchten die Gesandten Zeit, um die Äcker, Gärten und Häuser ihres Herrn zum Verkauf anzubieten und Fuhrwerke zu dingen, womit sie die bewegliche Habe fortschaffen könnten. Aber nur in den Tagesstunden betrieben sie diese Geschäfte, sobald es dunkel wurde, versammelten sie die Verschworenen um sich zu heimlichen Beratungen. So geschah es auch in der Nacht vor ihrer festgesetzten Abreise. Im Haus des Vitellius wurde das Abschiedsmahl gehalten, und alle Getreuen hatten sich dazu eingefunden, auch Titus und Tiberius, des Konsuls Söhne. Da wurde nun zum letzten Mal der verräterische Plan ausführlich beraten und festgesetzt, wie man dem König die Stadttore öffnen und ihm den Weg zum Thron mit List oder Waffengewalt freimachen wolle. Auf Wunsch der Gesandten beschlossen die Verschworenen, einen Brief an den König aufzusetzen, worin sie ihm ihre Dienste anbieten und Treue geloben wollten; jeder sollte den Brief mit seiner Namensunterschrift beglaubigen.

Nun diente im Haus des Vitellius ein Sklave mit Namen Vindicius. Dieser hatte die ganze Beratung heimlich belauscht; er wartete mit klopfendem Herzen, bis der Brief an den König geschrieben war und den Gesandten übergeben wurde, dann stahl er sich aus dem Haus, eilte im Dunkel der Nacht spornstreichs nach dem Palast des Brutus, pochte an die Pforte, wurde hereingelassen und teilte dem Konsul alles mit, was im Haus seines Herrn geschehen war.

Brutus ließ sich die Namen der Verschworenen nennen, und da er hörte, dass auch seine eigenen Söhne zu den Hochverrätern gehörten, stand er wie schreckgelähmt eine Weile sprachlos da, und Todesblässe überzog sein Angesicht.

»Titus, Tiberius, warum habt ihr mir und eurem Vaterland das getan?«, murmelte der schmerzerschütterte Mann mit bleichen Lippen. Doch zauderte der ehrenfeste Römer keinen Augenblick, seine Pflicht zu tun. Mit einigen handfesten Knechten begab er sich zu seinem Mitkonsul Publius Valerius, hieß ihn, seine Mannschaft sich waffnen zu lassen, und führte alsdann die kleine Schar nach dem Haus seines Schwagers Vitellius, um das Verräternest auszunehmen.

Noch saßen die Verschworenen in heimlichem Gespräch beisammen, als plötzlich die Tür aufgestoßen wurde und die beiden Konsuln mit ihren waffenklirrenden Begleitern hereintraten.

Schrecken und Entsetzen malte sich auf allen Gesichtern; starr, sprachlos, wie versteinert saßen die so jäh Überrumpelten da und ließen sich, ohne an Widerstand zu denken, von den grimmigen Knechten die Fesseln anlegen. Unter den flammenden Augen ihres Vaters standen Titus und Tiberius wie gebrochen da und hätten in die Erde versinken mögen vor Scham und Reue. Beide fühlten, dass sie unerbittlich verloren seien, und wagten nicht, den Blick zu ihrem Vater zu erheben. Waffenumstarrt zogen die Gefesselten durch die nächtlichen Gassen nach dem festen Turm der Gefangenen, um dort im sicheren Gewahrsam ihr Schicksal zu erwarten.

Auf Beschluss des Senats erhielten die Gesandten des Tarquinius ihre Freiheit, mussten aber alsogleich die Stadt verlassen; die Güter und Schätze des Königs wurden dem Volk zur Plünderung überlassen, hingegen sein Ackerfeld zwischen der Stadt und dem Strom dem Mars geweiht und fortan das Marsfeld genannt. Auf diesem Grundstück stand zur Zeit sichelreifes Getreide. Aber das stolze römische Volk verschmähte die Früchte dieses Feldes; sie wurden mit dem Stroh in den Tiber geworfen, sammelten sich, da das Wasser zur Hochsommerzeit sehr seicht war, zuhauf und bildeten mit vielem anderen, das herangetrieben wurde, allmählich »Die Insel«, welche in späteren Zeiten mit Säulengängen und Tempeln bebaut wurde.

Im festen Turmverlies harrten die Gefangenen ihres Richtspruchs; er lautete für alle auf den Tod durch das Beil. Niemals, solange Rom stand, hatte das Volk ein Schauspiel von so erschütternder Art erlebt wie das, welches ihm jetzt bevorstand: ein Vater, der Erste unter den Bürgern, durch seine Amtspflicht gezwungen, seine eigenen Söhne zum Richtplatz zu führen, sie peitschen und enthaupten zu lassen.

Der Schreckenstag brach an. Auf dem Richtplatz standen die Todgeweihten, Männer und Jünglinge vom ersten Rang, an Pfähle gebunden. Die Senatoren nahmen ihre Plätze ein, um sie her drängte sich das Volk Kopf an Kopf in unabsehbarer Menge. Dann erschienen die Konsuln, schritten zu den Richterstühlen und Brutus befahl den Gerichtsdienern, die Verurteilten nach dem Gesetz zu bestrafen.

Todesschweigen herrschte wie bange Gewitterschwüle auf dem weiten Platz, wie nun die Schergen herzutraten, die Gefesselten einen nach dem anderen entkleideten, sie mit Ruten peitschten und dann enthaupteten. Als die Söhne des Konsuls an die Reihe kamen, waren aller Augen auf den unglücklichen Vater gerichtet. Wohl war sein Antlitz bleich wie der Tod, aber fest und ehern, wie aus Stein gemeißelt, und kein Zucken und Zittern verriet dem Volk, wie furchtbar der Mann litt, als das Herzblut seiner Söhne das Pflaster der Straße rot färbte und in die Gosse rann. Welch ein unbeugsam fester und gerechter Mann war dieser Brutus! Wahrlich, er würde wohl keinen Augenblick zaudern, sein eigenes Herzblut für die Freiheit und Größe Roms zu geben, meinte das Volk.

Und der Tag sollte bald kommen, der Tag, da das Vaterland von seinem ersten Konsul das höchste Opfer forderte. König Tarquinius, aufs Tiefste ergrimmt, als seine Gesandten mit leeren Händen zurückkehrten, schwor seinem Erzfeind Brutus und dem ganzen römischen Volk blutige Rache. Und er zog mit seinen Söhnen im Etruskerland wie ein Pilger von Stadt zu Stadt und bat und beschwor die Fürsten und Bürger, ihm Hilfe zu leisten wider seine pflichtvergessenen Römer. In den Städten Veji und Tarquinii fand er Gehör; beide rüsteten ihre Heere zum Streit und stellten sie unter den Oberbefehl des Königs. Unverweilt rückte er gegen Rom vor; aber nicht fern von der Grenze des römischen Gebiets stellten sich ihm die Konsuln entgegen. An der Spitze kam Brutus mit der Reiterei, ihm folgte Valerius mit dem Fußvolk.

Auch im Heer des Tarquinius zog die Reiterei an der Spitze; sie wurde von Aruns, dem Sohn des Königs geführt. Als dieser seinen Todfeind Brutus erblickte, schüttelte er seinen Speer und rief zornentbrannt: »Ha! Dort naht der Mann, der meinem Vater Krone und Reich entrissen und uns alle aus Rom vertrieben hat! Jetzt ist die Stunde der Vergeltung gekommen; mit seinem Blut soll der Hochverräter seine Schuld bezahlen!«

Sprach's, spornte sein Ross und sprengte mit eingelegter Lanze dem Feind entgegen. Brutus erkannte ihn wohl, rüstete sich rasch zur Gegenwehr und stürmte wutentbrannt heran. Der Zusammenstoß war so furchtbar, dass beide, vom feindlichen Erz durchbohrt, tot vom Pferd sanken.

Mit Erbitterung stürzten sich nun die Reiterscharen und dann auch die Fußvölker in die Schlacht. Bald waren die Römer im Vorteil, bald die Etrusker; bis gegen Mitternacht währte der mörderische Kampf. Dann endlich verstummte das wilde Getümmel, und die ermatteten Streiter zogen sich in das Lager zu-

rück. Welches Heer hatte gesiegt? – Man wusste es nicht, bis eine Stimme aus dem nahen Wald rief: »Im Heer des Tarquinius ist ein Mann mehr gefallen, der Sieg gehört den Römern!«
Mit Grauen vernahmen die Krieger des Königs den Ruf – war das nicht die Stimme des Waldgottes Silvanus? – Allen entfiel der Mut zu neuem Kampf; sie warteten den Morgen nicht ab, sondern zogen in der Stille der Nacht von dannen.
Rom war gerettet, aber um welch einen teuren Preis! Mit den höchsten Ehren wurde der edle Brutus bestattet und ein ganzes Jahr trauerten um ihn die römischen Frauen.

ROM UND PORSENNA

Publius Horatius und die Tiberbrücke.
Horatius Cocles

nter den Städten Etruriens, die sich hatten bereitfinden lassen, dem Tarquinius Superbus wieder zur Herrschaft in Rom zu verhelfen, war die bedeutendste Stadt, Clusium, nicht vertreten gewesen.
Sie war auch keine Republik, wie viele kleinere Ortschaften in Etrurien, sondern an ihrer Spitze stand der König Porsenna, der als bedeutender Kriegsheld allgemein gefürchtet war.
Dahin begab sich jetzt Tarquinius Superbus nach seiner abermaligen Niederlage, um diesen Helden zum Krieg gegen Rom aufzustacheln. Es war nicht leicht, Porsenna dafür zu gewinnen, denn wenn er auch schon lange mit eifersüchtigen Augen auf das so rasch aufstrebende Rom geblickt hatte, so hatte ihn doch die Niederlage der anderen etrurischen Städte, die nach Clusium die bedeutendsten im Land der Etrusker waren, bedenklich

gemacht. Aber die Überredungskunst des vertriebenen Tarquinius sowie nicht minder die lockende Aussicht, bei dieser Gelegenheit auch Rom unter seine Herrschaft zu bringen, da seine Macht ja die bedeutendste in Etrurien war, brachten es doch dahin, dass er endlich zustimmte und zu rüsten begann.

Als die Römer von den Rüstungen des Porsenna hörten und ihnen kund wurde, dass diese Vorbereitungen zu einem großen Krieg ihnen gelten sollten, um Tarquinius wieder auf den Thron zu erheben, bemächtigte sich ihrer ein gewaltiger Schrecken, denn des Etruskers Kriegsruhm war nicht nur im ganzen Italien, sondern auch noch über dessen Grenzen hinaus unbestritten.

Flüchtiges Landvolk, das wehklagend in die Stadt kam, brachte die Kunde, dass Porsenna mit einem gewaltigen Heer in das römische Gebiet eingebrochen sei, seine Krieger sich über das Land ergossen hätten und mit Plünderung, Brand und Mord unsägliches Elend verbreiteten. Nach und nach kamen die Flüchtlinge so zahlreich von allen Seiten, dass es in Rom schließlich an Raum zu mangeln begann.

Ein Ort nach dem anderen fiel fast wehrlos in Porsennas Hände, und so nahte er sich rasch dem Tiber. Es ist schon in den Erzählungen aus der römischen Königszeit berichtet worden, dass der König Ancus Marcius jenseits des Tiber, auf dem rechten Ufer des Flusses, auf dem Hügel Janiculum starke Befestigungen angelegt hatte, die vornehmlich zum Schutz gegen die Etrusker dienen sollten. In diese Befestigungen hatten auch jetzt die Römer eine starke Kohorte gelegt, die aber natürlich viel zu schwach war, um der gewaltigen Macht des Porsenna widerstehen zu können. Er nahm den Janiculum im Sturm und ließ die Besatzung über die Klinge springen. Nun trennte ihn nur noch der Tiber von der Stadt, dem Ziel des Feldzugs, und ohne Säumen ließ er sein Heer nach dem Fluss vorrücken. Hier jedoch fanden seine Krieger den ersten nachdrücklichen Widerstand.

Eine lange hölzerne Brücke verband hier die beiden Ufer des Stroms, die Stadt mit der Feste auf dem Janiculum, und auch hier war eine starke Kohorte aufgestellt. Als aber diese Verteidiger der Feinde unübersehbare Schar heranströmen sahen, entfiel ihnen der Mut und sie begannen sich eilig über die Brücke zurückzuziehen. Dennoch konnten ihnen die Etrusker nicht folgen, denn ein einzelner Krieger wehrte ihnen den Zugang zu der schmalen Brücke: Horatius Cocles.

Mit seinem vollen Namen hieß er Publius Horatius und führte den Zunamen Cocles, d. h. der Einäugige, da er in einem der früheren Kämpfe der Römer ein Auge eingebüßt hatte. Er war ein Bruder des Konsuls Marcus Horatius und als Führer der Kohorte an den Eingang der Tiberbrücke gestellt worden. Mit kühnem Mut stand er den Feinden gegenüber, und mit Lanze und Schwert wehrte er ihnen den Eingang. Als er seine Genossen hinter sich zaghaft weichen sah, rief er ihnen zu, sie sollten die Brücke, diesen einzigen Zugang zur Stadt, abbrechen. Dadurch ermutigt, kehrten noch zwei edle Jünglinge um und sprangen an seine Seite, ihn bei der Verteidigung zu unterstützen.

Unentwegt kämpften nun die drei gegen ein ganzes Heer. Rings um sie häuften sich die Leichen der getöteten Feinde und hinter ihnen erdröhnten die Schläge der Äxte, die den einzigen Weg zur Stadt vernichteten. Als dies Werk fast vollendet war, ermahnte Horatius seine beiden Helfer, sich zurückzuziehen und sich in Sicherheit zu bringen. Der Mahnung folgten sie eilig, und nun hörte der nur noch allein tapfer weiterkämpfende Horatius, wie hinter ihm die Brücke zusammenbrach.

Nun warf er sich noch einmal mit aller Kraft gegen die wild andrängenden Feinde, dann wandte er sich plötzlich um und sprang in voller Rüstung in den Strom, der über ihm zusammenschlug.

Staunend standen die Krieger an beiden Ufern dicht gedrängt, hier die Etrusker, drüben die Römer, und alle gaben den todesmutigen Mann in der schweren Rüstung verloren. Nicht lange aber, so tauchte er wieder auf. Sie sahen ihn mit starken Armen die Fluten teilen und dem anderen Ufer zu schwimmen. Ein wütendes Geschrei der enttäuschten Etrusker folgte ihm, und hageldicht umschwirrten ihn die Geschosse, aber keins traf ihn und er erreichte glücklich das rettende Ufer, von unendlichem Jubelgeschrei seiner Mitkämpfer empfangen.

Caius Mucius Scaevola

Durch diese heldenmütige Verteidigung der Tiberbrücke war Rom zwar nicht gerettet, aber doch die sofortige Eroberung abgewendet. Die Römer behielten Zeit, sich auf eine längere Belagerung vorzubereiten.

Viel Zeit ließ ihnen Porsenna freilich nicht dazu, denn mit allem Eifer wurde sogleich an der Wiederherstellung der Brücke gearbeitet, und wo viele Hände sich regen, da ist auch eine solche Arbeit bald vollendet. Immerhin aber konnten noch viel Vorräte in die überfüllte Stadt geschafft werden.

Als die Brücke vollendet war, strömten die Scharen der Etrusker auf das linke Ufer des Tiber hinüber, und da das feindliche Heer sehr zahlreich war, konnte die Stadt ringsum eng umstellt werden, sodass nun jede Zufuhr abgeschnitten war.

Während die Belagerer sich aus dem Land ringsum mit allem Nötigen versorgen konnten, machten sich die Folgen der engen Umarmung in der Stadt sehr bald fühlbar. Tausende von Landleuten waren hinter die schützenden Mauern geflüchtet, und um diese alle mitzuversorgen, reichten die in aller Eile herbeigeschafften Lebensmittel nicht lange hin. Bittere Not brach herein und wurde von Tag zu Tag drückender, und doch war kein Ende abzusehen, und die Hoffnung, dass der Feind endlich die Geduld verlieren und abziehen würde, schwand immer mehr.

Da fasste ein junger Mann aus edlem Geschlecht, Caius Mucius, den heroischen Entschluss zu einer verzweifelten Tat, die ihm wohl sicher das Leben kosten musste: In das feindliche Lager wollte er sich schleichen und den König Porsenna töten. Gelang die Tat, so war er zwar sicherlich auch verloren, aber der Krieg mit einem Schlag zu Ende und Rom gerettet.

Er legte die Kleidung eines gemeinen etruskischen Kriegers an und setzte in dunkler Nacht in einem Kahn über den Strom, denn Porsenna war mit seiner Umgebung auf dem jenseitigen Ufer geblieben und leitete von dort aus die Belagerung der Stadt. So kam Mucius unaufgehalten und unentdeckt bis in die Nähe des königlichen Zeltlagers, denn jedermann musste ihn für einen dazugehörigen etruskischen Krieger halten.

Am Morgen mischte er sich unter eine große Zahl von Kriegern, die über die Brücke kamen und den Zelten zuschritten. Er fiel niemandem auf, und so gelangte er ohne Hindernis vor ein großes, weit offenstehendes Zelt, das schon äußerlich durch seine reiche Ausstattung als das Zelt des Königs zu erkennen war. Das Innere war mit Teppichen und Polstern prächtig hergerichtet, schöne Waffen hingen an der Mittelsäule, die das Zelt stützte, und daneben wurden in Opferbecken Feuer von wohlriechendem Holz unterhalten.

In der Mitte dieses schönen Raums saßen an einem Tisch mit goldenen Füßen Männer in prächtigen Gewändern, von denen der eine den einzeln herantretenden Kriegern der Reihe nach den Sold für ihre Kohorten auszahlte. Wer von diesen beiden Männern war der König? Diese Schwierigkeit hatte Mucius nicht vorausgesehen, und er stand ratlos in der Menge. Fragen durfte er niemanden, denn das würde ihn als einen Fremden verraten haben. Aber nach kurzer Überlegung entschloss er sich, trotzdem zu handeln.

Er meinte, der König habe die Krieger in Sold genommen, also müsse der Mann, der das Geld auszahlte, doch wohl der König sein, und als die Reihe an ihn kam, trat er unerschrocken vor, zog einen Dolch unter dem Gewand hervor und stieß ihn dem Mann ins Herz, dass dieser lautlos zusammenbrach. Nun sprang er zwar rasch zurück und versuchte flüchtigen Fußes zu entkommen, aber das gelang ihm natürlich nicht. Er wurde alsbald ergriffen und in das Zelt zurückgeführt.

Da stand nun der andere Mann hoch aufgerichtet, eine außerordentlich stattliche Gestalt, der man ansah, dass sie gewohnt war zu befehlen, und maß den verwegenen Römer mit finsteren Blicken. Es war Porsenna, der Getötete war nur sein Geheimschreiber gewesen. Der finster drohende Blick des Königs schreckte den Jüngling jedoch nicht, hoch erhobenen Hauptes blickte er ihm frei und offen ins Angesicht.

»Wer bist du? Und was trieb dich zu dieser fluchwürdigen Tat?«, begann Porsenna endlich, und Blitze schossen aus seinen Augen auf den Römer.

Aber stolz und unverzagt antwortete dieser: »Ich bin Caius Mucius, ein Römer. Das Elend meines in der Stadt so eng eingeschlossenen Volkes trieb mich, auszuziehen, den König Porsenna zu töten und Rom von seinen Feinden zu befreien.«

»Mich wolltest du töten?«, fuhr Porsenna zornig auf.

»Du sagst es, so du der König bist. Ja, Porsenna wollte ich töten, nicht diesen da, den ich dafür hielt, da ich dich selbst nie gesehen habe; sonst lägst du jetzt an seiner Stelle.«

»Weshalb dieser fürchterliche Hass? Was tat ich dir?«

»Mir? Nichts! Nur den Feind meines Vaterlandes wollte ich töten.«

»Wer stiftete dich zu dieser Tat an?«

»Frage nicht, o König!«, antwortete Mucius ruhig. »Den Römer kennzeichnen eine große Tat oder ein großes Leid. Eine große Tat haben mir die Götter nicht gewährt, nur großes Leid haben sie über mich verhängt: Ich habe König Porsenna, der Rom den Untergang bereiten will, töten wollen und habe ihn ge-

fehlt. Nun wirst du mich töten, o König, aber ich sterbe ruhig.«
»Ja, sterben sollst du, und du wirst ein noch größeres Leiden
kennenlernen.« Er wandte sich an seine Umgebung: »Legt Feuer um ihn, dass er bei lebendigem Leib verbrenne, es sei denn,
dass er seine Mitschuldigen nennt.«

Da blickte Mucius den König fest an und sprach: »Sieh her, König Porsenna, wie deine Drohung einen Römer schreckt!« Und
er streckte den Arm aus und hielt die Hand in das Feuer eines
Opferbeckens und ließ sie langsam verkohlen, ohne eine Miene zu verziehen.

Starr standen alle bei diesem Vorgang, bis endlich Porsenna
selbst hinzusprang und den unbeugsamen Römer von dem
Feuer zurückriss. »Unseliger, was tust du?«, rief er, bleich vor
Schrecken.

»Nichts, was nicht jeder Römer tun würde, um dir zu zeigen,
dass sein Volk keine Furcht kennt«, antwortete Mucius mit völliger Ruhe.

»Grausamer hast du an dir selbst gehandelt als an mir und meinem Schreiber da«, sagte Porsenna schaudernd. »Ein Volk, das
grausamer an sich handelt als an seinen Feinden, muss un-
besiegbar sein. Gehe denn, Caius Mucius, Leben und Freiheit
seien dir geschenkt.«

»Du bist großmütig, König Porsenna, du weißt Mut und Stand-
haftigkeit zu schätzen. So will ich denn dem großmütigen Feind
offenbaren, was ich seinen Drohungen verweigerte. Dreihundert edle Jünglinge haben sich in Rom verschworen, dich zu töten. Mich traf das Los zuerst, und was mir nicht gelang, das wird
einem der anderen gelingen. Dein Leben ist verfallen, solange du
ein Feind der Römer bist. Das bedenke wohl, o König!«

Äußerlich finster hörte Porsenna diese Offenbarung an, inner-
lich war er aufs Tiefste erschrocken. Er sah ein, dass nach dem
Beweis von unbeugsamem Mut, den ihm Mucius gegeben, sein
Leben aufs Äußerste bedroht war, und sein Entschluss war ge-

fasst. Er entließ Mucius unangefochten, aber begleitet von einem Herold und dreien seiner Getreuen als Gesandten, die dem Senat in Rom eröffnen sollten, dass er bereit sei, die Feindseligkeiten einzustellen und Verhandlungen über die Bedingungen eines Friedens zu eröffnen.

Mucius aber wurde von seinen Landsleuten außerordentlich gefeiert. Ihm hatten sie ja die Befreiung aus ihrer Not zu danken, er hatte Rom vor dem äußersten Elend bewahrt. Wegen seiner völlig verstümmelten rechten Hand gaben sie ihm den Beinamen Scaevola, das heißt Linkhand, und er wurde bis an sein Lebensende hoch in Ehren gehalten. Porsenna aber hielt sein Wort und stellte die Feindseligkeiten sogleich ein, der römische Senat nahm sein Anerbieten von Verhandlungen mit Freuden an, und es wurde schon der nächste Tag zur Zusammenkunft der römischen Konsuln und des Senats einerseits und Porsenna mit seinen Räten andererseits bestimmt. Als Ort der Besprechung wurde ein freier Platz an der Westseite des Aventinischen Hügels außerhalb der von Servius Tullius erbauten ungeheuren Mauer gewählt.

Der Vertrag

Die Verhandlungen begannen mit Porsennas Forderung, dass der vertriebene Tarquinius Superbus, wegen dessen er ja den Krieg unternommen hatte, wieder in die Herrschaft von Rom eingesetzt werden solle. Da die Römer jedoch auf diese Bedingung einzugehen sich mit aller Entschiedenheit weigerten, bestand Porsenna nicht weiter darauf. Er ließ den vertriebenen Tarquinius lieber fallen, als dass er sich mit Rom aufs Neue überwarf und nach der bedrohlichen Eröffnung, die ihm Mucius Scaevola gemacht hatte, sich fernerhin steter Lebensgefahr aussetzte. Tarquinius hat dann auch, das mag hier gleich hinzugefügt werden, nachdem er in Porsenna die wichtigste Stütze verloren, sein Leben in der Verbannung fern von Rom beschlossen.

Die weiteren Verhandlungen verliefen nunmehr sehr ruhig, und die Bedingungen, die Porsenna als Sieger stellte, waren für Rom so günstig, dass der Senat keinen Anstand nahm, darauf einzugehen. Er bewilligte sogar, dass zehn Jünglinge und zehn Jungfrauen aus den edlen Geschlechtern als Geiseln mit Porsenna nach Clusium ziehen sollten, zur Sicherung, dass Rom den Frieden nicht brechen und die angenommenen Bedingungen einhalten würde. Porsenna dagegen wollte sofort die Belagerung der Stadt aufheben und das ganze Gebiet von Rom räumen. Und es geschah alles, wie verhandelt worden war. Angesichts der Hungersnot in der Stadt wäre der Senat auch wohl auf noch härtere Bedingungen eingegangen, als Porsenna gestellt hatte.

Auch die Geiseln wurden gestellt. Zehn Jünglinge und zehn Jungfrauen aus edlen Familien wurden durch das Los bestimmt. Das gab nun freilich viel Jammer und Wehklagen, denn Geiseln waren mehr oder weniger doch nur Gefangene; wenn sie auch nicht als solche behandelt wurden, durften sie doch das fremde Land, in das sie gebracht worden waren, nicht verlassen und standen unter Aufsicht. Aber alles Jammern und Wehklagen half hier nichts. Der Abschied aus der Heimat war ja nicht für immer, denn über kurz oder lang kehrten sie doch wieder zurück.

Cloelia

Dennoch erschien es der Jungfrau Cloelia als eine Schmach, dass eine edle Römerin die Gefangene der Etrusker sein sollte, die von ihr als halbe Barbaren tief verachtet wurden. Und wie sie dachten auch die anderen Mädchen. Im Zeltlager des Porsenna jenseits des Tiber angekommen, machte es ihr daher keine besondere Mühe, die Gefährtinnen zu bereden, die Flucht zu ergreifen und nach Hause zurückzukehren.

Gesagt, getan. Sie wussten ihre Wächter zu überlisten, eilten zum Ufer des Stroms, sprangen ins Wasser und schwammen hinüber an das andere Ufer; über die von Porsenna wiederhergestellte Brücke, die sicherlich nicht ohne Wachen war, durften sie sich ja nicht wagen.

Zu Hause wurden sie aber keineswegs willkommen geheißen, denn was sie getan hatten, war nichts Geringeres als ein Bruch des zwischen Rom und Porsenna abgeschlossenen Vertrags. Es währte auch nicht lange, so erschienen Boten von Porsenna, welche die entflohenen Mädchen zurückforderten, denn wohin diese sich gewandt hatten und auf welchem Weg sie entkommen waren, war nicht schwer zu erraten gewesen.

Der Forderung des Etruskers musste nachgegeben werden, und zum zweiten Mal wurden ihm die Mädchen zugeführt. Hier stellte sich alsbald heraus, wer die Anstifterin des Streichs gewesen war, und Porsenna ließ Cloelia vor sich kommen. Hoch und stolz aufgerichtet blickte ihm die Jungfrau ins Auge, und das ließ jede Spur von Zorn über den Streich, den sie ihm gespielt, schwinden. Er erkannte, dass die römischen Mädchen von nicht geringerem Mut beseelt waren als die jungen Römer, und sprach milde: »Ich habe dich kommen lassen, um dem Mädchen noch einmal ins Auge zu schauen, das keinen geringeren Mut bewiesen hat als Publius Horatius und Caius Mucius. Aber wie sie bist auch du nun frei; es sei fern von mir, dich für die Flucht zur Rechenschaft ziehen zu wollen. Gehe nun hin und wähle dir einige deiner Gefährtinnen aus, die dich als freie Mädchen nach Rom zurückbegleiten mögen.«

»Dann gehen wir alle«, rief Cloelia freudig erregt.

»Das kann ich nicht bewilligen«, entschied aber Porsenna bedauernd, »denn das wäre gegen den Vertrag. Ich will mich neben den zehn Jünglingen aber mit der Hälfte der Mädchen begnügen.«

Und so geschah es. Cloelia dankte dem König herzlich für diese Gunst und wählte aus den Gefährtinnen die vier jüngsten, denen die Gefangenschaft unter einem fremden Volk am schwersten geworden wäre. Sie kehrte in Begleitung eines Herolds, der sie in Rom als freie Mädchen zurückliefern sollte, nach der Stadt zurück. Nun wurden sie hier von den Angehörigen und dem ganzen Volk mit Jubel begrüßt, und die unerschrockene Cloelia wurde so hoch gefeiert, dass man ihr sogar ein Denkmal errichtete.

Porsenna hob nun die Belagerung auf und räumte, wie in dem Vertrag festgesetzt worden war, das römische Gebiet.

DIE AUSWANDERUNG DER PLEBEJER
DIE FABEL DES
MENENIUS AGRIPPA

 Das römische Volk zerfiel in zwei Stände: Patrizier und Plebejer. Die Patrizier waren die Nachkommen der Urbevölkerung Roms; sie bildeten den Adelsstand, aus dem die Konsuln und Senatoren gewählt wurden, genossen überall die größten Vorrechte und waren reich, stolz und herrschsüchtig. Die Plebejer hingegen stammten von den später in Rom eingewanderten Familien ab; sie bildeten die große Volksmasse der Gewerbetreibenden, der Handwerker, Arbeiter und Kleinbauern, hingen von der Gnade der reichen Patrizier ab, wurden oft deren Schuldner und Leibeigene, kurz: Die Patrizier waren die Herren und die Plebejer die Knechte.

Zwischen beiden Ständen kam es oft zu heftigen Reibungen und feindseligen Auftritten, doch gelang es den mächtigen Konsuln und Senatoren immer wieder, durch Drohungen oder Versprechungen den Ausbruch gefährlicher Unruhen zu unterdrücken.

Eines Tages trat auf dem Markt ein Mann auf, dessen ganze Erscheinung ein abschreckendes Bild der Not und des Elends darbot. Sein hochgewachsener Körper war abgemagert, tief gebeugt und hinfällig, das Gesicht eingefallen und leidend, verwildert Haupthaar und Bart und die Kleidung durchlöchert und schmutzig wie das Lumpengewand eines Bettlers. Dabei sah man dem Elenden wohl an, dass er einst bessere Tage gesehen, und mancher in dem Volkshaufen, der herbeigeeilt war, erkannte ihn und erzählte den anderen, der bejammernswerte Mann sei einst römischer Hauptmann gewesen und habe im Krieg tapfere Taten vollbracht. Als man ihn selbst darum befragte, bestätigte er die Angaben, öffnete sein Wams und zeigte dem Volk seine narbenvolle Brust.

Nun begehrte man zu wissen, auf welche Weise er so arm und elend geworden sei, und unter tiefem Schweigen der Menge erzählte der alte Hauptmann: »Als ich im Sabinerkrieg draußen wider die Feinde Roms stritt, wurde daheim die Ernte meines Feldes vernichtet, mein Haus durch Feuer zerstört und meine kleine Herde fortgetrieben. Heimgekehrt aus dem Krieg, stand ich völlig mittellos da und musste Geld leihen, um mein Leben zu fristen. Ich konnte die Zinsen nicht herbeischaffen, meine Schuldsumme wuchs immer mehr an, und endlich war ich gezwungen, mein von den Vätern ererbtes Grundstück und meine Freiheit den harten Gläubigern zu opfern. So hatte ich ohne meine Schuld alles verloren und war Leibeigener eines grausamen Patriziers geworden, der mich mit den härtesten Entbehrungen strafte und endlich sogar in ein Zuchthaus und in die Marterkammer schickte. Dort hat man mich so übel zugerichtet, wie eure Augen mich hier sehen.«

Nach diesen Worten entblößte der Unglückliche seinen Rücken und zeigte allem Volk die schrecklichen Spuren der Misshandlungen, denen er ausgesetzt gewesen war.

Bei diesem Anblick erhob die Menge ein ungeheures Wutgeschrei, das immer mehr anwuchs und bald die ganze Stadt erfüllte. Nur mit Mühe gelang es den Konsuln, für diesmal noch das Volk zu beruhigen und es für den Krieg gegen die Volsker zu gewinnen; aber nachdem die Feinde Roms besiegt waren, forderte das Volk die Erfüllung der Versprechungen vom Senat. Allein die Patrizier suchten es von Neuem hinzuhalten. Da schlug die lange verhaltene Glut der Empörung in hellen Flammen aus der Asche empor. Die Plebejer scharten sich in Haufen zusammen und berieten, was nun geschehen müsse, um die Patrizier zur Erfüllung ihrer Versprechungen zu zwingen. Es wurde beschlossen, Rom zu verlassen, und unter Anführung eines Mannes mit Namen Sicinius zog die Menge auf den heiligen Berg jenseits des Flusses Anio, dreitausend Schritte von der Stadt entfernt. Dort wurde ein festes Lager mit Wall und Graben aufgeschlagen; man schaffte die nötigen Lebensmittel herbei und wartete ruhig ab, was die Patrizier nun beginnen würden.

In der Stadt herrschte große Bestürzung – was sollte aus den Patriziern werden, nun da überall die fleißigen Hände fehlten? Und wenn nun ein Feind von außen gegen Rom heranzöge, was dann? Wo sollte der Staat die Kriegsmannen hernehmen, um das feindliche Heer zurückzuschlagen? Rom konnte ohne die Menge der Plebejer unmöglich bestehen; das sahen die Herren wohl ein, und es wurde beschlossen, den klugen und bei allem Volk beliebten Redner Menenius Agrippa auf den heiligen Berg zu senden, damit dieser Mann, der selbst von den Plebejern abstammte, die Ausgewanderten wieder in die Stadt zurückführte.

Der Gesandte zog seine Straße, erstieg den heiligen Berg und wurde mit Freuden in das Lager hereingelassen, wusste doch jedermann, dass er ein wahrer Freund des Volkes sei. Und was tat Menenius Agrippa, als er mitten unter den Plebejern stand? – Er gebot mit erhobener Hand Schweigen, tat seinen Mund auf und erzählte freundlich und ruhig folgende Fabel:

»Einst empörten sich die Glieder des Körpers wider den Magen, der, wie sie meinten, ganz allein untätig sei und alles, was sie mit Fleiß und Mühe erarbeiteten, nur aufnähme und genösse. Das sollte nun aufhören, sie beschlossen, die Arbeit einzustellen: Die Füße wollten nicht mehr laufen, die Hände nicht mehr wirken und schaffen, der Mund keine Speise mehr aufnehmen und die Zähne sie nicht mehr zermalmen. Diesen Vorsatz führten die Glieder eine Zeit lang aus. Bald aber merkten sie, dass sie selbst allesamt immer schwächer und schwächer wurden und absterben müssten, wenn sie dem Magen keine Speise mehr zuführten. Da ging den Verirrten ein Licht auf, und sie sahen nun ein, dass der Magen, den sie für ihren Feind gehalten, die Quelle ihres Lebens und ihrer Kräfte sei, und dass sie ohne seine stille Tätigkeit allesamt verderben und sterben müssten. Die Einsicht brachte sie zur Vernunft; sie söhnten sich mit dem Magen aus, führten ihm wieder Speise zu und wurden stark und glücklich. Wisst ihr, was diese wahrhaftige Geschichte bedeutet, meine Brüder?«, fragte Menenius mit erhobener Stimme. »Hört! Der Senat von Rom gleicht dem Magen und ihr den Gliedern; wollt ihr leben und glücklich sein, so kehrt zurück in die Stadt und schafft fleißig Speise herbei, damit der große Körper: der römische Staat leben und gedeihen kann; das ist euer Heil!«

Die Plebejer verstanden den Sinn der Fabel sehr wohl und waren geneigt, in die Stadt zurückzukehren, doch unter der Bedingung, dass ihre Lage erleichtert und die Übel, die zu so gerechten Beschwerden Veranlassung gegeben hatten, abgestellt würden. Wollten die Patrizier nicht den Untergang des Staates herbeiführen, so mussten sie nachgeben. Sie ließen daher alle diejenigen frei, die wegen Schulden in Knechtschaft geraten waren, und bewilligten den Plebejern das Recht, aus ihrer Mitte jährlich zwei Beamte zu wählen, welche die einzelnen gegen Willkür und Bedrückung schützen und alle dem Volk nachteiligen Senatsbeschlüsse für ungültig erklären konnten. Sie hießen Volkstribunen, und ihre Person war heilig und unverletzlich; ihre Zahl aber wurde später auf fünf und endlich sogar auf zehn erhöht.

CAIUS MARCIUS
CORIOLANUS

Der größte Feldherr Roms zur Zeit des Menenius Agrippa war der junge Caius Marcius. Er hatte mit unvergleichlicher Tapferkeit die volskische Stadt Corioli erobert und erhielt dafür den Ehrennamen Coriolanus. Als Kriegsmann der größte seiner Zeit, war Marcius auch zugleich der stolzeste Patrizier Roms und der Plebejer grimmigster Feind.

Kurz nach einem siegreichen Krieg wurde Rom durch eine schwere Hungersnot heimgesucht. Der Senat ließ in den Nachbarstädten viel Getreide aufkaufen, um das Volk vor dem Verderben zu bewahren; selbst aus dem fernen Sizilien langte Zufuhr an, und die meisten Senatoren waren der vernünftigen Meinung, man müsse dem darbenden Volk das notwendige Brot umsonst oder doch für einen ganz geringen Preis überlassen.

Diesem Vorschlag widersprach auf das Heftigste der stolze Coriolanus. »Die Plebejer, dieses Lumpengesindel«, rief der hochfahrende Mann wegwerfend und grimmig, »haben durch ihren Auszug auf den heiligen Berg uns Patriziern drückende Zugeständnisse abgetrotzt; wir haben ihnen die Volksanwälte (Tribunen) bewilligen müssen, die die Macht der Konsuln und des Senats in den wichtigsten Angelegenheiten einschränken und lahmlegen können, dadurch dass sie veto (= ich verbiete) sagen. Dieser Zustand ist des römischen Adels unwürdig und mir ein Dorn im Auge. Jetzt ist die Zeit gekommen, da wir uns der lästigen plebejischen Aufpasser und unwürdigen Würdenträger entledigen können. Das Volk hungert, unsere Kornspeicher sind gefüllt; nun wohlan: Wir geben ihm Brot, und es opfert uns seine Tribunen, das sei die Losung! Pocht es aber trotzig auf sein erschlichenes Recht, nun denn, so mag es mit seinen Tribunen verhungern!«

Als diese grausame Rede des stolzen Patriziers im Volk bekannt wurde, geriet die Menge in größte Wut. Coriolanus wurde durch die Tribunen vor das Volksgericht gefordert, wo er sich öffentlich verantworten und sein Urteil empfangen sollte. Der trotzige Mann stellte sich, leistete aber nicht Abbitte, wie man von ihm verlangte, sondern goss durch verletzende Geringschätzung und heftige Schmähungen der Plebejer nur noch mehr Öl in das lodernde Feuer der Empörung. Die wütende Menge wollte ihren Erzfeind auf den tarpejischen Felsen schleppen und ihn dort hinunterstürzen; das Urteil der Tribunen aber lautete auf lebenslängliche Verbannung aus Rom und dem römischen Gebiet.

Nur mit Mühe vermochten seine Freunde den Verfemten vor den Angriffen der wilden Menge zu decken. Coriolanus, der ruhmreichste Bürger Roms, ging in die Verbannung, aber sein trotziges Herz dürstete nach Rache wider seine Feinde. Der Besieger und Bezwinger der Volsker hatte den Mut, sich frank und frei in das durch seine Faust niedergeworfene Land zu begeben und seinen ehemaligen Gegner, den Feldherrn Attius Tullus in der Stadt Antium, um Gastfreundschaft anzusprechen.

Mit hohen Ehren wurde der große Verbannte aufgenommen, und nun ging der römische Löwe unangefochten mitten unter den grimmigsten Feinden seines Vaterlandes umher. Es gelang ihm bald, die Volsker zum Krieg wider Rom aufzustacheln. Ihm selbst wurde die oberste Führung des Heeres anvertraut, und nun zog er aus, fiel in das römische Gebiet ein, eroberte einen Ort nach dem anderen und vernichtete überall mit Feuer und Schwert die Ansiedlungen und Saaten der Plebejer, die Güter der Patrizier hingegen ließ er unangefochten. Das Ziel seiner Kriegsfahrt war das stolze Rom, die Stadt, die ihn schnöde ausgestoßen; jetzt sollte sie für den Frevel schrecklich büßen! Bei den cluilischen Gräben, fünftausend Schritte vor den Mauern der Stadt, bezog er mit seinem Heer ein festes Lager.

Rom schwebte in größter Gefahr; noch niemals hatte ein so furchtbarer Feind vor seinen Mauern gestanden, und alle Quiriten (= Bürger), vom ersten Konsul bis zum letzten der Plebejer, waren kopf- und ratlos vor Bestürzung und Angst. Denn wer wollte sich erkühnen, mit dem Löwen Coriolanus den Kampf aufzunehmen! Der Mann allein wog ein ganzes Kriegsheer auf, und nun standen hinter ihm, von seinem Heldentum beseelt, die tapferen volskischen Legionen!

Nein, ein bewaffneter Widerstand war aussichtslos, ein solcher würde die Stadt nur ihrem sicheren Verderben preisgeben; man musste auf andere Mittel sinnen, dem gewaltigen Mann das Schwert aus der Hand zu winden. Er war doch ein Römer, ein Sohn der von ihm bedrohten Stadt; in ihren Mauern atmeten seine Freunde, seine Mutter, seine Gattin und seine Kinder – sollte denn sein Herz so ganz zu Stein erhärtet sein, dass er kalten Blutes seine Teuersten vernichten könnte, um seinen Rachedurst zu stillen?

Eine Abordnung angesehener Patrizier, die dem Coriolanus einst innig befreundet gewesen, begab sich in das feindliche Lager, richtete aber bei dem furchtbar trotzigen Mann gar nichts aus und kehrte niedergeschlagen und hoffnungslos in die Stadt zurück. Ebenso erging es dem Auserwählten der römischen Priesterschaft. Coriolanus empfing die frommen Männer zwar mit Ehrerbietung, wie es ihr Amt erforderte, schlug ihnen aber ihre Bitten kurzweg ab und entließ sie ohne die geringsten Zugeständnisse. Nun beschlossen die vornehmsten Patrizierfrauen, an ihrer Spitze die Mutter und die Gemahlin des Coriolanus, in das feindliche Lager zu gehen und den harten Mann um Gnade für seine unglückliche Vaterstadt zu bitten. Volumnia, seine Gattin, nahm auch ihre beiden Knaben mit, in der Hoffnung, wenn nichts anderes, so möchte doch wohl der Anblick seiner Kinder das Vaterherz rühren.

Als Coriolanus die römischen Matronen im Lager erblickte, war er wohl betroffen, aber sogleich nahm sein Antlitz einen ehernen Ausdruck an, und kurz und kalt wollte er die Frauen abweisen. Plötzlich fiel sein Auge auf das bleiche Angesicht seiner Mutter, und in seinen Zügen schmolz alle Härte und Strenge wie Märzschnee in der Sonne. Mit ausgebreiteten Armen trat er rasch herzu, um die geliebte Mutter Veturia an sein Herz zu drücken.

Aber die edle Römerin wehrte ihm und sprach traurig: »Blicke mich und diese hier an, mein Sohn, und unser Aussehen wird dir bezeugen, was wir gelitten haben und deinetwillen! Und jetzt, da wir einander nach langer, schmerzlicher Trennung wiedersehen, sollten doch unsere Herzen springen und unsere Augen überströmen vor Freude; allein wir müssen trauern und weinen, da wir den Mann sehen, der sein eigenes Vaterland zerfleischt wie ein grimmiger Löwe sein wehrloses Opfer. Eins aber sage ich dir, und du merk es im Herzen, mein Sohn: Nicht anders wirst du als Sieger in Rom einziehen, als über den Leichnam deiner Mutter!«

»Und über den deiner Frau!«, fiel Volumnia, seine schöne junge Gemahlin, herb ein.

Da rief mit drohender Stimme sein Knabe Marcius keck und kühn: »Mich soll er nicht treten, Mutter; ich laufe fort, und bin ich erst größer, dann will ich fechten!«

Coriolanus kämpfte in seiner Seele einen schweren Kampf, viel schwerer als jemals in einer heißen Männerschlacht. Sein erschüttertes Herz neigte sich zum Erbarmen, aber durfte er den Volskern die geschworene Treue brechen? Nein! Niemals durfte das geschehen! Mit heftiger Bewegung wollte er sich wegwenden, doch seine Mutter kam ihm zuvor, sank vor ihm auf die Knie nieder und sprach zu ihm mit flehend erhobenen Händen:

»Geh nicht so fort, mein Sohn, geh nicht! Ich weiß wohl, was in deiner Seele vorgeht: Du schrickst davor zurück, den Volskern die Treue zu brechen, aber müsste denn das geschehen, wenn du Rom verschontest? Könntest du nicht beide Völker miteinander versöhnen und den Feindseligkeiten für immer ein Ende machen? Das wäre fürwahr die größte deiner Taten! Eroberst du aber Rom und vernichtest die Stadt − was wird dann dein Ruhm sein? Die Nachwelt wird von dir sagen: ›Coriolanus war wohl ein großer, edel denkender Mann, allein seine letzte Tat, die Zerstörung seiner Vaterstadt, hat all das Große, was er vollbracht, ausgelöscht, und sein Name ist den Menschen für alle Zukunft zum Abscheu geworden.‹ Ja, wahrlich, mein Sohn, so wird die Nachwelt über dich urteilen! − Und was ist die Triebfeder deines Hasses gegen Rom? Verletzter Stolz, ich weiß es wohl! Aber meinst du, es sei edel, eine Beleidigung blutig zu rächen? Große Seelen verzeihen und vergessen. O, Marcius, mein einzig geliebter Sohn, vergib auch du deiner unglücklichen Vaterstadt und schone ihrer! Siehe, hier knien wir zu deinen Füßen: deine Mutter, deine treue Gemahlin, deine unschuldigen Kinder und Roms edelste Matronen − willst du uns ohne das süße Wort der Gnade von dir ziehen lassen? O, tu das nicht, mein Sohn! Gedenke all der Liebe deiner Mutter und

Coriolan wird durch die Bitten seiner Mutter bezwungen.

brich ihr nicht das Herz, indem du Rom, unser aller Mutter, vernichtest!«

Tief erschüttert neigte sich Coriolanus herab, hob Veturia an sein Herz, küsste sie und sprach: »Mutter, Rom hast du gerettet, aber deinen Sohn für immer verloren!« Darauf küsste er auch voll inniger Zärtlichkeit seine Gattin und seine Kinder, begrüßte die römischen Matronen und verabschiedete die edlen Frauen mit der Versicherung, dass Rom verschont bleiben solle.

Auf diese Freudenbotschaft wurden die zurückkehrenden Römerinnen an den Toren der Stadt mit Jubel empfangen und von dem beglückten Volk im Triumph in ihre Häuser geleitet.

Coriolanus hielt Wort, er führte das Heer von dannen, und der Krieg hatte ein Ende.

Rom hat seinen großen Sohn nicht wiedergesehen. In der volskischen Stadt Antium soll Caius Marcius erschlagen worden sein; andere berichten, er habe dort bis in das späte Alter gelebt und in seinen letzten Jahren oft geklagt: Für einen Greis sei doch die Verbannung noch viel bitterer als für den jüngeren Mann.

War der Versuch Coriolanus', die Rechte des Volks zu schmälern, auch misslungen, so blieb doch der Zustand der Plebejer immer noch höchst drückend. So traten denn selbst unter den Patriziern von Zeit zu Zeit Männer auf, die die Lage dieses unterdrückten Standes zu verbessern suchten, doch ohne Erfolg. Einer derselben, Spurius Cassius, ein Mann von ausgezeichneten Geistesgaben, der dreimal Konsul gewesen und dreimal mit einem Triumphzug geehrt worden war, machte den Vorschlag, den armen Plebejern Teile der eroberten Ländereien zu überlassen. Darüber wurden seine Standesgenossen so aufgebracht, dass sie seinen Tod beschlossen. Sie klagten ihn an, er strebe nach der Königsgewalt und suche deshalb die Gunst der Plebejer durch seine verderblichen Vorschläge zu gewinnen. Die Versammlung der Patrizier verurteilte ihn darauf zum Tod, ließ ihn hinrichten und sein Haus dem Erdboden gleichmachen. Ein Volkstribun aber, der bald darauf denselben Vorschlag machte, wurde in seinem Haus auf Anstiften der Patrizier ermordet. So währte in Rom, bei ununterbrochenen auswärtigen Kriegen, der Kampf zwischen den beiden Ständen mit großer Erbitterung fort.

DIE FABIER UND
IHR ENDE

ins der angesehensten und stolzesten Geschlechter Roms war das der Fabier; Senatoren und Konsuln gingen aus ihm hervor, aber beim Volk war es verhasst wie kaum ein anderes Patriziergeschlecht. Als nun der Konsul Kaeso Fabius mit einem Heer, das größtenteils aus Plebejern bestand, gegen die Vejenter in den Krieg zog und es zur Schlacht kam, versagten die Soldaten dem verhassten Feldherrn den Gehorsam, und die Schlacht wäre verloren gegangen, hätte nicht die patrizische Reiterei den Feind geworfen. Das Fußvolk erhielt darauf Befehl, die zurückweichenden Vejenter zu verfolgen; aber auch jetzt gehorchte es nicht, sondern kehrte um mit seinen Fahnen und zog sich in finsterem Groll zurück wie ein geschlagenes Heer.

Der Konsul war ohnmächtig solchem Trotz gegenüber; er gab die Verfolgung des Feindes auf und zog mit dem Heer nach Rom zurück, zwar als Sieger über den äußeren Feind, doch nicht über den inneren, über seine eigenen Soldaten, deren Hass er durch verletzten Stolz und Strenge aufs Höchste gereizt hatte.

Nach ihm wurde, den Plebejern zum Ärgernis, wiederum ein Fabier, und zwar der tapfere Marcus Fabius zum Konsul gewählt; sein Amtsgenosse hieß Cnaeus Manlius. Alsbald riefen diese beiden die Römer zu den Waffen und zogen aufs Neue gegen die Vejenter; denn diese hatten aus Etrurien starken Zuzug erhalten und hofften, die Römer diesmal gründlich zu schlagen. Sie bauten auf die Zwietracht im römischen Heer, wie sie sich im letzten Krieg gezeigt hatte, und meinten: »Unsere Feinde würden unüberwindlich sein, wenn sie nur einig wären; aber selbst im Krieg können sie ihren Hass gegeneinander nicht ruhen lassen. So wird es uns dank ihrer Uneinigkeit diesmal sicher gelingen, das feindliche Heer zu schlagen und den trotzigen Staat des Romulus endlich zu vernichten.«

Sie hatten mit dieser Meinung nicht so unrecht; denn die römischen Konsuln, die nun mit ihrem Heer herangezogen kamen, fürchteten weniger die Macht der Feinde als den Ungehorsam ihrer eigenen Soldaten. Angesichts des feindlichen Heeres bezogen sie ein festes Lager und wollten darin den Angriff abwarten, anstatt selbst anzugreifen.

Die vereinigten Vejenter und Etrusker zeigten sich sehr übermütig. Sie kamen an das Lager der Römer geritten und suchten sie durch Zeichen und Zurufe zum Kampf zu reizen. Als diese Herausforderungen nichts fruchteten, fingen sie an, die Konsuln und das ganze Heer zu schmähen und zu beschimpfen, hießen die Römer feige Hunde und drohten, sie mit Knütteln und Ruten zu züchtigen wie ehrlose Sklaven.

Das wurde den römischen Soldaten doch zu arg; sie gerieten immer mehr in Erbitterung und baten die Konsuln, sie gegen den Feind zu führen. Aber was taten die klugen Feldherrn? Sie steckten die Köpfe zusammen und hielten mit Muße eine lange Beratung. Darauf gaben sie den kampfbegierigen Legionen den Bescheid, die Sache eile nicht so; die Zeit zum Angriff sei noch nicht gekommen; niemand solle sich unterstehen, das Lager zu verlassen.

Diesen Befehl erfuhren auch die Feinde draußen; sie hielten die Zurückhaltung der Konsuln für Feigheit und wurden immer übermütiger und frecher. Beständig kamen sie an die Tore des Lagers gelaufen und riefen die größten Schmähungen hinein. Endlich vermochten die römischen Soldaten den Schimpf nicht länger zu ertragen; das ganze Lager geriet in Aufruhr, und alle, Hauptleute und Gemeine, forderten mit wildem Geschrei die Schlacht.

Die Konsuln verhielten sich ruhig und abweisend dem allgemeinen Drängen gegenüber; aber das war nur äußerer Schein;

im Herzen frohlockten sie, denn jetzt hatten sie keinen Ungehorsam zu befürchten; in allen Gemütern loderte der Hass gegen die Feinde in hellen Flammen.

Endlich ließ Marcus Fabius die Trompeten blasen, um Stille zu gebieten. Dann erhob er seine mächtige Stimme und sprach: »Ich weiß wohl, dass ihr stark genug seid, den Feind zu schlagen, denn ihr seid Römer; nicht aber weiß ich, ob ihr auch den festen Willen habt, zu siegen, und nicht eher werde ich den Kampf beginnen, als bis ein jeder von euch geschworen hat, dass er aus dieser Schlacht nur als Sieger zurückkehren will. Uns, den Konsuln, könnt ihr wohl entlaufen, den ewigen Göttern aber kann keiner entrinnen; sie werden euren Schwur hören und den Meineidigen mit ihrem Zorn vernichten.«

Da trat der Hauptmann Flavolejus vor, hob die Schwerthand empor und sprach mit lauter Stimme: »Ich schwöre, dass ich aus dieser Schlacht nur als Sieger zurückkehren will; breche ich mein Wort, so mögen Jupiter und Mars mich strafen!«

Diesem Beispiel folgten alsbald alle Soldaten, und dann griffen sie in loderndem Kampfesmut zu den Waffen. Die Tore des Lagers wurden geöffnet; wie ein Bergstrom brach das Heer hervor; die Trompeten schmetterten, und gleich grimmigen Löwen stürzten sich die Römer auf den Feind, allen voran die Fabier. Einer dieser Tapferen, Quintus Fabius, drang in den dichtesten Haufen der Vejenter ein, wütete unter ihnen wie ein Panther in einer Hürde, wurde aber nach blutigem Kampf von der Übermacht überwältigt und tot zu Boden gestreckt. Über den Leichnam des geliebten Bruders sprang mit vorgehaltenem Schild der Konsul Marcus Fabius und rief: »Als Sieger will ich zurückkehren oder an deiner Seite, Quintus Fabius, fechtend niedersinken!«

Sprach's und hieb grimmen Mutes auf die Feinde ein. Ihm zu Hilfe sprang Kaeso Fabius, und die beiden Gewaltigen trieben mit ihren Lanzen die Feinde vor sich her wie Wölfe eine Schafherde und feuerten durch ihr erhabenes Beispiel die Legionen zu heldenmütigem Ringen an.

Auch der Konsul Cnaeus Manlius kämpfte tapfer wider die Tusker, bis er, tödlich verwundet, vom Pferd stürzte. Da stieg den Feinden der Mut, und sie drangen mit Ungestüm vor; aber herangesprengt kamen zur rechten Zeit die Fabier, hieben darein, dass die Funken aus dem Eisen stoben, und brachten auch die Tusker hier wie dort die Vejenter zum Weichen. Ein herrlicher Sieg wurde erfochten; das feindliche Heer löste sich in wilde Flucht auf, und die Römer machten reiche Beute.

Diese eine entschiedene Schlacht machte dem Krieg ein Ende; das Heer kehrte heim. Rom wollte den Siegern einen großen Triumphzug bereiten; allein der Konsul Marcus Fabius lehnte jede Ehrenbezeugung ab und meinte, es zieme sich nicht für ihn, sein Haupt mit dem Lorbeerkranz zu schmücken und sich der Freude hinzugeben, da doch sein Bruder Quintus und sein Mitkonsul gefallen seien.

Diese Bescheidenheit verlieh dem tapferen Mann wahrlich größeren Ruhm, als der höchste Triumph es getan haben würde. Mit allen Fabiern geleitete er die beiden toten Helden zu Grabe, hielt ihnen die Abschiedsrede und übertrug seine eigenen Verdienste um den Sieg auf die im heißen Kampf gefallenen Brüder.

So hoher Edelmut gewann dem Konsul die Achtung selbst der verbissensten Plebejer, und als nun Marcus Fabius sich mit väterlicher Fürsorge aller Verwundeten annahm und die meisten von ihnen den Fabiern zur Pflege übergab, da verwandelte sich die Achtung des Volkes in Verehrung; ja, die bisher so bitter gehassten Fabier waren von nun an die auserkorenen Lieblinge des Volkes. Nach Marcus wurde wiederum sein Bruder Kaeso zum Konsul gewählt, und jetzt war niemand in Roms Mauern, der wider die Wahl dieses stolzen Mannes zu murren gewagt hätte.

Unter seiner Regierung erhoben die Vejenter wiederum die Waffen zum Kampf. Der Konsul zog aus mit seinem Heer und schlug sie; sobald er aber nach Rom zurückgekehrt war, standen sie von Neuem auf und beunruhigten die Grenzen des Römerreiches.

Da trat das ganze Geschlecht der Fabier vor den Senat mit einem hochherzigen Entschluss: Sie, die Fabier, wollten es auf sich nehmen, die feindseligen Vejenter fortan im Zaum zu halten und die Grenzen des Reiches gegen die Einfälle dieser unruhigen Nachbarn zu schützen. »Wir wollen«, sprach Kaeso Fabius im Namen seines ganzen Geschlechts zum Senat, »wir wollen diesen Krieg auf eigene Kosten führen, und ich bürge dafür, dass dort, wo die Helmbüsche der Fabier wehen, allzeit die Ehre des römischen Namens hochgehalten werden wird.«

Der Senat nahm das stolze Anerbieten mit vielen Danksagungen an, und als der Konsul aus dem Rathaus trat, umringten ihn alle Fabier, die im Vorhof auf ihn gewartet hatten, und begleiteten ihn nach seiner Wohnung.

Das Gerücht durchlief bald die ganze Stadt, und die Fabier wurden vom Volk schier vergöttert.

Am folgenden Tag kamen die stolzen Helden in glänzenden Waffenrüstungen auf den Sammelplatz gesprengt, als letzter im Feldherrnpurpur der Konsul. Er wurde in die Mitte genommen und gab alsbald den Befehl zum Aufbruch. Und nun zog ein Heer durch das kapitolinische Tor zur Stadt hinaus wie niemals eins zuvor – so klein an Zahl und so bewundert und gepriesen von allem Volk. Es waren dreihundertsechs Reiter, begleitet von einem Schwarm von Knechten und Knappen.

»Zieht hin die Bahn der Helden!«, rief ihnen die Menge nach. »Die hohen Götter, denen ihr ähnlich seid, mögen euch geleiten und alle eure Unternehmungen mit Erfolg krönen!«

Drei Jahre führte die kleine Heldenschar den Grenzkrieg gegen die Vejenter mit gutem Erfolg; manche Schlacht wurde gewonnen, mancher kühne Streifzug bis in das Innere des feindlichen Landes glücklich ausgeführt und oft reiche Beute gemacht. Ja, es war wie ein Wunder, dass dies eine römische Heldengeschlecht so lange Zeit den ganzen etruskischen Staat im Zaum zu halten und mehr als einmal ein großes Volksheer zu besiegen vermochte.

Die Vejenter empfanden diese unerhörte Tatsache als eine Kränkung; sie schämten sich ihrer Schwäche und sannen unablässig auf Mittel und Wege, wie sie die Schmach auslöschen und das tapfere Heldengeschlecht vernichten könnten. Im offenen Kampf hatten sie es vergeblich versucht, nun sollten List und Trug ihnen helfen. Die Fabier waren durch ihr großes Glück im Kampf übermütig und sorglos geworden; sie verachteten ihre Feinde, und das sollte ihnen zum Verderben gereichen.

Man beschloss im feindlichen Rat, durch allerlei kleine Kriegslisten die kühnen Recken immer mehr in Sicherheit zu wiegen, um sie dann desto gewisser in die vernichtende Falle locken zu können. Machten sie einen Einfall in das Land, um Beute zu erjagen, so überließ man ihnen fast ohne Widerstand die Herde Rinder oder Schafe; die Landleute flohen aus ihren Häusern, und selbst die bewaffneten Scharen, die zum Schutz des Landes bestellt waren, ergriffen beim Herannahen des Feindes schon von ferne die Flucht, weniger vor Furcht als aus kluger Berechnung. Diese Erfahrungen machten die Fabier so sicher und sorglos, dass sie an keinen ernstlichen Widerstand mehr glaubten und selbst mitten in Feindesland aller Vorsicht vergaßen. Am Fluss Cremera, unweit des etruskischen Gebietes, schlugen sie ihr Lager auf.

Eines Tages erblickten sie von ihrem Lager aus jenseits der Ebene, die sich vor ihnen ausbreitete, eine größere Rinderherde und beschlossen alsbald, Jagd auf dieselbe zu machen. Gedacht, getan; aber die Hirten trieben die Herde rasch fort und lockten ihre Verfolger in eine Bergschlucht.

Da tauchten plötzlich auf den Höhen ringsum Bewaffnete auf; Schlachtruf erscholl, und wie ein wilder Hagelsturm sausten von allen Seiten Geschosse auf die überraschte Heldenschar herab. Bald sahen sich die Fabier ringsum von Waffen umstarrt; immer enger schloss sich um sie der Kreis, immer dichter wurden sie zusammengedrängt. Ein grimmiger Kampf entbrannte; wie die Löwen wehrten sich die Römer und zahlten jeden Hieb mit doppelter Schärfe zurück. Aber der Feinde waren zu viel; wo einer hinsank, da sprangen zwei andere in die Bresche; gegen dreihundert standen mehr als dreitausend, wie hätte die kleine Heldenschar sich gegen die erdrückende Übermacht behaupten können!

Da plötzlich erscholl durch das Waffengetöse die gebietende Stimme des Kaeso Fabius; rasch bildeten die Helden einen Keil, deckten sich nach beiden Seiten mit ihren Schilden und – furchtbar dreinhauend – durchbrachen sie mit unwiderstehlicher Macht den dichtgescharten Kreis der Feinde und schlugen sich durch bis an den Felsenhang einer steilen Anhöhe, wo sie Rückendeckung hatten. Dort fassten sie festen Fuß und hielten sich die Angreifer mit scharfen Hieben vom Leib. Aber ein feindlicher Haufen umging die Höhe, erklomm von der anderen Seite den Gipfel und schleuderte schwere Steine und Geschosse aller Art auf die Häupter der tapferen Kämpfer, bis sie, einer nach dem anderen zerschmettert, allesamt in ihrem Blut lagen.

Das war das Ende der stolzen Fabier. Der Tag, an dem die Helden starben, wurde fortan vom römischen Volk in stiller Trauer begangen, es war der 18. Juli 477 v. Chr. Nur ein Spross des ruhmreichen Geschlechts, ein Knabe noch, war in Rom zurückgeblieben. Auf ihn blickte das Volk in der Hoffnung auf künftigen Glanz und Heldenruhm. Und der einzige Erbe des glorreichen Namens hat sich der großen Väter würdig erwiesen.

CINCINNATUS

ei den beständigen Kriegen der Römer mit den benachbarten Völkern und den ununterbrochenen inneren Unruhen konnte es nicht fehlen, dass die Stadt oft in große Bedrängnis geriet. In diesem Fall wendeten die Römer ein Mittel an, dass sich fast immer als wirksam erwies: Sie erwählten einen Diktator, das heißt, sie übertrugen einem Mann von erprobter Tüchtigkeit auf sechs Monate königliche Macht. Die Konsuln legten dann ihr Amt nieder und die übrigen Beamten standen ganz unter dem Befehl des Diktators, von dessen Entscheidung keine Berufung an die Volksversammlung stattfand, der also selbst über das Leben der Bürger unumschränkte Macht hatte.

Einst war während eines hartnäckigen Kampfs mit den Äquern und anderen Völkern das Heer des einen Konsuls geschlagen, das des anderen eingeschlossen worden. Da erinnerten sich die Römer in ihrer großen Not eines Mannes, der schon früher als Konsul ruhmwürdige Siege erfochten, dann aber, als er für seinen entflohenen Sohn Bürgschaft geleistet hatte, seines ganzen Vermögens beraubt worden war. Cincinnatus – so hieß der Mann – schien der einzige zu sein, der die Republik retten könnte, und er wurde also zum Diktator ernannt. Cincinnatus lebte auf einem kleinen Landgut am Tiber, das ihm allein von seinen großen Besitzungen geblieben war. Hier bebaute er, wie damals auch die angesehensten Römer taten, seinen Acker selbst. Aber er war so verarmt, dass er, um seine einzige Toga zu schonen, im Arbeitskittel hinter dem Pflug herging. Da erschienen die Gesandten des Senats und sagten, dass sie ihm eine wichtige Meldung zu machen hätten. Eiligst ließ sich Cincinnatus von seiner Frau die Toga aus der Hütte bringen, und nun begrüßten ihn die Gesandten glückwünschend als Diktator, beriefen ihn in die Stadt und schilderten ihm die Not des Vaterlandes. Sogleich bestieg Cincinnatus mit ihnen ein Schiff, das für ihn auf dem Tiber bereit lag und wurde an der Stadt von seinen Verwandten und Freunden, von allen Senatoren und großen Scharen von Bürgern empfangen. Von diesem zahlreichen Gefolge wurde er, unter Vortritt der Liktoren, in seine Wohnung begleitet.

Am anderen Tag zog er mit allen waffenfähigen Bürgern aus, befreite den eingeschlossenen Konsul, eroberte das feindliche Lager, nahm das ganze Heer der Feinde gefangen und entließ es, nachdem er es entwaffnet und unter das Joch geschickt hatte. Es waren dies zwei in den Boden gesteckte Lanzen, unter denen die Feinde einzeln durchgehen mussten – die größte Schmach, die einem Krieger widerfahren konnte. Dem Cincinnatus erlaubte der Senat, an der Spitze seines Heeres triumphierend in die Stadt einzuziehen. Vor seinem Wagen her wurden die feindlichen Feldherrn geführt, die eroberten Feldzeichen wurden ihm vorangetragen, und das ganze Heer folgte ihm, mit der Beute beladen. Vor jedem Haus in Rom war ein Mahl bereitet, und alle schlossen sich unter Triumphgesang und Scherzen dem Zug an. Darauf legte Cincinnatus die ihm auf sechs Monate übertragene Gewalt am sechzehnten Tag seiner Amtsführung nieder und kehrte, der Retter des Vaterlandes, auf seine kleine Besitzung zurück, um nach wie vor seinen Acker zu bebauen.

DAS ZWÖLFTAFELGESETZ
(APPIUS CLAUDIUS
UND VIRGINIA)

em römischen Staat hatte es bisher an geschriebenen Gesetzen gefehlt, und dieser Umstand hatte nicht wenig dazu beigetragen, die Spannung zwischen den beiden Ständen zu vermehren, indem die Plebejer ganz der Willkür der das Richteramt ausübenden Patrizier preisgegeben waren. Die Volkstribunen hatten daher schon mehrmals verlangt, dass schriftliche Gesetze ausgearbeitet würden, jedoch immer vergeblich. Endlich gelang es ihnen, mit ihrem Vorschlag durchzudringen; es wurde eine Gesandtschaft nach Griechenland geschickt, um die Gesetze der vorzüglichsten Städte kennenzulernen, und dann wurden zehn Männer oder Decemvirn mit der Abfassung der Gesetze beauftragt. Zugleich übertrug man ihnen auf ein Jahr die unumschränkte Gewalt und ließ während dieser Zeit alle übrigen Ämter, selbst das der Volkstribunen, aufhören.

Da sie ihre Arbeit in einem Jahr nicht vollenden konnten, wurde ihnen noch auf ein zweites Jahr dieselbe Macht übertragen. Diese Zeit aber benutzten die Decemvirn, um sich eine unumschränkte Herrschaft zu begründen. Sie verpflichteten sich gegenseitig durch einen Eid, nie wieder den Senat oder das Volk zusammenzurufen und einander gegen alle Bürger, die sich gegen ihre Herrschaft auflehnen würden, auf das Kräftigste zu unterstützen. Da sie die alleinigen Richter waren, war es ihnen ein Leichtes, alle diejenigen Männer, die ihnen verdächtig waren, aus dem Weg zu schaffen, indem sie sie einkerkerten oder aus Rom verbannten; ja, sie scheuten sich sogar nicht, unschuldige Bürger, um sich ihrer zu entledigen, zum Tod verurteilen und hinrichten zu lassen. Die Seele dieses verbrecherischen Treibens war Appius Claudius, ein stolzer, herrschsüchtiger Mann, der auf seine Amtsgenossen einen solchen Einfluss ausübte, dass alles nach seinem Willen geschah. Endlich brachten zwei Freveltaten den Unwillen des Volkes zum Ausbruch.

Neun von den Decemvirn waren mit einem Heer gegen die Äquer ins Feld gezogen, während Appius Claudius in Rom zurückgeblieben war, um hier das Volk, dessen Hass gegen die grausame Herrschaft der Decemvirn immer deutlicher hervortrat, im Gehorsam zu erhalten und alle Unruhen im Keim zu unterdrücken. Bei dem Heer befand sich ein alter Krieger, Siccius Dentatus, der in hundertzwanzig Schlachten mitgekämpft hatte und wegen seiner Tapferkeit und Rechtschaffenheit allgemein geliebt und verehrt wurde. Da er mehrmals geäußert hatte, dass man wieder Volkstribunen erwählen müsse, beschlossen die Decemvirn, sich seiner durch Meuchelmord zu entledigen. Sie schickten ihn daher mit mehreren Begleitern aus und befahlen diesen, ihn an einem abgelegenen Ort umzubringen. Siccius fiel unter ihren Streichen, aber erst nachdem er sein Leben teuer verkauft und acht seiner Mörder erschlagen hatte. Dadurch wurde die Sache ruchbar und erregte im ganzen Heer die heftigste Erbitterung gegen die Decemvirn.

Unterdes hatte Appius in Rom selbst einen ähnlichen Frevel begangen. Er hatte nämlich einem Hauptmann plebejischen Standes namens Virginius seine Tochter Virginia geraubt, in die er unsterblich verliebt war, indem er durch einen falschen Zeugen beschwören ließ, dass sie die Tochter einer seiner Sklavinnen sei. Als nun das Mädchen fortgeführt werden sollte, ergriff der unglückliche Vater ein Messer und stieß es seiner Tochter in die Brust. Sogleich rottete sich das Volk zusammen; Virginius aber eilte mit dem blutigen Messer und dem blutbespritzten Kleid seiner Tochter in das Lager und rief die Soldaten zur Freiheit und zur Vertreibung der Tyrannen auf. Das Heer ging nach Rom, vereinigte sich mit den hier zurückgebliebenen Bürgern und zog, von allen Greisen, Frauen und Kindern begleitet, auf den heiligen Berg. Jetzt mussten auch die Senatoren, von denen viele es mit den Decemvirn gehalten hatten, mit dem Volk gemeinschaftliche Sache machen. Man kam überein, wieder Konsuln und Volkstribunen zu wählen und die alte Verfassung wiederherzustellen; Appius Claudius und einer seiner Amtsgenossen, die ins Gefängnis geworfen worden waren, töteten sich daselbst, und die übrigen acht Decemvirn wurden für immer aus der Stadt verbannt; die Gesetze aber, die sie verfasst hatten, wurden, weil man sie als zweckmäßig anerkannt, beibehalten, in zwölf eherne Tafeln eingegossen und öffentlich ausgestellt. Auf diese Weise war die Ruhe wiederhergestellt; aber schon nach kurzer Zeit brachen wieder Zwistigkeiten zwischen den Patriziern und Plebejern aus, indem die letzteren alle Rechte, die den Patriziern in den zwölf Tafeln noch vorbehalten waren, auch für sich zu erringen suchten.

DIE EROBERUNG
VON VEJI

 om hatte viele Feinde ringsumher; die streitbarsten, zähesten und trotzigsten waren die Vejenter, die Einwohner der Stadt Veji, die zwölf Meilen nordwestlich von Rom gelegen war. Seitdem dies Volk das Heldengeschlecht der Fabier vernichtet hatte, beunruhigte es unablässig die römische Grenze, und die Erbitterung zwischen den beiden Nachbarn erreichte einen so hohen Grad, dass nur die Vernichtung eines der beiden Völker der Fehde ein Ende machen konnte. Bisher hatte der Krieg nur während der Sommermonate gewütet, bei Beginn der rauen Jahreszeit pfleg-

ten die Heere in die Heimat zu ziehen, jetzt aber beschloss man in Rom, den Kampf auch im Winter fortzusetzen, bis das trotzige Veji gefallen und zerstört sein würde.

Die Stadt war mit sturmfesten Ringmauern umgeben und mit Speisevorräten so wohl versehen, dass sie eine lange Belagerung aushalten konnte. Im Schweiße ihres Angesichts bauten die Römer hohe Belagerungswälle, die sie unter steten Kämpfen allmählich bis nahe an die Mauern vorschoben. In einer finsteren Nacht aber, als die römischen Wachen eingeschlafen waren, machten die Feinde einen Ausfall, schwangen lodernde Fackeln, warfen Feuer in die aus Holz gezimmerten Belagerungswerke, sodass diese plötzlich in Flammen standen und ein ungeheurer Schrecken sich der Römer bemächtigte. In der Verwirrung wurden viele erschlagen, die große Menge aber verließ flüchtend das Lager und zerstreute sich in alle Winde.

Die Nachricht von diesem großen Unglück erregte in Rom Bestürzung und Trauer, und ratlos fragten sich Väter und Volk, was nun geschehen solle. Da traten zahlreiche Ritter, die Söhne stolzer Patrizierfamilien, vor den Senat und erboten sich, ohne Besoldung auf ihren eigenen Pferden gegen den Feind zu ziehen.

Als dieser hochherzige Entschluss im Volk kund wurde, traten die waffenfähigen Plebejer zusammen und erklärten, jetzt sei die Reihe an ihnen, dem Staat ihre Kräfte zu weihen; man möge sie nach Veji führen, sie wollten nicht eher zurückkehren, bis die feindliche Stadt erobert sei. Da war große Freude in Rom, und jedermann meinte, bei einem solchen Opfermut ihrer Bürger sei die Stadt unüberwindlich.

Ohne Verzug begab sich das Heer der Freiwilligen nach Veji; seine Ankunft belebte den Mut der Belagerer, und in kurzer Frist waren die zerstörten Werke wieder aufgebaut. Indessen zog sich durch die Schuld der beiden römischen Feldherrn, die sich gegenseitig heftig befehdeten, die Belagerung in die Länge, ja, die Vejenter vernichteten durch tapfere Ausfälle immer wieder die feindlichen Wälle und richteten im Lager großen Schaden an. Dazu kamen Unruhen in der Bürgerschaft Roms und bedrohliche Naturerscheinungen, sodass man schweres Unheil für den Staat befürchtete.

Es geschah nämlich, dass das Wasser im Albanersee mitten in der trockenen Sommerzeit so hoch zu steigen begann wie nie zuvor. Kein Seher, kein Priester wusste diese seltsame Erscheinung zu deuten – wollten die Götter durch dies Zeichen das Römervolk vor drohendem Unheil warnen? Um das beängstigende Geheimnis zu erforschen, wurde eine Gesandtschaft nach Delphi ausgerüstet, denn – so glaubte man – von dem berühmten Orakel Apollos allein könne man des Rätsels Lösung erfahren.

Während die Bürgerschaft Roms so zwischen Furcht und Hoffnung des Götterspruchs harrte, lag das Heer vor Veji und verzweifelte fast schon daran, die trotzige Feste zu bezwingen. Da trat eines Tages ein ehrwürdiger Greis aus dem Tor und sprach im Ton eines Propheten zu der römischen Wache: »Glaubt nur nicht, dass Veji fallen wird, ehe nicht das Wasser, das den Albanischen See bis an den Rand füllt, in die Gefilde abgeleitet worden ist.«

Anfangs achtete man dieser Worte wenig, die römischen Soldaten verspotteten vielmehr den Greis. Einer jedoch, auf den der Alte tieferen Eindruck gemacht hatte, fragte den vejentischen Vorposten, wer der Prophet sei. Er erhielt die Antwort: Der Greis sei ein angesehener Opferschauer, dem viele Geheimnisse kund seien. Daraufhin bat der Römer den Vejenter, er möchte doch den Propheten noch einmal vor das Tor senden, da er ihn über eine Sache befragen wolle, die ihm sehr am Herzen liege.

Der Greis stellte sich denn auch bald wieder ein; kaum aber stand er vor dem Tor, da sprang der römische Kriegsmann auf ihn zu, umfasste ihn mit seinen starken Armen und trug den Alten unter dem lauten Geschrei der feindlichen Wachen ins Lager bis zu dem Zelt des Feldherrn. Dieser sandte den Propheten nach Rom, und vor dem Senat erklärte der Alte: »Was ich aus innerem Antrieb im Lager ausgesprochen habe, das wäre zum Heil meines Volkes wohl besser verschwiegen geblieben; da man mich nun aber angesichts der hohen Götter befragt, muss ich die Wahrheit offenbaren. In den Schicksalsbüchern der Etrusker steht geschrieben: ›Wenn einst das Wasser im Albanersee bis an den Rand steigt und die Römer es in die Fluren ableiten werden, so wird Veji, die stolze Stadt, in ihre Hände fallen. Behält aber der See sein Wasser oder sendet er es ins Meer, so werden die Götter Vejis Mauern nicht verlassen.‹«

So sprach der Greis; doch ungläubig schüttelten die Väter ihre Häupter und beschlossen, die Botschaft aus Delphi abzuwarten, ehe sie etwas unternähmen, das vielleicht die Götter erzürnen könnte.

Nicht lange, so kamen die Wallfahrer von der heiligen Stätte Apollos zurück und brachten die Antwort: »Das Orakel verkündigt: Der bis oben angefüllte Albanersee solle so abgeleitet werden, dass sein Wasser nicht ins Meer fließe, sondern die römischen Fluren ringsum bewässere. Sobald solches geschehen, mögen die Römer kühnen Mutes die Mauern Vejis erklimmen, denn die Stadt ist in ihre Hände gegeben. Nach Beendigung des Krieges erwartet Apollo ein kostbares Geschenk von Rom.«

Jetzt erhielt der etruskische Prophet auf einmal ein hohes Ansehen. Und der Senat sandte Männer nach dem Albanersee, die das Wasser ableiten sollten, zum obersten Feldherrn des Heeres vor Veji aber wurde Marcus Furius Camillus auserkoren.

Mit der Ankunft des neuen Befehlshabers im Lager kehrte dort ein frischer Geist der Hoffnung und Tapferkeit ein, und für Rom schien die Sonne neuen Glücks aufzugehen. Unter den Augen des großen Camillus gingen die Soldaten mit Lust an die Schanzarbeit, ja, auf seinen Befehl wurde in kurzer Zeit ein unterirdischer Gang unter der Ringmauer hindurch geschaffen, der unter der feindlichen Burg münden sollte.

Als alle Vorbereitungen zum Angriff vollendet waren, schien dem Feldherrn der Sieg so sicher, dass er dem Senat in Rom melden ließ, der Fall Vejis sei nahe bevorstehend, reiche Schätze würden dem Sieger in die Hände fallen, der Senat möge beschließen, was mit der Beute geschehen solle. Daraufhin zogen Herolde durch die Straßen Roms und machten bekannt: Wer von den Bürgern Lust habe, einen Teil der Kriegsbeute zu gewinnen, möge sich in das Lager begeben.

Wie hätten die Plebejer solchen Lockungen widerstehen können! Eine große Menge Volks machte sich auf den Weg nach Veji: zu Wagen, zu Pferd, zu Fuß, mit Säcken und Körben und Kisten und Kasten, und gerade, als der beutelüsterne Haufen das Lager erreichte, gab der Feldherr den Befehl zum Sturm auf die Stadt, nachdem er den zehnten Teil der Beute dem pythischen Apollo und der erhabenen Juno einen Tempel im Rom gelobt hatte.

Wie ein Wettersturm erfolgte der Angriff auf Tore und Mauern; zugleich sprang Camillus mit einer Heldenschar in den unterirdischen Gang hinab und schritt dort in aller Stille vorwärts bis an den Endpunkt, der sich unter der Opferhalle der königlichen Burg befand. Dort angelangt, hielten sie still und lauschten mit angehaltenem Atem empor. Da vernahmen sie über sich die Stimme des Priesters und hörten die Worte: »Mag auch der Sturmangriff des tapferen Feindes unsere Mauern bedrohen: Der allein wird in diesem Kampf den Sieg davontragen, der die Eingeweide dieses Opfertiers den Göttern vorlegen wird.«

Kaum war das Wort seinem Mund entflohen, da hob sich unter gewaltigen Schlägen der Boden der Halle, und ans Tageslicht sprangen erzgepanzerte Römer, darunter der furchtbare Furius Camillus. Dieser entriss dem schreckenstarren Priester die Schale mit dem Opferfleisch, brachte es den Göttern dar und sprach: »In Ehrfurcht reiche ich euch, ihr Himmlischen, dies Opfer, so verleiht denn auch meinem Heer den Sieg!« Bald wimmelte die Halle von römischen Kriegsmannen, und immer mehr stiegen aus dem Abgrund ans Licht. Im Nu wurde die Burg genommen, die Riegel der Tore klirrten, weit auf taten sich die Pforten, und herein strömten gleich den überbrechenden Fluten des Albanersees speerschwingend die römischen Legionen.

Die Besatzung der Mauern, von beiden Seiten angegriffen, war bald überwältigt, aber auf den Dächern standen die Frauen und Sklaven und warfen Steine und Ziegel auf die Köpfe der Feinde herab. Darüber ergrimmt, schleuderten die römischen Soldaten Feuerbrände in die Häuser, und bald hier, bald da schlugen die Flammen lichterloh empor. Schreckliches Kriegsgeschrei hallte in allen Gassen, und darein mischte sich das klägliche Jammergeheul der Frauen und Kinder.

Da ließ Camillus die Trompeten blasen und durch seine Herolde kundtun, dass alle Unbewaffneten verschont bleiben sollten, wer aber mit einer Waffe in der Hand angetroffen würde, der solle ohne Gnade niedergehauen werden. Diese Botschaft machte dem schrecklichen Gemetzel bald ein Ende; die Vejenter schleuderten Speere, Lanzen, Schild und Schwert fort und gaben sich gefangen. Nun begann die Plünderung der reichen Stadt, und die Beute war so unermesslich, dass der Feldherr seine Hände gen Himmel streckte und die Götter anflehte, sie möchten doch die Augen schließen und die Römer um dieses großen Gewinns willen nicht beneiden und strafen.

Als er sich umwandte, stolperte sein Fuß, und er fiel auf die stützende Hand. Alle, die das sahen, erschraken, denn sie erblickten in seinem Fall eine schlimme Vorbedeutung.

Am anderen Tag ließ Camillus alle freigeborenen Gefangenen öffentlich verkaufen, den Ertrag dafür bestimmte er für den Schatz des Staates. Darüber murrten die Soldaten, denn sie glaubten, nicht dem ganzen Volk, sondern ihnen allein käme das Geld zu.

Nachdem die Gefangenen, Männer, Frauen und Kinder, abgeführt und Häuser und Straßen der unglücklichen Stadt menschenleer waren, ging man mit ehrfurchtsvoller Scheu an das Werk, die Götter aus den Tempeln fortzuschaffen. Den auserlesensten Jünglingen des ganzen Heeres fiel die Aufgabe zu, die Königin Juno von ihrem bisherigen Sitz in Veji nach Rom hinüberzuführen. Mit aller Sorgfalt bereiteten sie sich zu dem heiligen Werk vor, fasteten, badeten und legten reine weiße Kleider an. Darauf traten sie mit scheuen Füßen in den Tempel und nahten sich voll Ehrfurcht dem Bild der höchsten Göttin. Und einer der Jünglinge tat seinen Mund auf und richtete an die Erhabene die Frage: »Ist es dein Wille, von uns nach Rom geleitet zu werden, hohe Juno?«

Da riefen alle, die Göttin habe genickt, einige wollten sogar ein deutliches Ja aus ihrem Mund gehört haben. Der Einwilligung freute man sich, und das erhabene Bild wurde herabgenommen und in feierlichem Zug nach Rom gebracht. Dort wurde es vom ganzen Volk mit heiliger Scheu empfangen und zum Tempel auf den Aventinus, den ewigen Sitz der Himmelskönigin, geleitet.

Das war das Ende Vejis, einer der stolzesten und reichsten Städte Etruriens, die nun still und verlassen wie eine trauernde Witwe auf dem Berg stand.

In Rom hingegen herrschte unendlich Freude und das ganze Volk rüstete sich, den siegreichen Feldherrn und sein tapferes Heer würdig zu empfangen. Und als nun jenseits des Tiber Staubwolken emporstiegen, fluteten Tausende durch die Tore den Lorbeerbekränzten entgegen. Camillus hielt seinen Einzug in einem mit vier milchweißen Rossen bespannten Wagen; so fuhr er auch im Triumph zum Kapitol hinan. Zwar jubelte ihm die Menge zu, doch waren viele im Herzen betroffen, denn war es nicht Hoffart und sträfliche Überhebung, wenn ein Sterblicher mit weißen Rossen einherfuhr, die doch dem Jupiter und Sol, dem Sonnengott, heilig waren?

Kaum war der Siegesjubel in Rom verklungen, da kam es wieder zu heftigen Streitigkeiten und Zänkereien zwischen dem Senat und den Bürgern. Viele der letzteren wollten nach Veji ziehen; ja, sie suchten das ganze Volk zu dem Entschluss zu treiben, Rom zu verlassen und nach der eroberten Stadt überzusiedeln. Diesem Plan widersetzten sich mit Entschiedenheit die Väter, vor allen auch der Feldherr Camillus.

Die Bürger mussten nachgeben, aber sie fügten sich mit Murren. Und die Unzufriedenheit wuchs, als nun Camillus verlangte, das Volk solle dem hohen Apollo das von ihm vor Veji dem Gott verheißene kostbare Geschenk nach Delphi senden, und zwar solle jeder Bürger den zehnten Teil seiner Kriegsbeute zu diesem Zweck herausgeben. Was der mächtige Mann mit Heftigkeit forderte, erhielt er, die Steuer wurde gezahlt, doch gegen den Urheber dieser Fron und den Unterdrücker des Volkswillens wandte sich nun der Hass der großen Menge; man wartete nur auf eine Gelegenheit, um den siegreichen Helden vor Gericht zu ziehen und zu vernichten.

Es wurde beschlossen, für den Preis des zusammengebrachten Gutes einen kostbaren goldenen Mischkessel für den pythischen Apollo herstellen zu lassen, aber nun hatte man zwar Goldeswert beisammen, jedoch kein Gold. Aus dieser Verlegenheit halfen vornehme Patrizierfrauen dem Senat; ihrer viele taten sich zusammen, berieten über die Sache und beschlossen, ihr Gold und sämtliches Geschmeide auf den Altar des Vaterlandes zu legen. Das geschah, und aus Dankbarkeit wurde den edlen Frauen vom Senat die Erlaubnis erteilt, zu den Feierlichkeiten des Gottesdienstes und der öffentlichen Spiele fortan in vierrädrigen und sonst an Fest- und Werktagen in zweirädrigen Wagen fahren zu dürfen.

DER LEHRER VON
FALERII

icht lange danach geriet Rom in Fehde mit der Stadt Falerii vierzig Meilen nördlich von Rom, und wiederum wurde Camillus zum Feldherrn auserkoren. Aus Furcht vor dem gewaltigen Besieger Vejis zogen sich die Falisker beim Herannahen des römischen Heeres hinter die Mauern ihrer Stadt zurück. Da ließ Camillus, um sie herauszulocken, ringsumher ihre Landhäuser verbrennen und die Fluren verwüsten. Das half: Die Tore wurden aufgetan, heraus kamen die Kriegsmannen und schlugen etwa tausend Schritte vor der Stadt ein Lager auf.

In der Stille der Nacht rückte Camillus mit seinem Heer auf der felsigen Anhöhe heran, um sich in der Nähe des feindlichen Lagers zu verschanzen. Die Falisker waren bestürzt, als sie am frühen Morgen den Feind so nahe erblickten; sie machten den Versuch, die römischen Soldaten an der Schanzarbeit zu hindern, wurden aber scharf zurückgewiesen und gerieten dermaßen in Schrecken, dass sie die Flucht ergriffen, an ihrem Lager vorbeiliefen und spornstreichs nach der Stadt eilten, um sich hinter schützenden Mauern zu bergen. Die Römer verfolgten die Fliehenden, erschlugen viele aus der Nachhut und erbeuteten das Lager.

Jetzt ließ Camillus die Stadt einschließen und Werke erbauen, um die Mauern zu berennen. Die Arbeit war hier noch schwieriger als vor Veji, denn die Stadt lag auf einem Berg und das Gelände ringsum war abschüssig und felsig. Die Belagerung würde sich darum wohl sehr in die Länge gezogen haben, hätte nicht das Glück dem römischen Heerführer Gelegenheit gegeben, durch eine Probe seiner ritterlichen Gesinnung die Herzen der Falisker zu besiegen.

Und das ging so zu: Ein Lehrer, der mehrere Knaben aus den vornehmen Familien Faleriis erzog, hatte in Friedenszeiten die Gewohnheit gehabt, seine Schüler zu Spielen und ritterlichen Übungen auf den Anger vor der Stadt hinauszuführen. Das tat der Mann auch jetzt, ohne sich vor den feindlichen Kriegern zu fürchten. Eines Tages ging er mit den Knaben in das römische Feldlager, ließ sich das Feldherrnzelt zeigen und führte seine Zöglinge zu Camillus. Dieser blickte erstaunt auf, glaubte aber seinen Ohren nicht trauen zu dürfen, als der treulose Erzieher also zu sprechen anhob: »Erhabener Feldherr, ich liefere Falerii hiermit in deine Hände, indem ich dir diese Knaben, deren Väter die Häupter der Stadt sind, als Geiseln übergebe.«

Empört über die Verworfenheit des Menschen, erwiderte Camillus: »Du irrst, Schurke, wenn du mich und die Römer für deinesgleichen hältst! Zwar sind wir Feinde der Falisker, aber auch im Krieg gelten die ewigen Menschenrechte, und kein Römer wird diese verletzen. Nicht gegen wehrlose Knaben führen wir die Waffen, sondern gegen Kriegsmannen. Ich weise daher dein schändliches Anerbieten zurück und überliefere dich dem Gericht der Männer, an denen du zum Verräter geworden bist.«

So sprach Camillus, bebend vor Zorn, und er ließ den ehrvergessenen Menschen entkleiden, ließ ihm die Hände auf den Rücken binden und ihn vor den Knaben mit Ruten in die Stadt peitschen.

Der seltsame Aufzug erregte in Falerii das größte Aufsehen. Das Volk lief zusammen; es kamen die Väter und Mütter der Knaben und vernahmen mit Staunen, was sich im Lager des Feindes zugetragen hatte. Nun klang plötzlich der Name des Mannes, den die Falisker bisher grimmig gehasst hatten, wie ein Lobgesang von allen Lippen. Die Redlichkeit der Römer und die Ritterlichkeit ihres ruhmreichen Feldherrn wurden auf dem Markt und im Rathaus laut gepriesen, und unter Zustimmung des ganzen Volkes gingen alsbald Gesandte zu Camillus ins Lager und von dort auf seinen Wunsch nach Rom an den Senat, die Stadt Falerii zu übergeben.

Von Feinden und Freunden empfing Camillus Danksagungen. Den Faliskern wurden die Kosten des Feldzugs auferlegt, man gab ihnen den erbetenen Frieden, und das Heer kehrte nach Rom zurück.

Diesmal zog Camillus nicht auf einem mit weißen Rossen bespannten Wagen in die Stadt ein, aber sein Ruhm war darum doch nicht minder groß und wohlverdient. Dessenungeachtet musste der große Feldherr, vom Volk wegen ungerechter Verteilung der Kriegsbeute vor Veji hart angeklagt, Rom verlassen und als Verbannter in die Fremde ziehen.

»Mir ist unrecht geschehen«, sprach er bitter; »möge die Zeit bald kommen, da das Vaterland meiner bedürfen wird!« Damit schüttelte der große Mann den römischen Staub von seinen Füßen und begab sich nach der Stadt Ardea, wo er fortan als Verbannter lebte, der Stunde harrend, da das bedrängte Rom ihn zu neuen Taten rufen werde.

DIE GALLIER

in weit gefährlicherer Feind, als es die Etrusker gewesen waren, erstand den Römern in den Galliern, einem Barbarenvolk, das von den Alpen her nach Italien einbrach.

Die Gallier gehörten zu der großen Völkerfamilie der Kelten, die hinter den Vorvätern der Griechen und Italiker in Europa eingewandert waren, aber sich nicht nach Süden gewandt hatten, sondern nach Westen dem Nordfuß der hohen europäischen Gebirge gefolgt waren und das weite Waldgebiet zwischen Alpen und Nord- und Ostsee besetzt hatten. Sie breiteten sich aber immer weiter nach Westen aus und waren so durch das heutige Frankreich bis an den atlantischen Ozean gekommen, der ihrem unermüdlichen Vorwärtsdringen einen unüberwindlichen Halt gebot. Hier blieben sie sitzen, und das Land erhielt nach ihnen den Namen Gallien.

Zweige des Wandervolks, die noch nicht zur Ruhe kamen, gingen südwärts über die Pyrenäen nach Spanien, andere nordwärts, und diese kreuzten sogar den Kanal und gelangten nach England und Irland. Andere wieder fluteten rückwärts und gelangten wieder an die Alpen, ließen sich aber durch die himmelhohen Gebirgsmauern nicht aufhalten, sondern drangen in die Alpentäler ein und stiegen über die Pässe in die Gefilde von Oberitalien nieder. Hier erkämpften sie sich Wohnplätze und ließen sich nieder. Mehr und mehr dehnten sie sich in diesen gesegneten Ländern aus und wurden nach und nach Herren des ganzen Landes zu beiden Seiten des Poflusses von den Alpen bis zum Apennin. Wohin sie ihren Fuß setzten, waren sie den Völkern ein Schrecken. Endlich überstiegen sie auch noch die Gebirgsketten des Apennin und brachen in die inneren Gebiete der Etrusker ein, deren Wehrhaftigkeit vor ihrer Wildheit gleichfalls nicht standhielt.

Die Gallier waren wilde Barbaren, noch weit entfernt von der Kulturstufe der Griechen und Italiker. Trefflich schilderte sie der Geschichtsforscher Theodor Mommsen: »Überall finden wir sie bereit zu wandern, d. h. zu marschieren, dem Grundstück die bewegliche Habe vorziehend, allem anderen aber das Gold; das Waffenwerk betreibend als geordnetes Raubwesen oder gar als Handwerk um Lohn und allerdings mit solchen Erfolg, dass selbst der römische Geschichtsschreiber Sallust im Waffenwerk den Kelten den Preis vor den Römern zugesteht. Es sind die rechten Landsknechte des Altertums, wie die Bilder und Beschreibungen sie uns darstellen: große, nicht sehnige

Körper mit zottigem Haupthaar und langem Schnauzbart, recht im Gegensatz zu den Griechen und Römern, die die Oberlippe scheren – in bunten, gestickten Gewändern, die beim Kampf nicht selten abgeworfen wurden, mit dem breiten Goldring um den Hals, unbehelmt und ohne Wurfwaffen jeder Art, aber dafür mit ungeheurem Schild nebst dem langen, schlecht gestählten Schwert, dem Dolch und der Lanze, alle diese Waffen mit Gold geziert, wie sie denn die Metalle nicht ungeschickt zu bearbeiten verstanden. Zum Renommieren dient alles, selbst die Wunde, die oft nachträglich erweitert wird, um mit der breiteren Narbe zu prunken. So führten sie unter eigener oder fremder Fahne ein unstetes Soldatenleben, das sie von Irland und Spanien bis nach Kleinasien zerstreute, unter steten Kämpfen und Heldentaten; aber was sie auch gewannen, es zerrann wie der Schnee im Frühling und nirgends ist ein großer Staat, nirgends eine eigene Kultur von ihnen geschaffen worden.«

Eine Stadt der Etrusker nach der anderen fiel in ihre Hände, und sie wurden allesamt ausgeraubt und aufs Jämmerlichste verwüstet. Erst Clusium, das vordem die Residenz des Königs Porsenna gewesen war, setzte ihnen hartnäckigen Widerstand entgegen. Aber wie einst Rom von Porsenna, so war nun Clusium von den Galliern so dicht umlagert, dass jede Zufuhr abgeschnitten war und die Not in der Stadt aufs Äußerste stieg. Clusium war jetzt Republik und lange schon ein treuer Bundesgenosse der Römer, und in dieser Not wurde beschlossen, einige mutige Männer, die sich anboten, des Nachts durch den Ring der Belagerer zu schleichen, nach Rom zu entsenden und um Hilfe zu bitten.

Die Römer hatten noch nie etwas von den Galliern gehört. Nur dunkle Kunde war ihnen geworden, dass ein Volk der Barbaren in das Etruskerland eingefallen sei. Sie hatten kaum glauben mögen, dass dies möglich sei und die Köpfe geschüttelt, dass ihre so wehrhaften Verbündeten ein wildes Barbarenvolk nicht sogleich wieder hinausgeworfen hatten. Und jetzt kamen nun gar Gesandte von Clusium, das einst sogar die Römer so gewaltig in Schrecken gesetzt hatte, traten vor den Senat und baten um Hilfe gegen dieses Barbarenvolk.

Die Gallier? Wer ist das? Wo ist deren Heimat und wie sind sie nach Etrurien gekommen? Wie ist es möglich, dass ihr ein solches Volk in eurem Land dulden könnt? So fragte man im Senat. Man staunte, als die Männer von Clusium berichteten, dass dieses Volk zahlreich wie ein Heuschreckenschwarm in das Land gefallen sei, das ganze äußere Etrurien im Flug erobert habe und aufs Schrecklichste hausend bis Clusium vorgedrungen sei und nun die Stadt eng umklammert halte. Noch hätten sie sich nicht mit den Galliern in offener Feldschlacht zu messen gewagt, denn sie seien gegen deren unzählbare Scharen viel zu schwach und dann sei ihr Untergang gewiss. Wenn ihnen aber die Römer mit ihrem kriegsgewohnten Heer zu Hilfe kommen wollten, dann würden sie den Barbaren wohl gewachsen und Hoffnung vorhanden sein, den Sieg zu gewinnen und den Feind zurückzuwerfen.

»Hoffnung?«, rief einer der Senatoren lachend. »Ich denke, dass der Kriegsruhm der Römer in ganz Italien bekannt ist, und es wird genügen, den Barbarenkönig zu warnen, sich mit Rom auf feindlichen Fuß zu stellen. Er wird sich bedenken und die Belagerung von Clusium sicherlich ohne Weiteres aufheben.« Der ganze Senat zollte dem Redner Beifall, und die Männer von Clusium mochten noch so ernste Bedenken geltend zu machen suchen, auf die ungeheure Zahl der Feinde, auf ihre bisherigen beispiellosen Erfolge hinweisen, der Senat blieb dabei, dass es nicht nötig, sogar der Römer unwürdig sei, sich mit einem Volk von Wilden einzulassen. Sie meinten: Wenn sie den Galliern eine Gesandtschaft schickten und ihnen sagen ließen, dass sie von Clusium ablassen und hinziehen sollten, woher sie gekommen seien, widrigenfalls sie sich die Feindschaft der Römer zuziehen würden, so würde das vollkommen genügen, um Clusium frei zu machen und die Gallier zugleich von weiterem Vordringen abzuschrecken.

In diesem Sinne wurde denn auch beschlossen. Die so ernsten Vorstellungen der Männer von Clusium vermochten den Senat nicht umzustimmen, er blieb bei seinem Beschluss.

Der römische Senat sandte also drei seiner mutigsten Mitglieder mit den Männern von Clusium nach deren gefährdeter Stadt, um den Beschluss zur Ausführung zu bringen. In die Nähe des feindlichen Lagers gekommen, zogen es die Clusier vor, nicht weiter zu gehen, sondern die Nacht abzuwarten und sich unter deren Schutz wieder in die Stadt zu schleichen. Die drei römischen Gesandten aber wandten sich furchtlos nach dem feindlichen Lager, um vor den gallischen Heerkönig Brennus geführt zu werden.

Es sei hier die Bemerkung eingeschaltet, dass wie bei den alten Ägyptern das Wort »Pharao« kein Name, sondern die Bezeichnung für die Würde des Herrschers war, so auch bei den Galliern das Wort »Brennus« nur die Bezeichnung für den jeweiligen Heerkönig.

Die Gesandten Roms wurden im gallischen Lager vor den Heerkönig geführt und standen nun vor einem Mann von riesiger Gestalt, auf dessen von wirrem Haarwuchs umschattetem Gesicht Wildheit und Grausamkeit scharf ausgeprägt waren, ein Ausdruck, der durch den dichten, lang herabhängenden ungeheuren Schnurrbart, den Römern ein Abscheu, noch erhöht wurde. Aber furchtlos hielt ihm der Sprecher der Gesandtschaft mit harten Worten sein Unrecht vor, ein Volk ohne jede Ursache mit verderblichem Krieg zu überziehen, und ermahnte ihn dringend, von Clusium abzulassen und hinzuziehen, woher er gekommen sei. Würde er das nicht tun, so müsste Rom mit großer Heeresmacht kommen und ihn mit Gewalt dazu zwingen.

Im höchsten Grade erstaunt blickte Brennus den kühnen Sprecher an und antwortete verächtlich: »Rom will mich dazu zwingen? Und ihr seid Römer? Ich habe noch nie von euch gehört. Aber gleichviel! Ich brauche Raum für mein Volk, und den werde ich mir nehmen, ohne euch Römer danach zu fragen. Wollen die Leute von Clusium mir in Güte so viel Raum gewähren, als ich nötig habe, nun gut, so sollen sie Frieden haben, anderenfalls nehme ich ihn mir mit Gewalt, und sie müssen den Schaden eben tragen.«

»Wer gibt dir das Recht dazu?«, brauste der Gesandte auf.

»Mein Schwert!«, entgegnete Brennus stolz und drehte ihnen den Rücken zu. Im höchsten Zorn verließen die römischen Gesandten den gallischen Heerkönig.

DIE SCHLACHT AN DER ALLIA
UND DAS BRENNENDE ROM

nzwischen hatten die Männer von Clusium im Schutz der Dunkelheit glücklich die Stadt erreicht und dem Rat ihren Bericht erstattet, was der Senat von Rom geantwortet und was er zu ihrer Rettung getan habe. Da sah ja nun jeder ein, dass sie auf Rom nicht rechnen konnten, und da die Not in der Stadt eine unerträgliche Höhe erreicht hatte, wurde beschlossen, den Kampf der Verzweiflung mit den Galliern zu wagen.

Schleunig wurde gerüstet, die Tore öffneten sich, und heraus strömten die Clusier zur Schlacht, empfangen vom furchtbaren Schlachtgeschrei der Gallier. Der Kampf begann, aber es währte nicht lange, da wurde von Brennus dem gallischen Heer plötzlich das Zeichen gegeben, innezuhalten und zurückzuweichen. Rasch folgten die Gallier dem Befehl, und nun hielten auch die Clusier aufs Höchste erstaunt inne. Was war geschehen?

Brennus hatte, als er den Kampf leitend überblickte, im Gewühl die drei römischen Gesandten wahrgenommen und augenblicklich einen anderen Entschluss gefasst. In der Tat hatten die drei Römer, fortgerissen von ihrem flammenden Zorn über die Verachtung des Galliers, sich an die Spitze der Clusier gestellt und tapfer in den Kampf eingegriffen. Das aber war ein Bruch des Völkerrechts, denn schon damals galt allgemein der Gebrauch, dass Gesandte einer fremden Macht als unverletzlich betrachtet wurden, sich aber auch nicht in den Kampf der streitenden Gegner einlassen durften. Ergrimmt hatte Brennus daher augenblicklich den Entschluss gefasst, Rom dafür zur Rechenschaft zu ziehen, und den Befehl zur Einstellung des Kampfes gegeben. Nun schickten sie einen Herold an die Clusier, der ihnen Friedensanträge machen musste, und mit Freuden gingen sie darauf ein, fand doch nun ihre Not ein unerwartetes Ende.

Die drei hochmütigen Römer hatten sich schleunigst in Sicherheit gebracht und kamen glücklich nach Rom zurück. Sie hatten allerdings in diesem kurzen, so plötzlich abgebrochenen Kampf schon erkannt, dass die gallischen Barbaren ein äußerst gefährlicher Gegner seien, und ihre ungeheure Zahl hatte sie in schreckhaftes Erstaunen gesetzt. Dennoch wurden die gallischen Gesandten, die bald darauf in Rom erschienen, um Klage über den Bruch des Völkerrechts zu führen und die Auslieferung der Frevler zu verlangen, stolz abgewiesen, ja, in ihrer Gegenwart wurden die drei Mitglieder des Senats wegen dieses Frevels sogar noch gelobt, dass sie wie echte Römer gehandelt hätten.

Die Folge dieses Hochmuts war natürlich, dass ein ungeheures gallisches Heer in Eilmärschen gegen Rom heranzog.

Auch hier waren die Rüstungen rasch vollendet, denn die Römer befanden sich immer in Kriegsbereitschaft. Aber das römische Heer kam nicht weiter als bis zur Einmündung des Flusses Allia in den Tiber, denn schon hier sahen sie ringsum auf der Höhe wilde, von großen Schilden gedeckte Heerscharen auftauchen. Schnell waren die römischen Legionen geordnet. Als aber die Barbaren in keilförmigen Rotten unter wildem Schlachtgesang in die Legionen einbrachen, bemächtigte sich der Römer Furcht und Schrecken, und es währte nicht lange, da löste sich das römische Heer in wilde Flucht auf, viele fanden ihren Tod im Tiber.

An die Sicherung Roms dachte niemand mehr und auch viele der in der Stadt zurückgebliebenen Bewohner suchten ihr Heil in besinnungsloser Flucht nach allen Seiten. Nur mit der größten Mühe gelang es dem Konsul Marcus Manlius, eine Schar beherzter Männer um sich zu sammeln und sich mit ihnen in das feste Kapitol zu werfen, entschlossen, dieses bis zum letzten Mann gegen den Feind zu verteidigen. Er fand die Tore offen, die Mauern unbesetzt und die Stadt wie ausgestorben. Eine Falle fürchtend, lagerte er außerhalb der Mauern und sandte während der Nacht Späher aus, die ihm aber die Nachricht brachten, dass Rom von seinen Bewohnern verlassen sei. Da hielt er denn am Morgen seinen Einzug in die totenstille Stadt, in der kein Mensch zu erblicken war. Nur auf dem Forum sah man einige Greise auf hohen Stühlen unbeweglich sitzen. Sie wurden von den Galliern für Bildsäulen römischer Götter gehalten. Als aber ein vorwitziger Bursche es wagte, eine dieser vermeintlichen Bildsäulen am Bart zu zupfen, erhielt er von dem zornig emporfahrenden Greis mit dem elfenbeinernen Stab einen Schlag über den Kopf, und nun warfen sich die Krieger mit Hohngeschrei auf die Greise und machten sie nieder.

Nun begann die Plünderung der Stadt, wobei auch wohl hier und da noch versteckte Menschen gefunden wurden. Sie wurden unbarmherzig niedergehauen. War ein Haus ausgeraubt, so wurde es angezündet, und endlich stand ganz Rom in Flammen, ein ungeheures Feuermeer, und dieser gallische Brand leuchtete in den dunklen Nächten weit umher in die Landschaft.

MANLIUS UND
DIE KAPITOLINISCHEN
GÄNSE

 Es ist oben erzählt worden, wie es dem Konsul Marcus Manlius nur mit großer Mühe gelang, eine Schar der flüchtenden Krieger zu sammeln und mit ihnen das Kapitol zu besetzen. Dahin flüchteten auch die Alten vom Senat. Obwohl Brennus den Versuch machte, diesen Felsen zu stürmen, wurde der Sturm doch abgeschlagen, und um das Kapitol zum zweiten Mal zu bestürmen und mit größerer Macht zu bezwingen, hatte er nicht Krieger genug zur Verfügung.

Brennus konnte nämlich zur Einschließung des kapitolinischen Felsens nur den kleineren Teil des Heeres verwenden, der größere musste ununterbrochen das Land durchstreifen, um die nötigen Lebensmittel heranzuschaffen, und der Kreis der Verwüstung rings um Rom wurde immer größer, und diese Streifen nahmen immer mehr Zeit in Anspruch. Immerhin waren noch Krieger genug vorhanden, um die Einschließung vollständig zu machen, nur die Wasserseite musste frei blieben.

Nun erinnerten sich die Römer des genialsten ihrer Feldherrn, Furius Camillus, der früher schon das für unüberwindlich geltende Veji erobert hatte und den sie dennoch in die Verbannung geschickt hatten. Wenn irgend einer, so war es er allein, dessen Feldherrntalent in dieser verzweifelten Lage noch Hilfe bringen konnte. Da die Plünderungszüge der Gallier immer größere Ausdehnung nahmen und die weiteste Umgebung der Landschaft nicht minder darunter zu leiden hatte, hatten sich alle Nachbarn schon erboten, Rom zu Hilfe zu kommen, und da konnte denn wohl ein stattliches Heer zusammengebracht werden, das, wenn nur ein tüchtiger, erprobter Feldherr gefunden wurde, den wilden, regellos kämpfenden Galliern sicherlich standhalten würde.

Aller Augen wandten sich umso mehr auf Camillus, als dieser auch jetzt wieder bewiesen hatte, dass er wohl der den Römern fehlende Führer sein würde. Die Plünderungszüge der Gallier hatten sich nämlich auch bis nach Ardea ausgedehnt, wo der Verbannte lebte. Da hatte er sich an die Spitze der bewaffneten Einwohner gestellt, um wenigstens diese Stadt bis zum letzten Mann gegen die gefürchteten Barbaren zu verteidigen.

In Eile war Brennus den fliehenden Römern nachgezogen bis vor die Stadt. In ihrer dringenden Not wandten sich die Römer nun an Camillus und trugen ihm den Oberbefehl über ein zu bildendes Heer an, und – er war bereit dazu, denn wenn er auch meinte, dass ihm in Rom seinerzeit bitteres Unrecht geschehen sei, so war er doch als echter Römer von glühender Vaterlandsliebe beseelt und sah mit Ingrimm, wie die Gallier im Land hausten.

Er stellte jedoch eine Bedingung: Er war ein Verbannter, und als solcher konnte und wollte er das Amt nur annehmen, wenn ihn der Senat dazu beriefe und ihm zugleich die Diktatur übertragen, das heißt: ihm die unumschränkte Herrschaft, wie sie ein König ausübt, einräumen würde, was nach den Gesetzen der römischen Republik in den Zeiten äußerster Not möglich war. Diese Gewalt erlosch dann nach sechsmonatiger Dauer.

Diese Bedingung zu erfüllen, erschien jedoch unmöglich, denn mit Ausnahme der ältesten Greise, die bei der Einnahme der

Stadt nicht von ihren hohen Stühlen auf dem Forum gewichen und von den Galliern verhöhnt und getötet worden waren, hatten sich sämtliche Mitglieder des Senats mit Marcus Manlius in das Kapitol geflüchtet, das ja nun so hart umlagert war, dass niemand weder hinein noch heraus konnte.

Da erbot sich ein junger Mann, Pontius Cominius mit Namen, den gefährlichen Versuch zu wagen, in das Kapitol hineinzugelangen.

Es wurde schon erwähnt, dass Brennus bei der Blockade des kapitolinischen Felsens die Wasserseite hatte freilassen müssen, denn hier hätten allein Schiffe verwendet werden können, und die waren nicht vorhanden. Hier wollte Cominius seinen verwegenen Plan ausführen.

Da er am hellen Tag hätte bemerkt werden können, schwamm der tollkühne junge Mann bei Anbruch der Nacht den Tiber hinab und erkletterte in der Finsternis mit unsäglicher Geduld und Mühe vom Fluss aus den steilen Felsen. An dieser für völlig unzugänglich gehaltenen Seite hatte man einen einzelnen Krieger als Wache für genügend erachtet, den fand Cominius schlafend und musste ihn erst wecken. Aber er verständigte sich mit ihm schnell, und der Wächter führte ihn zu Manlius.

Mit Erstaunen hörte der Konsul von dem Weg, den Cominius eingeschlagen hatte, um in das Kapitol zu gelangen; mit Freuden aber vernahm er, dass alle Nachbarn sich erboten hätten, den Römern zu helfen und Furius Camillus, der berühmteste Feldherr der Römer, bereit wäre, den Oberbefehl zu übernehmen. Er berief sogleich den Senat zusammen, und in dessen Mitte erhob sich keine Stimme gegen die Bedingungen des Camillus, denn die Not drängte zu einem entschiedenen Schritt, wenn Rom nicht gänzlich untergehen sollte. Kurz: Auf demselben Weg und mit der Einwilligung des Senats, die Furius Camillus zum Oberfeldherrn berief und ihn zum Diktator ernannte, kehrte der verwegene junge Mann nach Ardea zurück.

Dieser lebensgefährliche Weg in das Kapitol wurde jedoch am Morgen von den Wachen des gallischen Lagers ausgekundschaftet. Sie hatten entdeckt, dass ein Mensch vom Fluss aus den Felsen hinaufgeklettert sein musste. Das musste in der Nacht geschehen sein, denn bei Tage würde man den Kletterer sicher bemerkt haben. Es wurde dem Heerkönig gemeldet, und Brennus beschloss sogleich, denselben Weg zur Überrumpelung des Kapitols einzuschlagen, denn was ein Römer ausführen konnte, das mussten seine Gallier doch auch können. Überdies konnte er voraussetzen, dass die Wache dort oben in ihrem Dienst sicher schon lässig geworden sei, da sie noch nie belästigt worden war. Und wenn es ebenfalls bei nächtlicher Weile geschah, so war mit Sicherheit darauf zu rechnen, dass die Wache schlafen und der Versuch gelingen würde.

Brennus ließ eine Anzahl der besten Kletterer in seinem Heer aussuchen, unterwies sie bis ins Kleinste, und eine ganze Kette von gallischen Kriegern schwamm mit Einbruch der Nacht den Tiber hinab, und sie begannen, beim kapitolinischen Felsen angekommen, einer dicht hinter dem anderen den steilen Felsen zu erklimmen. Es schien glänzend gelingen zu wollen, und der vorderste Gallier war dem obersten Rand des Felsens schon so nahe, dass er die Hände auflegen konnte. Lange lauschte er, nichts rührte sich, offenbar schlief der römische Wächter.

Der Lauscher, dem die anderen Kletterer dicht auf dem Fuß folgten, schwang sich ganz auf den Rand des Felsens hinauf und brauchte nur auf den Hof hinabzuspringen, so stand er im Kapitol. Als er sich aber dazu bereit machte, erhoben plötzlich die hier gehaltenen, der Juno geheiligten Gänse jenes eigentümliche trompetenartig schmetternde Geschrei, das diese Vögel bei unerwarteten Überraschungen immer hören lassen. Rasch duckte sich der gallische Lauscher wieder nieder.

Von dem durchdringenden Geschrei der heiligen Gänse war aber auch der nicht fern auf seinem Lager ruhende Manlius erwacht. Er ergriff seine stets neben dem Lager bereitliegenden Waffen und stürzte in den Hof hinaus, wo der fahrlässige Wächter sich soeben schlaftrunken von der Erde erhob. Manlius sah kaum eine Gestalt auf dem Rand oben hocken, als er diese auch sofort unterlief und ihr mit dem schweren Schild einen so wuchtigen Stoß versetzte, dass der Gallier sich rücklings überschlug, seinen Hintermann niederriss und die ganze Kette der Kletterer polternd und brüllend in die Tiefe stürzte.

Marcus Manlius erhielt von dieser Rettung des Kapitols den ehrenden Beinamen Capitolinus. Der pflichtvergessene Wächter wurde von dem Felsen hinabgestürzt, die heiligen Gänse der Juno aber wurden in der Folge alljährlich an dem Gedächtnistag dieses für Rom so wichtigen Ereignisses in feierlichem Zug durch die Stadt geführt.

Der Versuch, auf diesem Weg das Kapitol zu überwältigen, war dem gallischen Heerkönig also misslungen. Ihn zu wiederholen, wäre aussichtslos gewesen, denn Brennus konnte sicher sein, dass nun da oben eine starke Wache aufgestellt war.

Es wurde ihm aber von Tag zu Tag schwerer, die nötigen Lebensmittel herbeizuschaffen, denn die ganze Landschaft ringsumher war ausgesogen, und zu dem Hunger begannen sich im Lager auch Seuchen einzustellen. Er musste also endlich einsehen, dass es ihm nicht gelingen würde, Rom gänzlich zu bezwingen. Er ließ dem Senat darauf einen Waffenstillstand und Verhandlungen zum Frieden anbieten, und da die eingeschlossenen Römer im Kapitol ebenfalls schwer litten, ging der Senat darauf ein und die Verhandlungen nahmen ihren Anfang. Die Forderung des gallischen Heerkönigs war sehr einfach: Er wollte sich mit einer Summe von tausend Pfund Gold begnügen, nach deren Empfang aber das römische Gebiet räumen.

Das war nun zwar eine schwere Demütigung der stolzen Römer, aber die Not zwang sie gebieterisch, diesen Vertrag einzugehen. Sie mussten sogar noch obenein den Hohn des Siegers ertragen. Bei der Abwägung des Goldes nämlich bedienten sich die Gallier falscher Gewichte, und als die Römer dagegen eiferten, warf Brennus grimmig höhnend mit den Worten »Vae victis – Wehe den Besiegten!« auch noch sein Schwert in die Waagschale. Dieses Frevelwort sollte sich jedoch alsbald gegen ihn selbst kehren.

CAMILLUS, DER BEFREIER ROMS

er junge Pontius Cominius war glücklich nach Ardea zurückgekehrt und hatte dem verbannten Feldherrn Camillus die schriftliche Berufung des Senats zum Oberfeldherrn und die Ernennung zum Diktator eingehändigt. Damit war die Verbannung aufgehoben. Wie war ein so berühmter Feldherr überhaupt dazu gekommen, verbannt zu werden?

Es war in einem langwierigen Krieg gegen Veji gewesen, dass die Römer keine Fortschritte gegen diese festeste und reichste Stadt Etruriens machen konnten. Jahrelang trotzte die Stadt allen Anstrengungen, und die Römer schickten wieder einmal eine Gesandtschaft nach Delphi zu dem Orakel des Apollo. Die Antwort lautete: Wenn das Wasser des überfüllten Albanersees zum Meer abfließt, dann wird Veji nie gewonnen werden; wenn es aber landeinwärts in die Gefilde der Römer abfließt, dann wird Veji in die Hände der Römer fallen.

Diese Antwort war sehr wenig tröstlich. Sollten die Römer den Besitz von Veji mit der Vernichtung ihrer Felder durch Wasser des Albanersees erkaufen? Da soll es der Patrizier Marcus Furius Camillus gewesen sein, der den klugen Rat gab, das

Wasser des Sees künstlich so abzuleiten, dass es die Felder nicht verwüsten konnte, sondern befruchten müsste. Der Rat wurde befolgt und Camillus, der sich in den Kriegen der Römer schon mehrfach als hervorragender Truppenführer ausgezeichnet hatte, zum Oberfeldherrn des Heeres gegen Veji ernannt. Und siehe da: Hier entwickelte sich sein Feldherrntalent so glänzend, dass die trotzige Stadt nun wirklich gewonnen wurde und unermessliche Beute in die Hände der Römer fiel, sodass sogar die Bürger von Rom noch reichlich daran beteiligt werden konnten.

Das aber wurde ihm zum Verderben. Da war kaum einer, der sich nicht gegen seine Nachbarn benachteiligt gefühlt hätte. Die einen machten Camillus zum Vorwurf, dass er die Beute ungerecht verteilt habe, andere sprachen gar von großen Unterschlagungen, noch andere, dass er mit milchweißen Rossen vor dem Wagen in Rom eingezogen sei, die doch dem Jupiter geheiligt waren; als er die große Summe, die durch den Verkauf der Gefangenen als Sklaven gewonnen worden war, in den Staatsschatz ablieferte, wurde das Heer aufsässig, denn die Krieger meinten, dies Geld gehöre ihnen, die doch die Gefangenen erbeutet hätten; als aber gar bekannt wurde, dass er Apollo für den Orakelspruch den zehnten Teil der Beute gelobt habe und nun auch die Bürger den zehnten Teil ihres Anteils wieder herausgeben mussten, hatte er auch die ganze Bürgerschaft gegen sich. Und die Unzufriedenheit wurde so gewaltig, dass er in die Verbannung geschickt wurde.

Das war nun vorbei. Mit der Berufung des Camillus zum Oberfeldherrn gegen die Gallier und seine Ernennung zum Diktator war das Verbannungsurteil aufgehoben, und der neue Diktator säumte nun nicht länger, Herolde zu allen Nachbarn zu senden und die von ihnen zu Gebote gestellten Streitkräfte aufzurufen, zu sammeln, zu ordnen und schlagfertig zu machen. Es war ein Heer, das an Zahl den Galliern wohl kaum gleichkam, das aber, von glühender Vaterlandsliebe beseelt, doppelt gezählt werden konnte.

In Eilmärschen ging es nun nach Rom. Hier traf Camillus gerade zur rechten Zeit ein und hörte vom Vertrag, der zwischen dem Senat und dem Gallier abgeschlossen sei, der gerade jetzt auf dem Forum zur Ausführung kommen sollte. Er sprengte an der Spitze einer starken Reiterschar in die Stadt, und das Heer folgte, so schnell es sich tun ließ.

Gerade in dem Augenblick, als Brennus mit den Worten »Wehe den Besiegten!« grimmig höhnend sein Schwert in die Waagschale warf, hörte man gewaltigen Lärm im Lager der Gallier und sah die Reiter dahergejagt kommen. Hart vor dem Heerkönig sprang Camillus vom schäumenden Ross, sodass Brennus erschrocken zurückprallte.

»Was geht hier vor?«, rief der Diktator mit donnernder Stimme. Ein Senator gab ihm Auskunft und klagte zugleich, wie die Gallier sie soeben betrogen hätten. Da stieß Camillus die Waage um und herrschte den gallischen Heerkönig an: »Der Vertrag ist ungültig; nicht jene dort, sondern ich, der Diktator, habe allein das Recht, Verträge zu schließen. Aber nicht mit Gold, sondern mit Eisen erkauft der Römer seine Freiheit. Auf, Gallier, auf zum Kampf!«

Da schmetterten auch die Trompeten des eilig heranziehenden römischen Heeres, und der Kampf begann sogleich. Es war ein gewaltiges Ringen, aber die gänzlich überraschten Gallier wurden nicht allein aus der Stadt hinausgeworfen, sondern traten auch einen eiligen Rückzug an. Doch Camillus folgte ihnen auf dem Fuß und zwang sie noch in der Nähe von Rom zur offenen Feldschlacht, in welcher die Barbaren, der Kriegskunst der Römer und ihres Führers nicht gewachsen, gänzlich unterlagen und der Heerkönig sogar gefangen und zum Tod geführt wurde, sodass sein frevelhaftes Wort, das er im Übermut des Sieges mit so grimmigem Hohn gesprochen, an ihm selbst in Erfüllung ging.

Camillus wurde nun in Rom außerordentlich gefeiert und bewährte sich als ein echter Sohn seines Vaterlandes, sowohl im Rat wie in den ferneren Kriegen Roms. Er wurde dann immer an die Spitze des Heeres gestellt und führte die Römer stets zum Sieg.

Ihm war es auch zu danken, dass Rom nach dem Gallierkrieg wieder aus der Asche erstand. Schon war ja der Plan im Werk, die zur Hälfte in einen Schutthaufen verwandelte Stadt zu verlassen und nach dem festen Veji überzusiedeln. Da war er es vornehmlich, der durchsetzte, dass die Stadt wiederaufgebaut wurde und schöner, also sie vordem gewesen war. So legte in Wahrheit Marcus Furius Camillus den Grund, dass Rom sich auf demselben Platz, auf dem es einst von Romulus gegründet worden war, zum Mittelpunkt einer Weltmacht entwickeln konnte, und mit Recht hat man Camillus auch wohl den zweiten Romulus genannt.

TITUS MANLIUS TORQUATUS UND MARCUS VALERIUS CORVUS

er Diktator Lucius Manlius machte sich durch grausame Strenge beim römischen Volk verhasst. Bei der Werbung der Soldaten ließ er diejenigen, die beim Aufruf ihres Namens nicht gleich antworteten, mit Ruten peitschen und ins Gefängnis werfen. Ebenso hart verfuhr er mit seinem eigenen Sohn Titus Manlius. Der Jüngling war wohl edlen Sinnes und stand an Tapferkeit keinem Römer nach, aber er hatte eine etwas schwerfällige Zunge, und die Gabe der schönen, fließenden Rede war im versagt. Um dieses Mangels willen wurde der arme Titus von seinem Vater

fast wie ein Sklave und Verbrecher behandelt. Nicht durfte er wie andere Patriziersöhne sich in Rom mit ritterlichen Übungen beschäftigen und seinen Geist ausbilden, sondern musste draußen auf dem Landgut seines Vaters unter den Knechten und dem Vieh leben, die niedrigsten Arbeiten verrichten und in einem Sklavenzwinger schlafen.

Über diese Härte des Diktators war das Volk empört, und der Bürgertribun Marcus Pomponius forderte den grausamen Mann vor Gericht.

Der stolze Lucius Manlius, der auch den Beinamen Imperiosus, d. h. der Gebieterische führte, stellte sich und musste aus dem Mund des Tribuns die schwersten Beschuldigungen über sich ergehen lassen. Sie waren nur halb wahr; der Tribun, von Hass gegen den stolzen Patrizier erfüllt, malte alles in den schwärzesten Farben und machte aus Mücken Elefanten. Damit erreichte er seinen Zweck, das Volk war erbittert über Lucius Manlius, und seine Sache stand schlecht.

Dies alles erfuhr noch zur rechten Zeit sein Sohn, der draußen auf dem Landgut lebte. Wohl hatte sein Vater ihn hart behandelt, aber daran dachte Titus jetzt nicht; er dachte nur an die Schmach, die der Tribun über seinen Vater gebracht, und an die Gefahr, in der der Angeklagte schwebte. Da tat schleunige Hilfe Not.

Und Titus tat einen Dolch unter sein Gewand und eilte, ohne dass jemand darum wusste, in aller Frühe zur Stadt. Vom Tor ging er geradewegs vor das Haus des Tribuns Marcus Pomponius. Dem Türsteher sagte er, er müsse ohne Verzug seinen Herrn sprechen, er möge nur Titus Manlius, den Sohn des Diktators, melden.

Sogleich wurde er vorgelassen, denn der Tribun glaubte, der Jüngling sei gekommen, gegen seinen Vater zu zeugen. Nach gegenseitiger Begrüßung erklärte Titus, er habe mit dem Tribun etwas unter vier Augen zu besprechen. Auf einen Wink des

Hausherrn entfernten sich die Anwesenden. Nun aber zog Titus Manlius seinen Dolch hervor, zückte die Waffe mit furchtbarer Gebärde gegen Marcus Pomponius und knirschte drohend: »Du hast Schmach über das Haupt meines Vaters gebracht, hast ihn vor Gericht gefordert und ihn auch beschuldigt, dass er mich grausam behandelt – wer hat dich, Marcus Pomponius, zum Richter über das gesetzt, was zwischen Vater und Sohn geschieht? Habe ich dich etwa zu meinem Anwalt berufen? Ich erkläre, dass du meinen Vater verleumdet hast, und werde dich auf der Stelle niederstechen, wofern du nicht schwörst, dass du die Anklage fallen lassen und keine Volksversammlung mehr in dieser Sache berufen willst. Schwöre den Eid oder stirb!«

Zitternd vor Angst schwor der Tribun den verlangten Eid und rettete sein Leben. Lucius Manlius ging frei aus, aber sein Ankläger erklärte öffentlich, nur die Gewalttat des Titus habe ihn genötigt, die Sache aufzugeben.

Mit Unwillen, Verwunderung und Staunen hörte das Volk, was geschehen war. Dass der grausame Diktator straflos blieb, bedauerte jedermann, aber die Tat seines Sohns fand Lob und Beifall. »Wie?«, fragte man sich, »mit solcher kindlichen Liebe tritt dieser Jüngling für seinen Vater ein, von dem er doch nur Härte und Zurücksetzung erfahren? Und einen Sohn so ritterlicher Art missachtete der stolze Lucius Manlius so sehr, dass er ihn aus seinem Haus entfernte und unter die Knechte und Sklaven stieß? Ist ein junger Mann von so edler Gesinnung nicht vielmehr der höchsten Ehren wert?«

So urteilte das Volk über Vater und Sohn, und Titus Manlius, der doch sonst gar keine Verdienste aufzuweisen hatte, war mit einem Schlag so zu Ansehen und Ehren gekommen, dass er noch in demselben Jahr zum Kriegstribun erwählt wurde. Und bald sollte dieser Jüngling, der bisher als Knecht unter Knechten gelebt hatte, Gelegenheit finden, auch vor dem Feind zu zeigen, dass ein Heldenherz in seinem Busen schlug und dass er wahrlich der höchsten Ehre würdig sei.

Ein neues Gallierheer kam gegen Rom herangezogen und schlug jenseits des Flusses Anio dicht vor der Brücke ein Lager auf. Dem Feind zog der römische Feldherr Titus Quinctius Pennus mit einer starken Kriegsmacht entgegen und lagerte sich diesseits des Flusses. Die Brücke in der Mitte ließen Gallier und Römer ruhig stehen, denn keiner wollte durch den Abbruch einen Schein von Furcht auf sich laden. Sie zu besetzen, fielen öfter kleine Gefechte vor, in denen bald diese, bald jene den Platz behaupteten.

Da trat eines Tages aus dem gallischen Lager ein gewaltiger Riese hervor, schritt bis in die Mitte der Brücke, schüttelte klirrend seine Waffen und forderte mit lauter Stimme den tapfersten Römer zum Zweikampf heraus.

»Wohlan!«, rief er, »hier stehe ich und warte auf einen Gegner. Hat einer den Mut, mit mir zu streiten, so trete er hervor! Der Ausgang des Kampfs wird dartun, welches Volk das stärkere ist.« Eine Weile blieb es still im römischen Lager; aller Augen waren auf den gewaltigen Kriegsmann gerichtet, auf dessen Helm, Harnisch und Schild sich die Sonnenstrahlen brachen, sodass er wie von Feuerflammen umzuckt dastand. Wer wollte es wagen, mit dem Riesen zu streiten?

Doch siehe, einer hatte den Mut dazu, und das war Titus Manlius, der Jüngling mit der schweren Zunge. Er trat vor den Feldherrn und sprach kühngemut: »Erlaubst du es, so will ich hingehen und mit jenem Riesen streiten. Mag er mir auch an Größe und Kraft weit überlegen sein, ich fürchte mich nicht vor ihm, hat doch einer meiner Vorfahren einen ganzen Schwarm Gallier vom Kapitol hinuntergestürzt.«

Freudig erwiderte der Feldherr: »Heil dir, Titus Manlius! Die Ehre des römischen Namens ruht auf dir, und freundlich blicken die hohen Götter auf dich herab. So gehe denn hin und zeige jenem großmäuligen Prahler, dass römische Tapferkeit selbst Riesen zu bezwingen vermag!«

Nun umringten den Jüngling heilwünschend seine Freunde, reichten ihm den Schild eines Fußsoldaten und umgürteten ihn mit einem kurzen spanischen Degen, der zum Gefecht in der Nähe tauglicher war als das lange Schwert. So ausgerüstet, geleiteten sie ihn aus dem Lager bis an die Brücke.

Der gallische Riese spottete des jungen Mannes und streckte nach Barbarenart vor ihm die Zunge heraus, um ihm seine Verachtung zu zeigen. Titus sprach kein Wort, aber Blitze zuckten aus seinen Augen, und unter seinen festen Schritten dröhnten die Balken der Brücke. So näherte er sich dem Riesen, der breit und mächtig wie ein Felskoloss dastand und ihn erwartete.

Beide Heere waren aus dem Lager gekommen und standen dichtgeschart an den Ufern des Flusses. Den Galliern schien der Sieg ihres Streiters gewiss; übermütige Rufe und Scherzworte tönten aus ihren Reihen; die Römer hingegen verhielten sich still, ihre Herzen pochten in Sorge und Hoffnung.

Jetzt standen die Kämpfer einander gegenüber. Der Riese hob mit der Linken sein Schild, reckte sich empor wie ein überragender Berg, schwang sein mächtiges Schwert und ließ es mit gewaltigem Schwung herabsausen, um den Gegner zu zerschmettern. Aber der gewandte Titus wich dem Hieb aus, stieß von unten den Schild des Feindes zur Seite, drängte sich dicht an den eisengepanzerten Koloss heran und bohrte ihm sein kurzes, scharfes Schwert zweimal tief in die Weichen des Leibes hinein. Der Riese stieß ein donnerndes Schmerzgebrüll aus, taumelte weit zurück und stürzte alsdann mit solcher Wucht zu Boden nieder, dass die Brücke in allen Fugen erbebte.

Ein tausendfacher Schreckensschrei entrang sich aus den Reihen des gallischen Heeres, freudiger Jubel erscholl aus Römerkehlen; Titus, der Sieger, aber trat an den toten Riesen heran, betrachtete ihn eine Weile prüfend und nahm ihm alsdann eine goldene Halskette ab, die er sich selbst, obwohl sie mit Blut befleckt war, um den Hals schlang. Daher erhielt er von den Soldaten den Ehrennamen Torquatus, d. h. der Bekettete. (Torques hießen die großen Halsketten der Kelten.)

Mit Jubel empfingen ihn die Seinen; jeder wollte ihm die tapfere Rechte drücken, und der Feldherr belobte ihn vor dem ganzen Heer und setzte ihm als Siegespreis einen goldenen Kranz aufs Haupt.

Die Gallier waren durch den Fall ihres Stärksten so entmutigt, dass sie in der folgenden Nacht ihr Lager verließen und nach Campanien zogen.

In einem späteren Krieg gegen denselben Feind ereignete sich ein ähnlicher Vorfall. Beide Heere lagerten in einer Ebene einander gegenüber, als plötzlich ein gallischer Krieger hervortrat, vor allen ausgezeichnet durch seine riesige Größe und goldstrotzende Rüstung. Durch kraftvolle Schläge auf seinen Schild heischte er Stille und Aufmerksamkeit, und dann rief er den Römern zu, ihm einen Gegner zum Zweikampf zu stellen! Ohne Bedenken trat Marcus Valerius auf den Plan, an Jahren noch ein Jüngling, aber wegen seiner Tapferkeit schon Oberster. Als er zum Kampf schritt, kam plötzlich ein Rabe geflogen und ließ sich auf seinem Helm nieder. Mit Verwunderung blickten die Römer auf den Vogel, Valerius aber freute sich seiner, denn er glaubte, einer der Himmlischen habe ihm den geflügelten Boten gesandt, um ihm kundzutun, dass er unter dem Schutz eines Gottes stehe.

Der gallische Riese machte große Augen, als er den lebendigen Helmschmuck auf dem Haupt seines Gegners erblickte – was hatte das zu bedeuten, war vielleicht Zauberei im Spiel? So oder so, jetzt galt es, tapfer zu streiten! Die Schwerter blitzten, es klangen die Schilde unter scharfen Hieben, und Feuerfunken sprühten aus dem blanken Eisen. Immer heftiger, immer heißer wurde der Kampf, aber – man höre und staune – der Rabe wich nicht von Valerius; er half ihm streiten, schlug mit den Flügeln nach dem Feind und hackte mit Schnabel und Krallen ihm ins Gesicht und in die Augen, bis der Gallier, durch die Wut des schwarzen Vogels erschreckt und seiner Sinne nicht mehr mächtig, von Valerius tot zu Boden gestreckt wurde. nun schwang sich der Vogel hoch in die blauen Lüfte empor und flog gen Sonnenaufgang davon.

Als der Sieger dem toten Feind die Waffen nehmen wollte, stürmten beide Heere herzu, und es entbrannte ein mörderischer Kampf. Die Gallier wurden in die Flucht geschlagen und verließen das römische Gebiet.

Marcus Valerius erhielt den Zunamen Corvus (Rabe); man überhäufte ihn mit Lobsprüchen, und der Feldherr schenkte ihm zehn Ochsen und schmückte das Haupt, auf dem der Rabe gesessen, mit einem goldenen Kranz.

MARCUS CURTIUS

 In dem Jahr, als der junge Titus Manlius so tapfer für die Ehre seines Vaters eintrat, setzte ein grausiger Vorfall die Römer in Schrecken. Eines Tages sank nämlich die Hälfte des Forums in die Tiefe, und nun gähnte an der Stelle, wo sonst fröhliches Volksleben sich getummelt hatte, ein unermesslich tiefer Abgrund.

Das ganze Volk stand bestürzt vor dem Wunder, und niemand wusste es zu deuten. Man wollte den schwarzen Schlund mit Erde ausfüllen; alle Hände waren in Tätigkeit; in Körben und Wagen führte man ganze Berge von Sand und Kies heran und schüttete alles in den gähnenden Abgrund; allein alle Mühe war vergebens, das finstere Ungeheuer verschlang ungeheure Erdmassen und blieb unergründlich wie zuvor. Wollte vielleicht der Gott Vulkan dort unten seine Werkstatt errichten und von seinen Schmiedeessen die Stadt durch Dampf und Feuerflammen vernichten? Oder führte der Flussgott Tiberinus Arges wider die Stadt im Schilde?

Die Sorge, es möchte über Nacht ein weiterer Einsturz erfolgen und wohl gar ganz Rom vom Abgrund verschlungen werden, war groß, und mit Spannung harrte das Volk auf den Spruch der Orakel, die von den Priestern befragt wurden.

Und wie lautete der göttliche Wahrspruch? »Will Rom sich vor dem Untergang schützen und dem Staat des Romulus ewige Dauer sichern, so muss es das Kostbarste, das es besitzt und worin die Hauptstärke des römischen Volkes besteht, dem Abgrund opfern.«

Ein neues Rätsel, worüber sich viele Weise und Narren umsonst die Köpfe zerbrachen. Endlich trat ein edler Jüngling auf, der kühn behauptete, die Lösung gefunden zu haben, das war der tapfere Marcus Curtius. In mancher Schlacht hatte er sich Narben und Ruhm erworben; sein Kopf war hell und klar und scharf sein Auge, darum durfte man schon auf seine Meinung etwas geben.

Und was hielt Marcus Curtius für das höchste Gut des Römervolkes? Nichts anderes als die kriegerische Tapferkeit. Das ließ sich hören, denn wie oft hatte nicht schon diese Eigenschaft des römischen Volkes den Staat vor dem Untergang gerettet! Ja, Curtius hatte recht: Die Tapferkeit war des Römervolkes Stolz und Zier, aber wie sollte man dieses höchste Gut dem Abgrund opfern, da man es doch nicht mit Händen fassen konnte?

Auch dafür wusste der edle Jüngling Rat. Er kleidete sich in schimmerndes Erz, als ginge es in den Krieg, schmückte sein Schlachtross so herrlich, wie er nur konnte, schwang sich hinauf und sprengte auf das Forum, in dessen Mitte der Abgrund gähnte. Dort angekommen, hob er seine Augen auf zu den Bergen, wo die Tempel der Götter standen und das Kapitol aufragte, ließ seine Blicke lange auf diesen Heiligtümern ruhen, als wollte er sich die Bilder tief in die Seele prägen; darauf streckte er die Hände betend gen Himmel und sprach: »Ihr hohen Götter droben, genehmigt es in Huld und Güte, dass ich, Marcus Curtius, mich zum Besten meines Vaterlandes den Mächten der Finsternis und der ewigen Nacht zum Opfer weihe! Heil dir, Roma, meine königliche Mutter!«

Sprach's, spornte sein Schlachtross und sprengte triumphierend in die schwarze Tiefe hinab, als wäre der finstere Schlund nur das Durchgangstor zu den lichten Gefilden unsterblicher Helden.

Stumm vor Staunen und Grauen, vor Bewunderung und Ehrfurcht stand die Menge an dem ungeheuren Grab des Heldenjünglings; kein Laut drang aus der bodenlosen Tiefe ans Licht; der Abgrund hatte sein kostbares Opfer auf Nimmerwiederkehr verschlungen. Da liefen sie, die Frauen und Mädchen, die blühenden Kinder und selbst die Greise, holten Blumen in Fülle und Früchte und Gold herbei und warfen es in das Grab des edelsten und tapfersten aller römischen Jünglinge.

Und welch ein Wunder begab sich da? In der Tiefe begann es lebendig zu werden; man hörte drunten ein Rieseln und Rauschen, ein Murmeln und Plätschern wie die Stimmen der Nymphen und Najaden. Und siehe: Der schwarze Abgrund füllte sich mit Wasser, und über dem Grab des herrlichen Marcus Curtius flutete der Curtische See*, wie das Wasserbecken zum ewigen Gedächtnis des unvergleichlichen Helden vom Volk fortan genannt wurde.

---

* Der Lacus Curtius ist wohl das seltsamste und geheimnisvollste Monument auf dem Forum Romanum. Der See war wohl trockengelegt und immer kleiner geworden. Heute sind nur noch steinerne Reste eines zwölfeckigen Beckens vorhanden.

DIE KLEINE LÜGE DES
PAPIRIUS PRAETEXTATUS

ie Senatoren hatten ehedem die Gewohnheit, ihre Söhne, die noch die Toga praetexta* trugen, mit in die Sitzung zu nehmen. Da, als im Senat irgendeine Sache von ziemlicher Wichtigkeit zur Debatte stand, verschob man die Entscheidung auf den nächsten Tag und kam überein, keiner solle über die Angelegenheit, über die sie verhandelt hätten, etwas verlauten lassen, ehe sie endgültig entschieden sei. Die Mutter des jungen Papirius, der mit seinem Vater in der Sitzung gewesen war, wollte nun von ihrem Sohn wissen, was die Stadtväter im Senat besprochen hätten. Der Junge erwiderte, man müsse still sein und dürfe nicht darüber reden. Umso wissbegieriger wurde die Frau; das Geheimnisvolle an der Sache und das Schweigen des Jungen reizte sie zu weiterem Nachforschen, so wurden denn die Fragen immer dringender und ungestümer. Da seine Mutter ihm keine Ruhe ließ, entschloss sich der Jüngling zu einer netten, witzigen Lüge. Er sagte, im Senat sei die Frage behandelt worden, ob es nützlicher sei und mehr im Staatsinteresse läge, wenn ein Mann zwei Frauen habe oder nur eine Frau mit zwei Männern verheiratet sei. Kaum hat sie das vernommen, erzittert sie am ganzen Leib; in fliegender Hast stürzt sie aus dem Haus und hinterbringt die Neuigkeit den übrigen Damen. Am nächsten Tag bewegte sich ein Zug von Hausfrauen zum Sitzungsgebäude des Senats, die mit Tränen in den Augen flehentlich darum baten, doch lieber eine Frau zwei Männer haben zu lassen als einen Mann zwei Frauen. Die Senatoren, die den Sitzungssaal betraten, fragten

* Knaben trugen in Rom bis zu ihrer Volljährigkeit die toga praetexta, eine mit einem breiten Purpurstreifen eingefasste Toga.

sich verwundert, was dieses unbeherrschte Betragen der Frauen und dieses ihr Verlangen zu bedeuten habe. Da trat der junge Papirius in die Mitte der Versammlung und erzählte ausführlich von dem hartnäckigen Drängen der Mutter, die etwas herausbekommen wollte, und davon, was er selbst darauf gesagt habe, kurz, wie die Sache sich abgespielt hatte. Der Senat war begeistert von der Zuverlässigkeit und dem Witz des Jungen und beschloss, dass künftig keine Jungen mehr mit ihren Vätern in die Sitzung kommen dürften außer eben jenem Papirius, und später erhielt er ehrenhalber den Beinamen Praetextatus wegen der Klugheit, mit der er zu schweigen und zu reden verstanden hatte, als er noch die Toga praetexta trug.

DIE LATINERKRIEGE:
TITUS MANLIUS TORQUATUS
UND PUBLIUS DECIUS MUS

eber einen großen Teil von Unteritalien hatte Rom seine Macht ausgedehnt. So manche der vielen kleinen Völkerschaften, die das Land innegehabt hatten, waren völlig in Rom aufgegangen und genossen alle Rechte der römischen Bürger. Manche andere hatten wenigstens die Oberhoheit Roms anerkennen müssen, waren sonst aber frei geblieben und nur durch Verträge als Bundesgenossen an Rom gekettet.

Diese Verhältnisse blieben unverändert, solange innerhalb des römischen Volkes selbst die Streitigkeiten zwischen den Ständen der Patrizier und Plebejer nicht zur Ruhe kamen. Immer wieder sahen sich die letzteren von den Vornehmen zurückgedrängt, ausgeschlossen von den Beratungen über das Wohl des

Staates; immer und immer wiederholten sich auch die Versuche, ihnen die in Fällen der Not zugestandenen Vorteile und Rechte wieder zu nehmen. Endlich aber kam doch die Zeit, wo die Patrizier sowohl wie der Senat einsahen, dass Rom zur vollen Entfaltung der ihm innewohnenden Kraft nur durch Einigkeit aller seiner Bürger ohne Ausnahme gelangen könne, und als diese Einsicht mehr und mehr Geltung gewann, erloschen nach und nach auch die unseligen Ständekämpfe, die Rom bisher in seiner Entwicklung fort und fort gehemmt hatten. Nun erst betrachteten die Römer ohne Unterschied die Stadt Roma als ihren gemeinsamen Mittelpunkt. Nun erst fühlten alle dem Staat einverleibten Gemeinden, die das römische Bürgerrecht hatten, sich als Glieder eines Körpers, der von Rom als seinem Haupt zum Wohl aller in gemeinsame Tätigkeit gesetzt wurde. Nun erst trat jenes weltberühmt gewordene Gleichnis, welches seinerzeit Menenius Agrippa angewendet hatte, voll in Kraft, das Gleichnis von den Gliedern, die sich gegen den Magen empörten, weil sie diesen für den einzig Untätigen im Körper ansahen, für den sie arbeiten und schaffen müssten. Die Füße wollten ihn nicht mehr tragen, die Hände nicht mehr für ihn arbeiten, Mund und Zähne ihm nicht mehr Nahrung zubereiten. Das alles setzten sie so lange fort, bis sie merkten, dass ihnen selbst die Kraft zu fehlen begann, weil der Magen keine Nahrung mehr erhielt, aus welcher nur er allein ihnen fortwährend neue Kraft zuführte.

Im Bewusstsein dieser Kraft, durch die sich das römische Volk von allen italischen Völkern unterschied, fühlte es sich auch allen überlegen. Es war nicht Hochmut, sondern eben nur das Gefühl dieser überlegenen Kraft, dass auch die Bundesgenossen darunter zu leiden begannen. Mehr und mehr suchten die Römer das bisherige Verhältnis der gleichberechtigten Bundesgenossenschaft in das der Abhängigkeit zu verwandeln, und die Folge davon war eine stetig wachsende Unzufriedenheit, die allmählich in völlige Gärung überging, die für Rom wieder recht unruhige Zeiten heraufzubeschwören drohte.

Die Latiner waren die ersten, die gegen das herrische Auftreten der Römer Stellung nahmen. Sie schickten eine Gesandtschaft nach Rom und forderten volle Gleichstellung mit den römischen Bürgern, und als diese Forderung, wie sie auch gar nicht anders erwartet hatten, schroff abgewiesen wurde, brach der offene Aufstand aus und der Krieg war unvermeidlich. Dieser war umso bedrohlicher, als sich mit den Latinern auch die Volsker und die Bewohner von Capua verbunden hatten.

Das römische Heer wurde unter die Führung der beiden Konsuln Titus Manlius Torquatus und Publius Decius Mus gestellt, und beide erwiesen sich in diesem Krieg als echte Römer, die allen Helden des ältesten Roms gleichzustellen waren.

Torquatus hielt es für notwendig, die Disziplin im Heer so straff wie möglich zu handhaben. Er kannte den Ungestüm seiner Römer und ordnete deshalb an, dass sich ohne seinen ausdrücklichen Befehl bei Todesstrafe niemand mit den Feinden in einen Kampf einlassen sollte. Da geschah es, dass sein eigener Sohn auf einem Beobachtungsritt auf einen feindlichen Reitertrupp stieß und von dessen Führer mit Hohn zum Zweikampf herausgefordert wurde. Den Jüngling übermannte der Zorn; er stürmte auf den Herausforderer ein, erlegte ihn und kehrte mit dessen erbeuteter Rüstung triumphierend in das römische Lager zurück. Statt des Lobes für seine Tapferkeit aber ließ der Vater durch einen Trompeter das Heer zu einer Versammlung zusammenrufen, und der junge Mann wurde als Übertreter des strengen Befehls zum Tod verurteilt und auch wirklich vor den Augen des Vaters hingerichtet. Wie dem Brutus, der Tarquinius Superbus vertrieben und Rom zu einer Republik gemacht hatte, stand auch Manlius Torquatus der Bestand und die Größe Roms höher als Vaterliebe und Familienbande.

Wie er dem Brutus, so war sein Mitkonsul Decius Mus einem
Marcus Curtius an die Seite zu stellen. Als die feindlichen Heere einander gegenüberstanden, verkündete ein Traum beiden
Feldherrn: Dasjenige Heer werde siegen, dessen Führer sich
freiwillig den Todesgöttern opfern werde. Als am Tag darauf in
der Schlacht der Flügel des Decius zu wanken begann, ließ der
Feldherr den beim Heer befindlichen Pontifex Maximus rufen
und betete mit ihm: »O Janus, Jupiter, Vater Mars und all ihr
Götter, in deren Hand wir und die Feinde stehen, auch ihr
Geister der Abgeschiedenen, zu euch allen flehe ich und werde
von euch erhört werden, dass ihr dem römischen Volk Kraft
und Sieg gewährt und dass ihr die Feinde bannt durch Angst,
Schrecken und Tod. Wie ich gelobe, so weihe ich für Rom,
sein Heer, seine Legionen und Hilfsvölker mich selbst sowie
mit mir die Legionen der Feinde und ihre Hilfsvölker den Toten und der Erdgöttin.« Nachdem er dies Gelübde getan, sprang
er auf sein Ross, stürmte in die dichtesten Haufen der Feinde,
und als er aus vielen Wunden blutend tot zusammenbrach, hatten die Römer den Sieg erkämpft.
Die Latiner aber und alle mit ihnen verbündeten Städte büßten
ihre Niederlage und den Aufstand mit dem Verlust der Selbstständigkeit, die sie bis dahin noch genossen hatten. Sie erlang-
ten nun zwar, was sie zuvor gefordert hatten, denn sie wurden
nun römische Bürger, aber sie wurden als solche nur ohne
Stimmrecht aufgenommen, hatten also Rom gegenüber nur
Pflichten und keine Rechte.

DIE SAMNITENKRIEGE

ieser Krieg mit den Latinern und deren Unterwerfung war jedoch nur das Vorspiel zu weit größeren Anstrengungen, welche Rom machen musste, um sich in der gewonnenen Machtstellung zu behaupten. Nach den Latinern nämlich erhoben sich die Samniter in allgemeinem Aufstand, und da deren Reich von demselben Umfang war wie das römische, wurde dies ein Entscheidungskampf, welches von beiden Völkern die Vormacht in Unteritalien bilden sollte, Römer oder Samniter.

Valerius Corvus, Cornelius Cossus und Publius Decius

Im Jahr 342 v. Chr. stand ein neuer Feind auf gegen das mächtige Römerreich: das tapfere Bergvolk der Samniten. Bisher hatte Rom mit diesem Volk in Frieden gelebt, jetzt erschienen Abgesandte aus Campanien vor dem Senat und baten flehentlich um Hilfe wider die Samniten.

Campanien, das fruchtbare, nahe dem Meer gelegene Land, war in teuren Zeiten die Kornkammer Roms, seine Hauptstadt Capua eine der reichsten, üppigsten und angesehensten Städte Italiens. Aber das Campanervolk war durch Untätigkeit und Schwelgerei verweichlicht, daher es denn auch den Waffen der Samniten im ersten Ansturm erlegen war und verloren schien, wenn nicht Rom mit seiner tapferen Kriegsmacht ihm zu Hilfe eilte.

Aber was antwortete der römische Senat den Abgesandten aus Capua? »Ihr Campaner«, erklärte er, »seid unseres Beistands dringend bedürftig und wohl auch würdig; allein die Gerechtigkeit gebietet uns, den Samniten, mit denen wir bisher in Frieden und gutem Einvernehmen gelebt haben, auch fürderhin die Treue zu halten. Darum müssen wir euch die erbetene Hilfe versagen.«

Sprachlos vor Bestürzung standen eine Weile die Gesandten; darauf erwiderte der Sprecher: »Das campanische Volk hat mir aufgetragen, diese Stadt nicht zu verlassen, es sei denn, dass Roms Waffen mir folgten. Da nun ihr uns aber nicht als befreundete Nachbarn Hilfe senden wollt, so werdet ihr doch euren Untertanen Schutz und Beistand nicht verweigern. Nun denn: Campanien will sich der Herrschaft des Römerreiches unterwerfen – wollt ihr auch jetzt noch das hartbedrängte, blühende Land und die reiche Stadt Capua dem beutelüsternen Feind preisgeben?«

»Nein!«, antwortete der Senat, »ohne Verzug werden wir Botschaft nach Samnium senden und Einstellung der Feindseligkeiten gegen euch fordern. Finden wir dort nicht Gehör, so mögen die Waffen entscheiden.«

Die Samniten empfingen Roms Gesandte freundlich und ehrenvoll, als sie aber ihre Botschaft hörten, gerieten sie in Harnisch und erklärten: Nunmehr solle der Krieg erst in seiner ganzen Furchtbarkeit geführt werden! Mit den Römern hätten sie nichts zu schaffen, wolle aber Rom sich der Feinde Samniums hilfreich annehmen, so möge es nur kommen! Sie seien stark genug, den Kampf mit beiden Völkern aufzunehmen und siegreich zu Ende zu führen.

Diese trotzige Antwort von den Bergen Samniums fand ebenso trotzigen Widerhall in den Mauern Roms. Ohne Säumen wurde zum Krieg gerüstet, und bald darauf zogen zwei Heere gen Süden, eins unter dem ruhmreichen Konsul Valerius Corvus, das andere Heer unter der Führung des Feldherrn Cornelius Cossus. Letzterer zog nach Samnium, um den Feind in seinem eigenen Land anzugreifen, Valerius hingegen wandte sich nach dem bedrohten Campanien und bezog ein Lager am Gebirge Gaurus nicht fern von der Stadt Cumae. Ihm sollte die Ehre des ersten Kampfs zuteilwerden; denn schon nahte das feindliche Heer, davon zeugten die hoch aufwirbelnden Staubwolken gen Sonnenaufgang.

»Seht ihr die Bergklimmer und Ziegenhirten Samniums heranrücken?«, fragte Valerius mit lachendem Spott seine Soldaten. »Wahrlich, ihre Helme und Schilde glänzen von Silber und Gold, und sie reiten und schreiten so stolz, als wären sie schon die Herren Italiens. Und doch weiß ich von keinen großen Heldentaten, die sie vollbracht hätten; glauben denn die Toren, sie vermöchten ein Heer zu besiegen, das die Sabiner, Etrusker, Latiner, Volsker, Herniker, Äquer und Gallier niedergeworfen? Wie dünkt euch dessen, meine Braven?«

Da schüttelten die tapferen Soldaten mit kühn blitzenden Augen ihre Lanzen und riefen kampfesmutig: »Ha! Sie sollen heute römische Hiebe kennenlernen, die vermessenen samnitischen Ziegenmelker! Sie sollen alsbald erfahren, dass die Söhne Roms aus härterem Holz geschnitzt sind als die Jünglinge Campaniens!«

Valerius nickte stolz und froh. Kein anderer Feldherr Roms stand mit seinen Soldaten auf so vertrautem Fuß, keiner wurde von ihnen so geliebt und verehrt wie er. Dieser tapfere, ruhmbekränzte Patrizier kannte keine Überhebung, keinen verletzenden Stolz; heiteren Sinnes teilte er mit seinen Leuten alle Leiden und Freuden des Krieges, nahm teil an allen soldatischen Spielen und erachtete es als keinen Raub seiner Würde, wenn er von einem wackeren Gegner besiegt wurde. So von Herzen freundlich und milde, übertraf ihn doch niemand an Treue im Amt und Kühnheit im Kampf. Daher grenzte die feurige Regsamkeit und Tatlust, mit der die Legionen auf den Anruf dieses Feldherrn in die Schlacht gingen, ans Unglaubliche.

Das Treffen hub an, und siehe: Die bespöttelten Mannen von den Bergen Samniums zeigten sich als waffengeübte, unerschrockene, tapfere Kämpfer! So heldenkühn die römische Linie auch focht, ein Vordringen hier, ein Zurückweichen dort war nirgends zu bemerken. So stand die Schlacht lange auf demselben Fleck; es war ein heißes, blutiges, schier hoffnungsloses Ringen und Würgen.

Da ließ Valerius die Reiterei ins Vordertreffen sprengen, und frisch und scharf hieben die wackeren Rossetummler auf die Feinde ein. Aber die feindliche Linie wankte nicht; Lanzenstiche und Schwerthiebe schreckten die Pferde, sie bäumten empor, überschlugen sich, warfen Reiter ab und rannten schnaubend und wiehernd auf dem engen Raum wild durcheinander. Alles das sah der Feldherr, und mit weithin schallender Stimme befahl er den Geschwadern, den Platz in der Mitte zu räumen und nach rechts und links zu reiten und die Flügel der Linie einzunehmen. Dann sprang er vor den Augen seiner Legionen vom Pferd, zog sein Schwert und rief: »Soldaten, dies Stück Arbeit war uns Fußkämpfern vorbehalten. Auf! Folgt mir gegen den Feind! Wie ihr seht, dass ich dreinschlage und mir mit dem Schwert Bahn breche, so tut auch ihr! Dort, wo ihr die emporstarrenden feindlichen Lanzen blinken seht, finden unsere Klingen reiche Ernte. Drauf, meine Freunde!«

Sprach's und stürmte allen voran wider die feindliche Linie vor. Ihm nach folgten voll Kampfbegier seine Legionen, und von neuem hub ein heißes Ringen an. Mit seinem Schwert schuf sich der Feldherr eine Gasse in den dichtesten Haufen der Feinde, und dem Beispiel ihres tapferen Führers folgten seine Braven: Wie Halme unter den Sicheln der Schnitter fielen die vordersten Reihen der Samniten; in die Lücken aber sprangen die Hintermänner und leisteten Widerstand; schon neigte sich die Sonne zum Untergang, und noch immer standen die verspotteten Ziegenhirten fest wie eherne Mauern. Da steigerte sich der Grimm der römischen Kämpfer bis zu flammender Wut; wie die Löwen stürmten sie vorwärts, schlugen alles vor sich nieder und trieben die feindlichen Haufen in die Flucht. Bis in die Berge verfolgten sie den Feind und versprengten die Fliehenden in alle Winde. Erst die Dunkelheit der Nacht machte der wilden Jagd ein Ende. Als der siegreiche Feldherr später gefangene Samniten nach der Ursache ihrer Flucht fragte, antworteten die Leute: »Herr, wir sahen Feuerflammen aus den Augen deiner Streiter sprühen, das setzte uns so in Furcht und Schrecken, dass wir davonliefen.«

Campanien war vom Feind befreit, und mit Jubel wurden die Sieger überall in den Städten des reichen Landes begrüßt.

Ganz anders erging es dem Konsul Cornelius Cossus in Samnium. Mit allzu großer Sorglosigkeit rückte dieser in einen Wald ein, der ringsumher von ragenden Höhen eingeengt wurde. In guter Ordnung und ohne Furcht vor feindlichem Angriff zog das Heer durch die Waldschlucht; als aber die Vorhut sich dem Ausgang näherte, siehe, da starrten ihr drohende Speere entgegen, und Geschosse aller Art sausten auf die Köpfe der Überlisteten herab.

Nun befahl der Feldherr den Rückzug, und in größerer Eile, als es in den Wald eingedrungen war, suchte das Heer den Ausgang zu gewinnen. Allein auch dort sah es allerorten drohende Waffen, und alle Höhen ringsum schienen lebendig zu werden: Aus jedem Busch blitzten Lanzen und Speere, und mordgierige Feinde lauerten hinter jedem Baum. Bestürzt hielt der Konsul mitten unter seinen schreckensstarren Legionen − was sollte er tun in dieser großen Not und Gefahr? Wie sollte er das Heer aus dieser furchtbaren Falle führen?

Ein Mann unter den vielen Tausenden wusste Rat: der ebenso kluge wie tapfere Kriegstribun Publius Decius. Er sprengte an den düster um sich blickenden Feldherrn heran und sprach zu ihm: »Siehst du jenen Berggipfel dort aufragen, Cornelius Cossus? Das ist der Fels unserer Hoffnung und unseres Heils! In unbegreiflicher Blindheit haben die Samniten ihn, der doch alle

Höhen ringsumher beherrscht, unbesetzt gelassen, vielleicht, weil er ihnen zu steil erschien; ich aber möchte es unternehmen, ihn zu erklimmen. Gib mir zweitausend auserlesene Streiter, und ich führe das Wagestück aus und hoffe, uns alle aus dieser schrecklichen Falle zu erretten. Gelingt es mir, jene überragende Höhe zu erreichen, so reize ich durch Geschrei und Wurfgeschosse den Feind, mich zu belagern; du aber gewinnst Raum, dein Heer aus dieser Schlucht zu führen und eine sichere Stellung einzunehmen. Um mich und meine Getreuen brauchst du nicht zu sorgen, wir werden uns schon zu helfen wissen.«

Der Konsul ging auf diesen Plan ein, teilte dem wackeren Mann die beiden ersten Glieder einer Legion zu und wünschte ihm aus bewegtem Herzen Glück und Heil zu seinem verwegenen Vorhaben.

Nun wandte sich Decius an seine Soldaten und sprach zu ihnen: »Kameraden, wir haben ein schweres Werk zu vollbringen, aber ich baue auf euren Mannesmut und frage: Was gäbe es wohl in der Welt, das römische Soldaten nicht auszuführen vermöchten? So hört, was ich vorhabe! Gleich Füchsen und Wildkatzen wollen wir durch die Büsche schleichen und jene steil aufragende Höhe hinanklimmen. Erreichen wir den Gipfel, so stehen wir hoch über unseren hinterlistigen Feinden und zermalmen mit unseren Wurfgeschossen ihre dicken Schädel, wie einst Vater Jupiter mit den Blitzen aus seiner Hand die Köpfe himmelstürmender Titanen zerschmetterte. Nun rate ich: Schließt euren Mund und tut die Augen weit auf – verstanden auch? Wohl denn, und nun folgt mir auf leisen Sohlen! Vorwärts!«

Unter den Heilwünschen des Feldherrn und aller Befehlshaber brach Decius mit seiner Schar auf, und siehe: Das Wagestück gelang! Nicht lange, da wurde es auf dem hochragenden Gipfel lebendig, lautes Kriegsgeschrei erhob sich dort und Steine und Felsblöcke sausten auf die Köpfe der bestürzten Feinde herab. Diese Verwirrung nutzte Cornelius Cossus, entwand sich mit seinem Heer der Umklammerung und erreichte glücklich einen freien Berghang, wo er eine sichere Stellung einnehmen und sich verschanzen konnte. Das Heer war gerettet, und dankerfüllten Herzens blickte der Feldherr zu dem ›Felsen des Heils‹ empor, auf dessen Gipfel der Mann stand, der durch Klugheit und Heldenmut vielen Tausenden Freiheit und Leben wiedergeschenkt hatte.

So kam die Nacht heran, Dunkelheit senkte sich auf die Berge herab und Freunde und Feinde bezogen das Lager, um auszuruhen und den lichten Morgen zu erwarten. Nur der Held auf dem Felsen droben dachte an keinen Schlaf; um Mitternacht schlich er mit einigen beherzten Männern an das feindliche Lager heran und suchte eine Stelle auszuspähen, die nicht von einer Wache behütet wurde. Darauf kehrte er unbemerkt, wie er gekommen, zu den Seinen zurück und sprach zu der schweigend lauschenden Heldenschar: »Ich habe gefunden, was ich dort unten suchte: eine offene Pforte in das feindliche Lager. So haltet euch denn marschbereit, meine Braven! Sobald das Horn des Wachtpostens die zweite Nachtwache gemeldet haben wird, verlassen wir geräuschlos, wie wir auf diesen Gipfel emporgeklommen sind, diese Höhe, schleichen uns durch die schlafenden Feinde und eilen unserem Heer zu, das, wie wir gesehen haben, ein sturmsicheres Lager eingenommen hat. Sind wir nur alle vorsichtig, gewandt und tapfer, so werden wir gewiss unser Ziel erreichen und sind gerettet. Sollte es indes geschehen, dass die Schläfer erwachten, wenn wir durch ihr Lager schreiten, nun, so würden wir ein solches Geschrei erheben, dass ratlose Verwirrung und Angst die Schlaftrunkenen befiele und wir entrinnen könnten, ehe sie nur recht zur Besinnung gekommen. Das ist mein Plan, und nun rastet ein wenig und harrt der rechten Stunde!«

Schweigen herrschte auf allen Höhen und in den Tiefen der Wälder, nur ein Nachtvogel sang in der Ferne, und jenseits auf der Höhe im römischen Lager wieherte ein Streitross.

»Ein gutes Vorzeichen«, murmelte Decius, der mit weit geöff-
neten Augen zu den Wolken emporblickte, die langsam, wie
schlaftrunken, über den Himmelsbogen dahinzogen und nur
hier und da einem blinkenden Stern einen Ausguck auf die
dunkle, waffenstarrende Menschenerde verstatteten. Da, horch!
Hörnerklang verkündigt die zweite Nachtwache. Das war die
Stunde des Aufbruchs. Decius sprang empor, und wie ein Mann
erhob sich auch seine wackere Schar. Er stellte sich an ihre Spitze, und die Nacht war nicht so dunkel, dass nicht jedermann
ihn hätte sehen können. So stiegen sie langsam von der Höhe
hinunter, gelangten unbemerkt an das Lager des Feindes, schlichen sich lautlos hinein und wanden sich auf verschlungenen
Pfaden mitten zwischen den schlafenden Gruppen hindurch.
Da stieß ein Soldat mit seinem Schild hart an eine Waffe im
Wege; das gab einen schrillen Klang, und die Schläfer in der
Nähe erwachten. Mit entsetzten Augen starrten sie auf die vo-
rüberhuschenden Gestalten, rafften sich auf und schlugen Lärm.
Sogleich aber erhoben die Römer ihre Stimmen und schrien so
fürchterlich, dass es in allen Bergschluchten widerhallte und eine grausige Verwirrung sich der schlaftrunkenen Samniten bemächtigte. Einige griffen nach ihren Waffen, andere liefen fra-
gend und schreiend hierhin und dorthin, die munteren, schlag-
fertigen Römer aber stießen die Taumelnden über den Haufen
und eilten, so schnell sie konnten, dem Ausgang des Lagers und
weiterhin der rettenden Höhe zu. Unversehrt gelangten sie aus
dem Bereich der feindlichen Speere; da gebot der tapfere Führer Halt, hob seine Hände auf und rief aus jauchzendem Herzen: »Gerettet, gerettet! Den hohen Göttern Preis und Dank!
Hier, meine Freunde, wollen wir rasten, bis der Tag anbricht,
denn uns geziemt es wohl, im hellen Sonnenlicht von unserem
Feldherrn und dem Heer empfangen zu werden.«
Der Konsul Cornelius ließ die Trompeten blasen, als die Heldenschar die Höhe hinanmarschiert kam. Mit ungeheurem Ju-

bel wurden die Tapferen begrüßt, umarmt und geküsst. Auf Decius' Rat beschloss der Feldherr, den verstörten Feind ohne Verzug anzugreifen. Im Nu standen die Legionen schlachtgerüstet, und dann stürzten sie sich mit solchem Ungestüm auf das samnitische Heer, dass es nicht standzuhalten vermochte und nach allen Seiten auseinanderstob. Gegen dreißigtausend wurden erschlagen, und das ganze Lager fiel den Siegern zur Beute.

Als endlich das Schlachtgetümmel verstummt war und auf den Schall der Trompeten das Heer sich gesammelt hatte, erhob der Feldherr seine Stimme und sprach: »Wir haben gesiegt! Wem aber gebührt nächst den waltenden Göttern der Ruhm des Triumphs? Keinem anderen als dem heldenmütigen Publius Decius und seinen wackeren Mannen!«

Darauf überreichte der Konsul dem Gefeierten einen goldenen Kranz und bestimmte ihm zur Belohnung hundert Ochsen und einen auserlesenen weißen Stier mit vergoldeten Hörnern; jedem seiner Soldaten aber versprach er zum Lohn für bewiesene Tapferkeit und Treue zwei Röcke, einen Ochsen und in währendem Krieg das doppelte Maß an Getreide.

Nun wollten auch die Legionen ihren Erretter und seine Braven ehren und erfreuen. Und sie setzten dem Publius Decius nach römischem Brauch einen Graskranz aufs Haupt, seine Begleiter aber erquickten sie mit Brot und Wein und sangen Lieder zum Preis der Helden.

Und was tat der so hoch gefeierte glückliche Retter des Heeres? Den weißen Stier brachte er dem Kriegsgott Mars zum Opfer dar, und die hundert Ochsen schenkte er den Soldaten, die ihm so opfermutig gefolgt waren.

Nachdem die Samniten völlig besiegt waren, zogen die römischen Heere in ihr Vaterland zurück und hielten unter dem Jubel der Quiriten triumphierenden Einzug in Rom. Der Name Publius Decius erklang in den Liedern der Soldaten und ging in der Stadt von Mund zu Mund.

Lucius Papirius Cursor und
Quintus Fabius Rullianus

Der Friede mit den Samniten währte nicht lange; das trotzige, kraftvolle Bergvolk erhob sich bald wieder von seiner Niederlage, und Rom sah sich genötigt, von Neuem ein Heer wider diesen hartnäckigen Feind auszurüsten. Feldherr in diesem Kriegszug war der Diktator Lucius Papirius Cursor, sein Unterfeldherr Quintus Fabius Rullianus.

Papirius war ein Mann vom Schlage des großen Gallierbezwingers Furius Camillus, ebenso ausgezeichnet durch festen Willen, Geisteskraft und Heldenmut wie durch Körperstärke. Er war außerordentlich schnell zu Fuß, was ihm auch den Zunamen Cursor (Läufer) eingebracht hatte; nicht einer seiner Zeitgenossen soll ihn im Laufen übertroffen haben. Sein Körper war wie von Eisen, nicht leicht konnte ihn eine Anstrengung ermüden, keine Arbeit war ihm zu schwer; daher mutete er auch seinen Untergebenen sehr viel zu, und die Soldaten hatten unter ihm einen schweren Dienst. Vor allem forderte er unbedingten Gehorsam, und wehe, wer seinen Befehl nicht genau befolgte!

Beliebter bei den Legionen war der Unterfeldherr Quintus Fabius. Er war ein Spross jenes glorreichen Fabiergeschlechts, das im freiwilligen Kampf für das Vaterland den Heldentod gestorben war. Zwischen ihm und seinem strengen Vorgesetzten sollte es in diesem Krieg zu einem Zerwürfnis kommen, das ganz Rom in die größte Aufregung versetzte. Und das trug sich folgendermaßen zu: Als das Heer bereits in Samnium eingerückt war und dort sein festes Lager bezogen hatte, musste der Oberfeldherr auf kurze Zeit nach Rom zurückkehren, weil man glaubte, dass bei seiner Wahl zum Diktator ein Fehler begangen worden sei und die Götter deshalb zürnten. Vor seinem Weggang gab er dem Fabius gemessenen Befehl, im Lager zu verbleiben und unter keinen Umständen den Feind anzugreifen, es sei denn, dass die Samniten sein Lager bestürmten.

Nun erfuhr Fabius durch Kundschafter, dass das feindliche Heer sich in einer Stellung befinde, wo er es leicht überwinden könne, und durch die gewisse Aussicht auf Sieg und Ruhm ließ er sich verlocken, das Lager zu verlassen, gegen den Feind zu marschieren und ihn anzugreifen. Das Glück war ihm hold: Im ersten Ansturm warf er die samnitische Schlachtordnung über den Haufen und seine Reitergeschwader hieben so wacker drein, dass zwanzigtausend Feinde unter ihren Streichen fielen, die anderen aber in wildester Flucht auseinanderstoben. Die ungeheure Menge der erbeuteten Waffen ließ Fabius zuhauf tragen und durch Feuer vernichten; darauf schrieb er einen Siegesbericht an den Senat und sandte den durch schnelle Boten nach Rom.

Der Diktator Papirius hatte gerade den Senat zu einer Beratung berufen, als der Brief seines Unterfeldherrn ankam. Auf der Stelle beurlaubte er die Versammlung, stürmte zum Rathaus hinaus und murmelte grimmig: »Wehe dir, Quintus Fabius! Dein Ungehorsam gegen meinen Befehl soll dir teuer zu stehen kommen. Was gilt mir dein Sieg, da du dich wider die soldatische Zucht vergangen hast! Bliebest du unbestraft, so fände dein schlimmes Beispiel wohl bald Nachahmung, und Rom wäre unrettbar verloren.«

Ohne Säumen rüstete sich der grimme Löwe zur Rückkehr auf den Kriegsschauplatz. Doch die Freunde des unglückseligen Fabius waren schneller als er, auf windschnellen Rossen jagten sie nach Samnium, um den Bedrohten vor dem heraufziehenden Ungewitter zu warnen.

Fabius erschrak; was sollte er beginnen, um sich vor der Wut des gewaltigen Mannes, der als Diktator Macht hatte über Leben und Tod, zu schützen? – Von einem Fehler verfiel er in den anderen: In seiner Not berief er das Heer zusammen, berichtete, was ihm drohte, und bat und beschwor die Legionen, die er zum Sieg geführt, ihn vor der Grausamkeit des Diktators in Schutz zu nehmen. Da schlugen die Soldaten auf ihre Schilde und riefen: »Fürchte dich nicht, Quintus Fabius! Solange es noch römische Legionen gibt, soll niemand es wagen, Hand an dich zu legen!«

Bald darauf kam der Oberfeldherr im Lager an, ließ die Trompete blasen, durch den Herold Ruhe gebieten, setzte sich, von den ruten- und beiltragenden Liktoren umgeben, auf den Richterstuhl und forderte durch den Mund des Herolds Quintus Fabius vor sein Angesicht. Wer hätte es wagen mögen, dem gewaltigen Mann in der Ausführung seines Amtes hindernd entgegenzutreten? Solche Kühnheit besaß nicht einer von den vielen Tausenden, die in atemloser Stille umherstanden. In edler Haltung trat der Sohn eines glorreichen Heldengeschlechts und selbst ein sieggekrönter Held vor die Schranken. Sein Antlitz war bleich, aber sein Auge richtete sich fest und ruhig auf den gestrengen Richter.

»Quintus Fabius«, hub der Diktator mit erzwungener Ruhe an, »hatte ich dir nicht verboten, dich mit dem Feind in einen Kampf einzulassen? Auf diese Frage antworte mir, außerdem aber lass dir kein Wort entfahren!«

Fabius erwiderte, er habe den Feind geschlagen, und man könne ihm wohl das Leben entreißen, nimmermehr aber die Ehre seiner Tat.

»Herbei, ihr Häscher!«, rief da Papirius in aufflammender Wut. »Reißt dem Schuldigen die Kleider vom Leib und peitscht ihn mit Ruten!«

Die Schergen traten herzu, um den Befehl zu vollziehen. Fabius aber riss sich aus ihren Händen los, rief die Hilfe der Legionen an und flüchtete in ihren Schutz. Zugleich erhob sich ein Murren des Unwillens in den Reihen der Krieger, das immer mehr anschwoll wie das Brausen der Wogen, wenn ein Sturm über das Meer dahergefahren kommt. Die Obersten, welche nahe an dem Richterstuhl standen, erhoben ihre Hände und flehten den Diktator an, Gnade walten zu lassen und mit seinem Führer nicht das ganze Heer für schuldig zu erklären. Andere mahnten, die Sache bis zum nächsten Tag ruhen zu lassen; es sei nicht gut, im Zorn ein Urteil über Leben und Tod zu sprechen; des Fabius jugendlicher Ungestüm sei ohnehin schon hart genug gestraft, sei ihm doch die Siegesfreude in Leid und Angst verwandelt worden.

Allein unerschütterlich blieb der eiserne Mann; auch durch das drohende Gebaren und das Geschrei der Legionen ließ er sich nicht schrecken, sondern gab dem Herold Befehl, Ruhe zu gebieten. Aber das Getöse verstummte nicht, es steigerte sich nur immer mehr, sodass zuletzt der Diktator seine eigene Stimme nicht mehr hören konnte.

So brach die Nacht herein, und da Fabius fürchtete, dass selbst die Soldaten ihn vor der Wut des grimmen Mannes nicht würden schützen können, verließ er auf geheimen Wegen das Lager und entwich nach Rom.

Sobald am folgenden Tag seine Flucht bekannt wurde, warf sich Papirius aufs Pferd und folgte ihm nach. Er traf den Schuldigen vor dem Senat, wo Fabius Klage wider die unerhörte Grausamkeit des Diktators erhob. Als nun dieser plötzlich in den Saal trat, verstummte der Redner vor Schrecken, und auch die Senatoren saßen betroffen und sprachlos auf ihren Stühlen. Sogleich gab Papirius den Häschern Befehl, seinen Ankläger zu verhaften. Ehe das aber geschehen konnte, trat der Vater des Bedrohten, Marcus Fabius, ein hochangesehener Patrizier, schützend vor seinen Sohn und sprach mit eindringlicher Stimme: »Da du, Lucius Papirius, durch keine Vorstellungen und Bitten zu bewegen bist, deines tapferen Unterfeldherrn, der den ruhmvollen Sieg über die Feinde Roms gewonnen hat, zu schonen, so spreche ich das Volk an, über meinen Sohn zu richten!«

Papirius antwortete: »Der Diktator, das weißt du wohl, Marcus Fabius, steht über dem Volk, und dein Schritt widerspricht dem Gesetz; doch sei es drum, ich will mich für diesmal fügen.«

Nun ging es aus dem Rathaus in die Volksversammlung. Dort ließ Papirius den Schuldigen in die Schranken treten, mit ihm zugleich aber trat auch sein ehrwürdiger Vater in den Kreis. Und der alte Mann nahm das Wort und verteidigte die Handlungsweise seines Sohnes mit so beredtem Mund, dass die Herzen der Quiriten tief bewegt wurden.

Alsdann aber trat der Diktator auf und sprach felsenfest: Er werde die Rechte seines hohen Amtes nimmermehr schmälern lassen. Denn wohin solle es führen, wenn im Krieg der Soldat seinem Hauptmann, der Hauptmann dem Obersten, der Oberst dem Legaten, der Legat dem Konsul und der Konsul dem Diktator nicht mehr Gehorsam leisten wolle? Dann sei es aus mit der ruhmreichen römischen Kriegszucht, und Rom sei unrettbar dem Untergang geweiht.

Die Wahrheit dieser Worte leuchtete jedem ein; betroffen standen die Bürgertribunen und wussten nicht, was sie nun tun sollten. Nun aber fing die Menge des Volkes an, für den Sünder um Gnade zu flehen, auch die Tribunen erhoben ihre Hände und riefen: Du hast recht, Lucius Papirius, er ist schuldig, aber wir bitten dich, lass Gnade walten und schone sein Leben!«

Und als nun auch die beiden Fabier, Vater und Sohn, dem unerschütterlichen Mann zu Füßen fielen und baten, nicht länger zu zürnen, da ging es wie ein warmer Sonnenstrahl über das finstere Antlitz des Diktators, und er gebot mit einem Wink seiner Hand Stille und rief mit heller Stimme: »Glück zu, Quiriten! Die Kriegszucht hat obsiegt, ihr beugt euch unter die Macht des Diktators und gebt den Schuldigen in meine Hände! Nun denn, es sei ihm verziehen! Denn nicht meine Person hat er gekränkt, sondern meine Feldherrnhoheit. So behalte denn das Leben, Quintus Fabius, und danke dies große Geschenk der

Fürbitte des Volkes! Lebe und vergiss nimmermehr, dass der römische Soldat im Frieden und im Krieg dem Befehl seines Vorgesetzten unweigerlich zu gehorsamen hat!«

Ein tosender Beifallssturm erhob sich nach diesen herrlichen Worten, und beide, hier die glücklichen Fabier, dort der ehrenfeste Diktator, wurden von der jauchzenden Menge umringt und im Triumph nach ihren Wohnungen geleitet.

Das caudinische Joch und die Vergeltung

Im nächsten Jahr erhoben die Samniten wiederum ihr Haupt und rüsteten zum Streit gegen das übermächtige Rom. Ihr Feldherr hieß Caius Pontius, ein ebenso tapferer wie verschlagender und listiger Heerführer. Die römischen Legionen kamen unter Anführung der beiden Konsuln Spurius Postumius und Titus Veturius Calvinus heranmarschiert. Ohne Aufenthalt überschritten sie die Grenze Campaniens und bezogen ein Lager bei der Stadt Calatia.

Caius Pontius hatte einen schlauen Feldzugsplan ausgesonnen; mit List wollte er den Feind in sein Netz locken, um ihn zu vernichten. Zu diesem Behuf zog er mit seinem Heer in das Gebirge von Caudium und besetzte die bewaldeten Höhen rings um die Engpässe, die durch das raue Bergland führten. Um nun die Römer herbeizulocken, erlas Caius zehn verschlagene Soldaten aus seinen Legionen, ließ diese sich als Hirten verkleiden und befahl ihnen, mit ihren Herden in die Nähe des römischen Lagers zu ziehen und dort die Kunde zu verbreiten, das Heer der Samniten stehe in Apulien und belagere dort die Stadt Luceria. In diesem Ort wohnten nämlich Roms getreue Bundesgenossen, und mit Recht vermutete der schlaue samnitische Feldherr: Auf die Nachricht, dass Luceria in Not sei, würden die Römer ungesäumt aufbrechen, um der bedrängten Stadt Hilfe zu bringen.

Die List gelang vollkommen. Ohne Argwohn zu schöpfen, nahmen die römischen Konsuln den Bericht der falschen Hirten auf, brachen das Lager ab und machten sich auf den Marsch nach Apulien. Zwei Wege führten dorthin, der eine durch offene Länder und weitübersehbare Ebenen, der andere durch die caudinischen Engpässe. Dieser letztere war wohl beschwerlich, aber viel kürzer als der andere, bequemere. Darum wurde er von den Konsuln gewählt, galt es doch, der bedrohten Bundesstadt so schnell wie nur möglich Rettung zu bringen. Dass die Gebirgspässe bei Caudium vom Feind umlagert sein könnten, kam den römischen Feldherrn nicht in den Sinn, und so rannten sie denn blindlings in die Falle hinein.

Ohne irgendwo feindliche Heerhaufen zu erblicken, gelangten die Römer an das Gebirge und schickten sich sofort an, in langer Linie den ersten Pass zu durchschreiten. Dieser führte bei seinem Ausgang in eine Schlucht hinunter und aus der Tiefe dann wieder empor in ein ebenes Gebirgstal, das mit Gras bewachsen war und von keinen Wasserläufen durchrieselt wurde. Jenseits dieser Lichtung begann der zweite Engpass, noch enger und beschwerlicher für den Wanderer als der erste. Unangefochten schritten die Legionen den ersten engen Felsenpfad dahin und traten in das stille grüne Waldtal ein, wo die frischen Quellen sprudelten. An ihrem Wasser erquickten sich die Soldaten, bis der Befehl zum Aufbruch erscholl. Nun wollten sie in den zweiten Engpass hineinschreiten; doch siehe da: Der Eingang war durch Felsenstücke und Baumstämme gesperrt, und wie aus der Erde gewachsen blinkten überall Helme und Lanzenspitzen. Mit Schrecken merkten die Feldherrn, dass sie überlistet waren, und befahlen den Rückzug. Zu spät: Auch der erste Pass war schon vom Feind besetzt, desgleichen alle Höhen ringsum. Wie ein Rudel Hirsche, von Jägern und Hunden umstellt, hin- und herrennt und nach einer Lücke zum Hindurchbrechen sucht, so voll Furcht und Hoffnung die römischen Legionen! War denn nirgends ein Ausgang zu erspähen? Hatte der Feind sie wirklich in eine undurchbrechbare Falle gelockt, um sie bis auf den letzten Mann zu vernichten? Steile Höhen ringsum und auf jeder Stufe, jeder Felskante erzgepanzerte Krieger – nein, hier war kein Entrinnen, hier lauerte hinter jedem Baum der Tod; ihre Füße standen auf der Pforte zur Unterwelt: Tat sich nicht schon der Abgrund auf, um sie alle zu verschlingen?

Einer starrte den anderen an – was sollten sie nur beginnen? Da fing einer an, die Zeltstangen aufzurichten; andere nahmen das Schanzzeug zur Hand; niemand gab einen Befehl, denn auch die Konsuln standen ratlos da, beriefen auch keinen Kriegsrat, wohl einsehend, dass auch der findigste Kopf aus dieser Falle keinen Rettungsweg zu ersinnen vermochte. Murren, Klagen und Verwünschungen wurden laut. Einer meinte: durch die Engpässe, ein anderer: gerade hinauf auf die Höhen, ein dritter: mitten durch den Wald und die Speere der Feinde sollten sie vordringen! In klagenden Tönen rief aus dem Haufen eine Stimme: »Ach, wohin denn, wohin sollen wir uns wenden, meine Brüder? Können wir die Berge aus ihren Grundfesten heben und uns Luft schaffen? Wie sollen wir denn, solange diese steilen Felsen ringsum emporragen, an den Feind gelangen? Ach, wir alle: Tapfere und Furchtsame, Vornehme und Geringe, alle sind gefangen und verloren; der Feind wird uns Wehrlose nicht einmal die Ehre gönnen, mit dem Schwert in der Hand zu fallen; dem Hungertod wird er uns preisgeben, und Geier und Raben werden in diesem höhenumstarrten Tal des Todes unsere Leiber zerhacken!«

So kam die Nacht heran, und jeder legte sich auf den Erdboden nieder, wo er stand. Aber kein sanfter Schlummer wollte den Unglücklichen Vergessen und Erquickung bringen; unter Klagen und herzbeklemmender Sorge schlichen ihnen unsäglich langsam und ach! doch viel zu schnell die Stunden dahin, denn was konnte der neue Tag ihnen bringen? Nichts als das Licht, ihre trostlose Lage nur schärfer und greller zu beleuchten.

Leise, wie auf Geisterschwingen, kam der Morgen auf das Gebirge herab, guckte auch in das Tal des Todes hinein und schreckte die Müden von ihrem Lager auf. Steile Höhen ringsum und blinkende Waffen – was zögerten die Feinde noch lange, das Schicksal ihrer Opfer zu vollenden! Wollten sie die Qualen der Wehrlosen durch Aufschub des Vernichtungskampfs noch verlängern?

Nein, die vom Glück so sehr begünstigten Samniten wussten selbst nicht, wie sie ihren Vorteil am besten wahrnehmen sollten. Nach langen fruchtlosen Beratungen mit seinen Freunden sandte endlich der Feldherr Caius Pontius Boten an seinen alten, weisen Vater und ließ den erfahrenen Greis um seinen Rat bitten. Und wie lautete die Antwort des besonnenen Herennius Pontius? So sprach er: »*Lasst die Römer, ohne ihnen ein Leid zuzufügen, allesamt frei von dannen ziehen!*«

»Wie?«, fragten die Männer im Kriegsrat kopfschüttelnd, »kann solches die wahre Meinung des alten Weisen sein?« Caius glaubte, die Boten hätten seinen Vater falsch verstanden, und noch einmal sandte er sie zu ihm. Jetzt brachten sie die Antwort: »*Du sollst die Römer bis auf den letzten Mann niederhauen!*«

»Wie soll ich diese widersprechenden Orakel deuten?«, rief der Feldherr ratlos. »Ist einer unter euch, der des Rätsels Lösung zu finden vermag?«, wandte er sich an seine Freunde. Doch keiner war da, der Rede und Antwort geben konnte.

Da ließ Caius seinen altersgreisen Vater ins Lager holen. Der Greis erschien im Kriegsrat, tat seinen Mund auf und sprach: »Ihr seid verwundert über meine beiden so ganz entgegengesetzten Ratschläge? Hört meine Gründe! Lasst ihr die Römer frei und ungekränkt ausgehen, so sichert ihr euch und eurem Land Frieden und Freundschaft mit einem der mächtigsten Völker Italiens. Dieser Rat ist der beste. Handelt ihr aber nach meinem zweiten Bescheid und vernichtet das römische Heer bis auf den letzten Mann, so habt ihr damit den Feind auf ein Menschenalter und wohl noch länger unschädlich gemacht, denn ohne Kriegsmacht kann Rom nichts gegen uns unternehmen. Begreift ihr nun, wie ich es meine?«

»Ja«, antwortete Caius, »allein zwischen Sturm und Stille gibt es auch noch ein erquickendes Windeswehen – so auch hier. Wie, wenn wir einen Mittelweg einschlügen: den Römern freien Abzug gewährten, sie aber zuvor tief niederbeugten und durch Geiseln und heilige Eidschwüre verbänden, fortan Frieden zu halten und uns als ihresgleichen zu achten?«

Der Greis schüttelte sein ehrwürdiges Haupt und erwiderte: »Diese Maßregel ist von der Art, dass sie euch weder Freunde erwirbt noch euren Feind unschädlich macht. Versucht es und schenkt denen Leben und Freiheit, die ihr durch Demütigung und Beschimpfung erbittert habt – was wird die Folge sein? Wie ich das römische Volk kenne, wird es nicht ruhen und rasten, bis die Schande, die man ihm angetan, in dem Blut seiner Bezwinger abgewaschen ist. Das bedenkt, und nun lasst mich wieder von hinnen ziehen und handelt nach meinen Ratschlägen oder seht zu, ob ihr noch bessere zu ersinnen vermögt!«

So sprach der Alte und ließ sich wieder aus dem Lager führen. Seine Vorschläge wurden verworfen, und als man hin und her beriet, erschienen römische Abgesandte im Lager, um mit dem Feldherrn zu unterhandeln. Sie erhielten von Caius Pontius folgenden Bescheid:

»Der Krieg ist zu Ende; das römische Heer soll frei ausgehen dürfen, jedoch muss jedermann, von den Konsuln bis zum letzten Soldaten, entwaffnet und im bloßen Unterkleid unter dem Jochgalgen am Tor des Engpasses hindurchschreiten. Zuvor aber sollen die Konsuln und alle Kriegsobersten mir mit ihrer Unterschrift bürgen, dass fortan die Samniten gleich den Römern frei nach ihren Gesetzen leben dürfen, und als Bürgschaft für diesen Friedensvertrag beanspruche ich sechshundert römische Ritter als Geiseln.«

Als die Sendboten mit diesem Bescheid im römischen Lager ankamen, erhob sich ein solches Murren und Wehklagen im ganzen Heer, als hätte jedermann sein Todesurteil vernommen. Die beiden Konsuln ließen die Köpfe hängen und sprachen kein Wort; nur ein Mann verlor nicht die Fassung und Besonnenheit: der ebenso tapfere wie kluge Legat Lucius Lentulus. Er wusste sich Gehör zu schaffen, erhob seine Stimme und sprach: »Römische Soldaten! Ehrenvoll ist es, für das Vaterland zu sterben, ehrenvoller und nützlicher aber noch, für sein Heil zu leben und zu wirken. Wählen wir in dieser Stunde den Tod, so verliert Rom mit uns seine gesamte Kriegsmacht, und wehrlos ist es fortan seinen Feinden ausgeliefert. Darum wäre es Verrat am Vaterland, wenn wir aus falschem Ehrgefühl uns hier hinschlachten ließen. Nun wendet ihr ein: ›Das, was der Feind uns zumutet, ist ohne Maßen empörend und schimpflich.‹ Ihr habt recht, ich aber antworte: Wenn das Heil meines Vaterlandes es fordert, so gehe ich ohne Zaudern in den Schimpf wie in den Tod. So lasst uns denn, meine unglücklichen Brüder, die Schmach auf uns nehmen, so grausam sie auch ist! Uns bleibt kein Ausweg, sind doch auch selbst die unsterblichen Götter der Notwendigkeit unterworfen. Führt uns, ihr Konsuln, in das Lager des übermütigen Feindes und lasst uns den Vertrag abschließen! Es geschieht zur Rettung und zum Heil unseres Vaterlandes!«

Nach schwerem innerem Kampf entschlossen sich die Feldherrn zu dem sauren Gang, und der schimpfliche Vertrag wurde abgeschlossen und von allen Kriegsobersten unterschrieben. Darauf wurden sechshundert Ritter ausgewählt, um als Geiseln dem Feind überantwortet zu werden. Als die edlen Jünglinge das Lager verließen, erhoben die Legionen ein so wildes Zorn- und Wehgeschrei, als seien alle Mannen rasend geworden. Die Schmach war gar zu groß – wie sollten die Tapferen sie nur auf sich nehmen und weiterleben! Voll Schmerz und Trauer betrachteten sie ihre Waffen, die sie in so manchem Kampf mit Ehren geführt und nun verlieren sollten, um wehrlos und halbnackt unter dem Schandbalken hindurchzuschreiten! Gab es denn keine gerechten Götter mehr im hohen Himmel? Warum zauderte der große Jupiter, die Feinde mit den Blitzen seines Zorns zu zerschmettern? Schlief die erhabene Juno, Roms mächtige Freundin, dass sie das Geschrei ihres Volkes nicht erhörte? Und wo waren Mars und Quirinus, deren Altäre in der Tiberstadt allzeit von reichen Opferspenden rauchten und dufteten? Ha, wie würden die glückberauschten samnitischen Ziegenhirten voll Spott und Hohn auf die entehrten Krieger herabsehen, vor denen sie doch so oft geflohen waren, wenn in der Männerschlacht Feuer aus ihren Augen sprühte!

Unter so bitteren Vorstellungen und Klagen nahte die Stunde der Beschimpfung heran. Auf Caius Pontius' Befehl mussten Wehr und Waffen schon im Lager abgelegt und in Feindeshand übergeben werden. Den beiden Konsuln wurden die Abzeichen ihrer Würde abgerissen und die Feldherrnkleider ausgezogen – ein Schauspiel, das selbst bei denen, die den unglücklichen Heerführern zuvor bitter gegrollt hatten, so tiefes Mitleid wirkte, dass jedermann, seines eigenen Missgeschicks vergessend, in brennender Scham seine Augen davon abwenden musste.

Nun zog das Heer in langer Linie durch den Engpass, an dessen Pforte der schreckliche Galgen sich erhob. Zuerst mussten die Konsuln, beinahe halbnackt, unter dem Schandjoch hindurchschreiten; ihnen folgten dem Rang nach alle Befehlshaber, zuletzt die Legionen, eine nach der anderen, ein schier endloser Trauerzug. Und ringsumher standen in blitzendem Waffenschmuck höhnend und spottend die Feinde, und wenn einer der Geschändeten seine Augen voll Hass und Ingrimm auf seine Peiniger richtete, so wurde er geschlagen, verwundet oder gar getötet.

Das war der Durchzug unter dem caudinischen Joch! Und als das Heer die Pforte der Schmach und Schande hinter sich hatte, da war einem jeden zumute, als käme er aus dem finsteren Höllenschlund heraus.

Nun standen die Unglücklichen im hellen Tageslicht, waren frei, gerettet aus Todesnöten, und doch mochten sie nicht auf- und umschauen, denn wie sah dies Heer aus? Waren diese halbnackten Menschen noch römische Krieger? Glichen sie nicht vielmehr elenden Bettlern und verwahrlosten Landstreichern? Wehe, wehe der Schmach und Schande! Nie zuvor hatte die Sonne römische Soldaten in so großem Elend und Jammer gesehen. Wo sollten sie nun bleiben, wohin sich wenden und flüchten, um ungesehen nach Rom zu gelangen? Ach, in die Erde hätten sie kriechen mögen vor Scham und Scheu, von ehrsamen Menschen erblickt und verhöhnt zu werden!

So wanderten sie unsicher und schweigend dahin, und obwohl sie vor Anbruch der Nacht die befreundete reiche Stadt Capua noch hätten erreichen können, wagten sie doch nicht, bis in ihre Nähe zu gehen, sondern warfen sich angesichts der Mauern und Türme hungernd und dürstend auf den Erdboden nieder, um zu rasten und im Schlaf alle Schrecken zu vergessen.

Allein das Gerücht von dem Schicksal der Unglücklichen und ihrem Lager draußen gelangte noch vor Nacht in die Stadt, und Erbarmen und Mitleid ergriff die Herzen der Bürger Capuas. In hochherzigem Eifer sandte die Obrigkeit den Konsuln und Befehlshabern Kriegsgewänder, Waffen und alle Abzeichen ihrer Würde, und das Volk beeilte sich, den Soldaten Kleider und Lebensmittel hinauszuschaffen. Bald erschien im Lager der Senat selbst und geleitete das ganze Heer in die Stadt, um es gastfreundlich zu bewirten und zu verpflegen. Jedoch alle Beweise der Güte, alle Tröstungen und Ermutigungen der edlen Wirte konnten den Unglücklichen keine frohen Worte entlocken – so groß war ihre Niedergeschlagenheit.

Am anderen Tag geleiteten adlige Jünglinge Capuas das Heer bis an die Grenze Campaniens, und nach ihrer Rückkehr berichteten sie dem Senat: Die Soldaten seien ihnen auf dem Zug noch trauriger vorgekommen als in der Stadt; still und stumm wären sie dahingegangen; der alte römische Hochsinn sei zu Grabe getragen; mit den Waffen habe der Feind den Kriegern auch den Mut geraubt; sie grüßten niemand, erwiderten keinen Gruß, sondern schritten mit niedergeschlagenen Augen dahin, gleich, als trügen sie auf ihrem Nacken in der Tat das Joch, unter welchem sie hindurchgezogen waren; die Samniten hätten nicht bloß einen vollkommenen, sondern auch einen bleibenden Sieg errungen, denn sie hätten zwar nicht Rom erobert, aber die römische Tapferkeit, den römischen Heldenmut gebrochen.

Auf diesen Bericht der jungen Adligen erwiderte ein alter, weiser Senator: Die Sache verhalte sich doch ganz anders: Gerade diese tiefe Scham, dieser wortlose Ingrimm der römischen Soldaten verrate ein brennendes Ehrgefühl und einen Mannessinn, der keinen Schimpf ungerächt hinnimmt. Aus diesem düsteren Schweigen der geschändeten Legionen würden Stürme hervorbrechen, die die Samniten samt ihren Jochgalgen und Stadtmauern über den Haufen blasen würden.

Und wie nahm Rom die Trauerkunde auf? Ehe das Heer noch in seinen Grenzen anlangte, verbreitete sich in der Stadt schon das Gerücht von dem, was bei Caudium geschehen war. Da entrang sich ein Wehgeschrei den Herzen aller Quiriten, vom vornehmsten Patrizier bis zum niedrigsten Plebejer. Die Verkaufsbuden auf dem Markt wurden geschlossen; von seinem Stuhl stand der Richter auf und entließ Kläger und Beschuldigte; man entfernte die Purpurverbrämung von den Mänteln und legte die Goldringe von den Fingern ab; heiliger Zorn bemächtigte sich aller Gemüter: Zorn auf die Konsuln und Kriegsobersten, Zorn aber auch gegen die Soldaten, und allerorten hörte man die Drohung: Man solle den Entehrten die Tore der Stadt verschließen und sie ihrem elenden Schicksal überlassen! Aber wie erschienen sie vor den Pforten ihrer Heimat? Wahrlich nicht wie solche, die ein freundliches Willkommen erwarteten, sondern als Kranke und Gefangene, die das Mitleid jedes fühlenden Herzens erweckten. Heimlich und unbemerkt suchte jeder in die Stadt und in sein Haus zu schleichen, und an den folgenden Tagen wagte niemand, sich auf dem Markt oder sonst öffentlich sehen zu lassen. Auch die beiden unglücklichen Feldherrn begruben sich in der Stille ihrer Häuser; an ihrer Statt wurden zu Konsuln gewählt Quintus Publilius Philo und Lucius Papirius Cursor, die berühmtesten Heerführer Roms zu ihrer Zeit.

Diese beiden beriefen ihre schuldbeladenen Amtsvorgänger vor den Senat, damit sie Rede und Antwort stünden über das Unheil, das sie über ihr Vaterland heraufbeschworen hatten. Zuerst wurde der einst so stolze Spurius Postumius aufgefordert, sich zu verantworten. Mit eben dem Blick, mit welchem er unter dem Jochgalgen hindurchgeschritten war, trat der unglückliche Mann vor seine Richter und sprach: »Ich bekenne mich schuldig, der nötigen Vorsicht vergessen zu haben, indem ich die Legionen durch den Engpass führte. Den schmählichen Vertrag musste ich unterschreiben, um das Heer zu retten. So rate ich: Sendet mich, meinen Mitkonsul und alle, die den Vertrag mit ihrer Unterschrift bestätigt haben, gefesselt an Caius Pontius, damit wir mit unserem Leben für die Bürgschaft, die wir notgedrungen auf uns genommen haben, büßen. Dann ist das römische Volk des Vertrags frei und kann seine Heere zum Rachekrieg wider Samnium führen.«

Alle schuldigen Befehlshaber waren gleichen Sinnes und erklärten sich bereit, mit ihrem Leben für ihre Vergehen einzustehen. Und der Senat beschloss, diesen Weg einzuschlagen: Entkleidet und gefesselt wurden die unglücklichen Heerführer durch die

Bundespriester dem samnitischen Feldherrn überliefert und damit der Vertrag von Caudium für null und nichtig erklärt.

Aber mit Entschiedenheit wies Caius Pontius die Opfer zurück und sprach: »Auf diesen Handel gehe ich nimmermehr ein! Steht dem römischen Volk der Vergleich nicht an, den seine Feldherrn mit ihrer Unterschrift besiegelt haben, nun, so mögen die Legionen in das Tal des Todes zurückkehren! Alsdann werde ich mit Eisen und Blut einen neuen Vertrag schreiben.« Und er ließ den Gebundenen ihre Fesseln lösen und sandte sie nach Rom zurück. Hier wurden nun ohne Säumen zwei Heere ausgerüstet; die neuen Konsuln stellten sich an die Spitze derselben und marschierten nach Samnium. Publius wandte sich nach der Stadt Caudium, stieß dort auf einen feindlichen Heerhaufen und schlug ihn nach kurzem Kampf in die Flucht. Der andere Feldherr, Papirius Cursor, zog nach Apulien; denn er hatte Kundschaft erhalten, dass vor der Stadt Luceria, in deren Mauern die sechshundert römischen Geiseln gefangen gehalten wurden, Caius Pontius ein Lager aufgeschlagen habe.

Die Nachricht bestätigte sich; mit ingrimmiger Freude erblickten die römischen Legionen den Feind, schüttelten drohend ihre Waffen und knirschten: »Die Stunde der Vergeltung ist gekommen, heute wollen wir uns die verlorene Ehre wiedererobern!«

Auf den Anruf des schnellen Papirius stürmten Fußvolk und Reiter mit wildem Ungestüm in die Schlacht und hieben alles vor sich nieder: Bewaffnete und Wehrlose, Freie und Sklaven, Erwachsene und Unmündige, Menschen und Vieh. »Ha!«, riefen sie in grimmiger Erbitterung, »hier ist kein Engpass, kein unwegsamer Wald, kein Caudium! Hier gilt nur die Tapferkeit, die kein Wall, kein Graben aufzuhalten vermag!«

Das Lager wurde im Sturm genommen, Tausende sanken in den Tod, der Rest entfloh hinter die schützenden Mauern der Stadt.

Caius Pontius sah nun wohl ein, dass er solchem Feind nicht lange zu trotzen vermochte, und er schickte Gesandte an den römischen Feldherrn und ließ ihn fragen, ob er gegen Herausgabe der Geiseln die Belagerung der Stadt aufgeben wolle.

Der strenge Lucius Papirius antwortete den Sendboten: »Kehrt zurück und meldet eurem Herrn: Waffen, Gepäck, Lasttiere und alles, was unbewehrt ist, soll in den Mauern bleiben; die Soldaten, an ihrer Spitze der Feldherr, sollen entwaffnet und halb entkleidet aus dem Tor herauskommen und unter dem Jochgalgen hindurchschreiten.«

Mit diesem harten, aber, wie die samnitischen Männer an der strengen Miene des mächtigen Römers wohl erkannten, unerbittlichen Bescheid kehrten die Gesandten in die Stadt zurück. Da hob Caius Pontius seine Arme empor und rief verzweiflungsvoll: »O, mein Vater, mein Vater! Warum habe ich deinen Rat nicht befolgt!«

Siebentausend Krieger, an ihrer Spitze der Feldherr mit den Obersten, zogen unter dem Jochgalgen hindurch: Die caudinische Schmach war gerächt. Mit reicher Beute und wehenden Fahnen kehrte das Heer nach Rom zurück und brachte als kostbarsten Siegespreis die heldenmütig eroberte römische Soldatenehre wieder.

So gelangte Rom in den Besitz von ganz Unteritalien, mit Ausnahme der südlichsten Teile, und es konnte nun nur eine Frage der Zeit sein, dass auch diese noch in Rom aufgingen. Hier saßen nämlich nicht italische Völker, sondern Griechen, und diese hatten sich an den Kriegen nicht beteiligt, sodass sie auch von den Römern einstweilen nicht behelligt werden konnten.

Die Südspitze Italiens ist durch eine tief einschneidende Meeresbucht in zwei Abschnitte geteilt. Im innersten Winkel dieser Bucht lag damals schon und liegt heute noch die Stadt Tarent, zur Römerzeit die blühendste Griechenstadt in Italien, eine Handelsstadt von achtunggebietender Macht. Von spartanischen Auswanderern im 8. Jahrhundert v. Chr. gegründet, war die neue Siedlung anfänglich auch nur auf Gebietserweiterung zu Lande bedacht gewesen. Hier waren aber ihrer Gebietserweiterung durch das mächtige Volk der Japygen Grenzen gesteckt worden, und nun verlegten sich die Ansiedler bald ganz und gar auf Seefahrt und Handel, wozu die außerordentlich günstige Lage der Stadt ja auch geradezu herausforderte. Als Unterlage des Staates blühte in rascher Folge die Industrie empor. Die Wolle der zahllosen Schafherden, die auf den sonnigen Triften der umliegenden Landschaft Apulien weideten, der Reichtum der Tarenter Bucht an Purpurschnecken zum Färben der Wolle, die reichen Erträge des Öl- und Weinbaus, dazu feine Metallarbeiten wurden nach Italien und Sizilien sowohl wie nach Griechenland und Asien verfrachtet, und Tarent galt als eine der reichsten Städte der Welt.

Lange hatten es die Römer nicht gewagt, mit der mächtigen Handelsrepublik anzubinden. Nach dem zweiten Samnitenkrieg war sogar zwischen beiden ein Vertrag zustande gekommen, nach welchem den römischen Schiffen die Einfahrt in die Bucht von Tarent verboten war.

Nach Beendigung der Samnitenkriege und der gänzlichen Unterwerfung der Samniten sahen sich die Tarenter nun aber ringsum von der römischen Macht dicht umschlossen, und sie ahnten, dass nun die Reihe bald an sie kommen würde. Ihre tiefe Erbitterung darüber machte sich in einer unüberlegten Tat Luft, die den Ausbruch der Feindseligkeiten beschleunigte und ihren Untergang herbeiführte.

Im Vollgefühl ihrer Macht hatten die Römer gegen den Vertrag eine Flotte von zehn Schiffen im Meerbusen von Tarent aufgestellt, um von dort aus die Verbindung mit ihren an der See gelegenen Kolonien zu unterhalten. Eines Tages erschien diese kleine Flotte sogar im Hafen von Tarent, und dieser Vertragsbruch empörte die Tarenter derart, dass sie in zügelloser

Wut die Schiffe überfielen und vier davon versenkten. Nun forderten römische Gesandte Schadenersatz für die vernichteten Schiffe, Rückgabe der Gefangenen und Auslieferung der Rädelsführer bei diesem Überfall. Schroff aber wurden diese Forderungen zurückgewiesen. Man sagte, dass die römischen Gesandten sogar in der gröblichsten Weise beleidigt worden seien, und trotzdem waren die Römer nicht abgeneigt, auf die Vorschläge einer starken Friedenspartei in Tarent einzugehen. Sie mochten eine neue allgemeine Erhebung der unterjochten italischen Völker fürchten und deshalb einen neuen großen Krieg scheuen. Da aber in Tarent die Kriegspartei die Oberhand behielt, war der Krieg unvermeidlich, und er schien umso bedrohlicher werden zu wollen, als die Tarenter ein Bündnis mit dem gefürchteten griechischen Söldnerführer, dem König Pyrrhus von Epirus, im Nordwesten von Griechenland gelegen, abschlossen, dem sie die völlig selbstständige Verfügung über ihre Stadt einräumten.

KÖNIG PYRRHUS
VON EPIRUS

önig Pyrrhus stammte aus einem Geschlecht, das noch den Achilles, den berühmtesten der griechischen Helden vor Troja, zu seinen Ahnen zählte. Als Jüngling war er in den letzten Kriegen Alexanders des Großen hin- und hergeworfen worden und kam schließlich nach Alexandrien, kehrte von dort aber nach seinem Stammland Epirus zurück, von dessen Bewohnern er freudig als König begrüßt wurde.
Pyrrhus war ein hochstrebender, ehrgeiziger Mann, aber er hatte ganz das Zeug dazu, seine hochfliegenden Pläne auszuführen.

Mit seinem übergroßen Ehrgeiz vereinigten sich ein Feldherrngenie allerersten Ranges, hoher Mut und eine starke, unbeug-
same Willenskraft. Nach dem Tod seiner ersten Gemahlin, einer Königstochter von Alexandrien, hatte er sich mit der Tochter des Königs Agathokles von Syrakus in Sizilien vermählt, und
nach dessen Tod betrachtete er sich nicht nur als den Erben der
Macht von Syrakus in Sizilien, sondern auch berufen zur Fort-
setzung von Agathokles' Bestrebungen, die auf nichts Geringeres hinausliefen, als alle griechischen Kolonien im Westen von
Griechenland, vornehmlich in Italien und auf Sizilien, zusammenzufassen und zu einem großen westhellenischen Reich zu
vereinigen.

Der Ruf der Tarenter, ihnen zu Hilfe zu kommen und ihr Anerbieten, ihm völlige Machtvollkommenheit einzuräumen, war
ihm daher mehr als willkommen, denn das schien ihm die beste Gelegenheit, seine großartigen Pläne ins Werk zu setzen.
Nicht allein gebot er selbst über ein bedeutendes Heer, sondern
nun boten sich ihm ja auch noch die so überaus reichen Hilfs-
mittel der mächtigen Handelsstadt. Dazu rechnete er natürlich
auf eine allgemeine Erhebung aller samnitischen Völkerschaften, und diese gewaltige Gesamtmacht schien ihm vollständig
genügend, um nicht nur die Römer niederzuwerfen, sondern
auch in Sizilien Herr der dort herrschenden Verhältnisse zu
werden.

Sizilien stand mehr oder weniger schon unter der Herrschaft eines fremden Volkes, das bis dahin noch wenig von sich reden
gemacht, aber ganz in der Stille schon weit um sich gegriffen
hatte. Das waren die Karthager aus Afrika. Hier hatte, wie
schon in der Geschichte des Äneas ausführlich erzählt worden
ist, die aus Phönizien entflohene Königin Dido die Stadt Karthago erbaut und ein neues Reich gegründet, und diese Tochterstadt der betriebsamen Phönizier hatte deren Geist und reg-
same Tätigkeit von hier aus über das westliche Mittelmeer aus-

gedehnt. Auf Sizilien saßen die Karthager nun bereits so fest, dass selbst die Römer schon verschiedene Verträge mit ihnen geschlossen hatten und Agathokles von Syrakus mit wenig Erfolg bemüht gewesen war, ihr Umsichgreifen einzuschränken. Was ihm nicht gelungen war, das glaubte nun Pyrrhus mit der gewaltigen Macht, die sich ihm so unerwartet zur Verfügung stellte, durchführen zu können. Er bedachte nicht, dass die Tarenter und die westlichen Griechen infolge ihres Reichtums schon durch Generationen verweichlicht waren und es unendlich schwer, vielleicht unmöglich sein würde, sie in waffentüchtige Männer umzuwandeln, wie seine Epiroten waren. Er hatte ferner keine Ahnung von der Waffentüchtigkeit, die das römische Volk seit Jahrhunderten in langen Kriegen erworben hatte und der bisher keins der italischen Völker auf Dauer hatte widerstehen können. Ihm schien daher die Durchführung seines großen Plans völlig sicher, und er nahm den Antrag der Tarenter unbedenklich an.

Nachdem er seinen Feldherrn Milon mit dreitausend auserlesenen Epiroten vorausgesandt hatte, um zunächst die Burg von Tarent zu besetzen, schiffte er sich mit einem Heer von 20 000 Schwerbewaffneten, 2000 Bogenschützen, 500 Schleuderern, 3000 Reitern und – 20 Kriegselefanten nach Italien ein, und dieses außergewöhnliche Heer wurde in Tarent mit ungeheurem Jubel begrüßt.

Besonders angestaunt wurden die Elefanten, die zwar in den asiatischen Kriegen lange schon Verwendung gefunden hatten, die aber in Italien noch nicht gesehen worden waren. Mit Hilfe dieser Kolosse musste der Sieg des Königs Pyrrhus wohl unzweifelhaft sein, denn diesen furchtbaren Tieren beizukommen, musste ja wohl unmöglich sein.

Der Jubel, mit dem Pyrrhus und sein Heer begrüßt worden waren, verwandelte sich aber bald in äußerste Bestürzung. Die Tarenter hatten ihm völlige Machtbefugnis eingeräumt, und nun mussten sie die Erfahrung machen, dass sie sich, wie ein Geschichtsforscher sagte, »nicht einen General, sondern einen Herrn geholt hatten«. Die ganze republikanische Regierungsmaschine verschwand vor dem starken Willen des strengen Königs. Die Volksversammlungen hörten auf, die Theater wurden geschlossen, alle Feste und Trinkgelage verboten. Dafür wurden alle waffenfähigen Männer aus den Arbeits- und Werkstätten, auch auf dem Lande aus den Landhäusern und Bauerngütern herangezogen und zum Kriegsdienst verpflichtet. Die Gymnasien – das waren in Griechenland Bildungs- und Trainingsstätten für junge Athleten (gymnos – griechisch für nackt) – wurden in militärische Übungshallen umgewandelt, und über jeden Versuch, sich diesem Kriegsdienst zu entziehen, wurde die Todesstrafe verhängt. Wohl machten unter diesen Verhältnissen einflussreiche Männer den Versuch, für einen Frieden mit Rom zu wirken; sie wurden einfach gefangen gesetzt und als Geiseln nach Epirus verschickt. Kurzum: Von einer Unabhängigkeit Tarents war nicht mehr die Rede. Für Tarent handelte es sich in dem ausgebrochenen Krieg nicht sowohl mehr um Freiheit oder Knechtschaft als vielmehr nur noch um die Entscheidung der Frage, ob es der Militärdiktatur eines griechischen Eroberers oder der römischen Herrschaft untertan sein sollte.

Die Römer sahen sehr wohl ein, dass sie sich in einer bedenklichen Lage befanden, denn nicht nur unter den Samniten, sondern auch unter den Etruskern begannen sich bedrohliche Anzeichen eines Aufstands bemerkbar zu machen. Sie waren daher genötigt, drei Heere aufzustellen, eins, um die Etrusker niederzuhalten, ein zweites, um jeden Aufstandsversuch der Samniter zu unterdrücken, und ein drittes endlich gegen Tarent und den König Pyrrhus.

Das letzte war natürlich das stärkste. Es bestand aus 50 000 Mann, und der Konsul Publius Laevinus, ein Mann von anerkannter Kriegstüchtigkeit, war der Oberbefehlshaber. Dieses

Heer war im Süden, in der Landschaft Lukanien zusammengestellt worden und zog nun von dorther gegen Tarent herauf. Als Pyrrhus die Nachricht vom Anmarsch der Römer erhielt, machte auch er sich marschbereit und zog den Römern, um Heraklea, eine Tochterstadt von Tarent, zu decken, bis zum Fluss Siris entgegen.

Gleich bei seinem Anmarsch erhielt Pyrrhus einen Beweis, dass er es hier mit einem ganz anderen Feind zu tun hatte, als er und seine Epiroten bisher gewohnt waren, denn sie ließen ihn gar nicht erst über den Fluss kommen, wo sie ein verschanztes Lager aufgeschlagen hatten, sondern setzten angesichts des Feindes selbst über, ihm entgegen. Das ließ auf einen ungewöhnlichen Mut schließen, und in der Tat stürmten die römischen Reiter auch sofort unverzagt heran. Pyrrhus selbst warf sich ihnen mit seiner Reiterei entgegen und es kam zu einem furchtbaren Zusammenstoß. Pyrrhus stürzte, und als seine Leute ihren Führer in der Masse verschwinden sahen, entfiel ihnen der Mut und sie wurden geworfen.

Pyrrhus hatte sich indessen aufgerafft und dem entsetzlichen Gewühl entzogen. Er eilte, da er seine Reiterei sich zur Flucht wenden sah, zu seinem Fußvolk und führte dieses in den Kampf. Zum ersten Mal prallten hier die römischen Legionen mit der berühmten mazedonischen Phalanx, der keilförmigen Schlachtordnung Alexanders des Großen, zusammen, aber sie wichen nicht. In siebenmaligem fürchterlichem Anprall maßen die beiden verschiedenen Schlachtordnungen ihre Kraft, auf beiden Seiten ohne besonderen Erfolg, und der Sieg schien sich endlich den Römern zuzuneigen, denn als Laevinus plötzlich seine Reiterei einen Flankenangriff gegen die Phalanx machen ließ, geriet diese sichtbar in Unordnung.

Da griff Pyrrhus zu seinem letzten Mittel: Er ließ die bisher untätig gebliebene Schlachtlinie der Elefanten vorrücken. Das entschied. Die Pferde der römischen Reiterei wurden scheu, war-

fen ihre Reiter ab, stürmten wild mitten in das römische Fußvolk und brachten auch dies in Unordnung. Ein letzter heftiger
Angriff würde es vielleicht vernichtet haben, da aber wurde einer der Elefanten von einem römischen Krieger verwundet, er
stürzte in das angreifende Fußvolk des Pyrrhus und brachte dieses teilweise in Verwirrung. Das rettete die Römer, und des
Feldherrn Laevinus Kriegstüchtigkeit zeigte sich nun darin, dass
er sein Heer vor wilder Flucht bewahrte und in geordnetem
Rückzug über den Siris zurückführte.

Schrecklich war der Verlust, den die Römer erlitten hatten.
Nach einem Bericht zählte man 7000 Tote und 2000 Gefangene, nach einem anderen sogar insgesamt 15 000. Ganz Samnium
und Apulien fiel in des Siegers Hände, und so bedeutete die
Niederlage der Römer bei Heraklea den Zusammenbruch ihrer gesamten unteritalischen Machtstellung.

Trotz dieses großen Erfolges wurde Pyrrhus doch nicht recht
froh. Er hatte in den Römern ein ganz anderes Volk gefunden,
als er erwartet hatte, und es ahnte ihm, dass es ihm sehr schwer
werden würde, dieses Volk zu überwältigen. Als er über das
Schlachtfeld ging und die furchtbaren Wunden der Toten sah,
die sie fast alle vorn auf der Brust trugen, ein Zeichen, wie tapfer sie dem Feind gestanden hatten, sagte er zu seinen Begleitern: »Seht diese Wunden! Mit solchen Kriegern würde ich die
Welt erobern.«

In diesem Gefühl der Hochachtung vor so tapferen Feinden
hielt er es für geratener, mit diesem Volk Frieden zu schließen.
Er sandte deshalb seinen Kanzler nach Rom mit dahin lauten-
den Aufträgen. Er forderte Freilassung aller Griechenstädte aus
dem römischen Untertanenverband und Räumung einiger
Landschaften im südlichen Unteritalien. Mit all der griechischen
Beredsamkeit wusste der Kanzler sich seines Auftrags zu entledigen, er versäumte auch nicht, der römischen Tapferkeit die
höchste Anerkennung zu zollen, und so konnte es nicht fehlen,

dass eine Anzahl der Senatoren sich den Vorstellungen des Gesandten zuneigten.

Da aber wurde ein Blinder vorgeführt, der sich bis jetzt im Hintergrund gehalten hatte. Das war Appius Claudius, der frühere Konsul und Zensor, einer jener echten römischen Bürger, denen der Ruhm des Vaterlandes über alles ging. »Oft habe ich es bedauert«, sprach er, »dass ich des Augenlichts beraubt worden bin. Heute aber bedauere ich, dass ich nicht auch taub bin, auf dass mein Ohr solche unwürdigen Reden, wie ich hier vernommen, nicht hätte hören können. Wie, habe ich recht gehört, dass hier im Senat Römer sitzen, die sich durch die glatten Worte dieses Griechen wollen bestechen, zu einer frevelhaften Nachgiebigkeit wollen hinreißen lassen? Ist das Roms würdig, dem verheißen worden ist, dass es einmal der Welt Gesetze vorschreiben soll? Niemals darf sich Rom zu Verhandlungen herbeilassen, solange noch ein feindlicher Krieger auf seinem Grund und Boden steht.«

Diese wenigen Worte entzündeten den alten Römertrotz, und der Kanzler des Pyrrhus wurde heimgeschickt, diese seinem Herrn als die Antwort des römischen Senats zu überbringen.

Staunend über diesen starren Trotz stand Pyrrhus. »Und wie fandest du Rom?«

»Herr«, antwortete der Kanzler, »wie eine Stadt von Pälasten und den Senat wie eine Versammlung von Königen.«

Dennoch verzagte Pyrrhus noch nicht an seiner Absicht, Frieden zu schließen. Als der Senator Caius Fabricius mit einer Gesandtschaft in seinem Lager erschien, um über die Auswechslung der Gefangenen mit ihm zu verhandeln, versuchte er aufs Neue, ihn für Friedensverhandlungen zu gewinnen und bot ihm eine bedeutende Summe als Belohnung, wenn er es zustande brächte. Aber der edle Römer wies alle Zumutungen von der Hand, und selbst ein Elefant, den Pyrrhus hinter einem Vorhang hatte aufstellen lassen und der nun plötzlich mit trompetenartigem Gebrüll seinen Rüssel über ihn ausstreckte, vermochte ihn nicht zu schrecken.

Da sprach Pyrrhus: »Nun wohl, ich weiß echten Mannesmut zu schätzen. Die Gefangenen sollen dich nach Rom begleiten, um mit euch das Fest der Saturnalien zu feiern. Unterbreite dem Senat meine Vorschläge; nimmt er sie an, so sollen die Gefangenen frei sein, verwirft er sie aber, so haben die Leute allesamt in mein Lager zurückzukehren.«

Der Senat verwarf alle Friedensanträge, und die Gefangenen stellten sich ohne Ausnahme wieder im Lager des Pyrrhus ein. Solch ein Volk in Güte zu überwinden, schien ihm nun selbst unmöglich, und er kehrte nach Tarent zurück, um dort selbst die Winterquartiere zu beziehen.

Als das Frühjahr anbrach, zog Pyrrhus aufs Neue ins Feld. Sein Heer zählte 70 000 Krieger, 8000 Reiter und 19 Elefanten. Diese Tiere dachten die Römer nun sicher zu besiegen. Sie hatten eine Anzahl Streitwagen anfertigen lassen, auf denen Feuerbecken angebracht waren, und damit meinten sie die Elefanten schrecken zu können. Vergebliche Mühe! Zwei Tage währte die Schlacht, als aber die Elefanten in den Kampf eingriffen, gerieten die Wagen in Unordnung. Die Tiere stürmten daran vorbei und brachen in die Reihen der Legionen ein, und die hinter ihnen heranstürmenden thessalischen Reiter vollendeten die Niederlage der Römer. Abermals war also Pyrrhus Sieger geblieben, aber es war ein Sieg, von dem er selbst sagte: »Noch ein solcher Sieg, und ich bin verloren.«

Über all diesen Begebenheiten war das Jahr hingegangen, und er bezog wieder seine Winterquartiere in Tarent. Hier trafen ihn Nachrichten aus Sizilien, die ihn dringend dorthin riefen, wenn er nicht alle Aussicht verlieren wollte, den Plan eines westhellenischen Reiches zu verwirklichen.

Hier hatten die Karthager inzwischen rasche Fortschritte gemacht. Die Feste Lilybaeum hatten sie durch weitere Befestigungen uneinnehmbar gemacht, und von dorther war nun ein karthagisches Heer vor Syrakus gerückt und belagerte diese Stadt von der Landseite; gleichzeitig war auch eine karthagische Flotte erschienen und hatte sie von der Seeseite her eingeschlossen. Andererseits erfuhr Pyrrhus, dass Römer und Karthager ein Schutz- und Trutzbündnis abgeschlossen hatten, denn die Römer wollten sich den Beistand der karthagischen Flotte sichern, teils für eine Belagerung von Tarent, teils auch, um Pyrrhus den Zuzug neuer Truppen aus Griechenland abzuschneiden, und die Karthager erwarteten, dass Pyrrhus durch die Römer in Italien festgehalten werden und ihnen dadurch freie Hand auf Sizilien gegeben sein würde.

Da entschloss sich Pyrrhus kurz. Er übergab den Befehl in Tarent dem schon genannten Feldherrn Milon und setzte nach Sizilien über. Hier hatte er wieder rasche Erfolge. Nicht allein trieb er die Karthager von Syrakus zurück und nahm ihnen eine Stadt nach der anderen wieder ab, sondern er einigte auch alle Griechen auf Sizilien, die ihn als ihren Retter jubelnd begrüßten. Das geschah jedoch nur so lange, als seine Erfolge Schlag auf Schlag kamen. Als er aber Lilybaeum vergeblich bestürmte und diese Feste ihm einen unüberwindlichen Halt bot, da wurden sie verdrossen und widerspenstig, sodass den König ein förmlicher Ekel vor dieser Undankbarkeit erfasste.

Er kehrte nach Italien zurück und wandte sich wieder gegen die Römer. Aber auch hier verließ ihn das Glück. In der nächsten Schlacht machten die Römer die Elefanten mit Brandpfeilen und Pechkränzen scheu, sodass sie statt in die römischen Legionen in die griechische Phalanx einbrachen und hier die größte Verwirrung anrichteten. Die Schlacht ging für Pyrrhus verloren, und der Rest seines Heeres wich in Unordnung auf Tarent zurück. Da sah Pyrrhus seinen großen Plan gescheitert, und gebrochenen Mutes kehrte er in die Heimat zurück, wo er bei einer

Belagerung einen unrühmlichen Tod fand, denn er soll bei der Erstürmung einer griechischen Stadt von einem Ziegelstein, den eine Frau von einem Dach herabwarf, erschlagen worden sein. Die Stadt Tarent übergab der von Pyrrhus zurückgelassene Milon den Römern, und sie ist nie wieder zu irgendwelcher Selbstständigkeit emporgewachsen. Rom aber war nun unbestrittener Herr in ganz Unteritalien.

DIE PUNISCHEN KRIEGE

Regulus und Hamilkar

Der Plan der Königs Pyrrhus von Epirus, die griechischen Kolonien in Italien und auf der Insel Sizilien zusammenzufassen und ein großes westliches Griechenland zu gründen, war gescheitert. In Italien hatten ihm die Römer einen Damm entgegengesetzt, auf Sizilien die Karthager. Ja, in diesen Kämpfen hatten die Griechenkolonien in Italien sogar ihre bisherige Selbstständigkeit völlig verloren und waren eine Beute der Römer geworden.

Auf Sizilien hatten sich in der Westhälfte der Insel die Karthager festgesetzt und sich feste Plätze geschaffen, die sich selbst für Pyrrhus unüberwindlich gezeigt hatten. Die Karthager wurden von den Römern Punier genannt, weil sie von den Phöniziern, Poeni oder Puni geheißen, abstammten, und die nun zwischen beiden Völkern geführten Kriege werden deshalb als die Punischen Kriege bezeichnet. Die Karthager bedrohten nach dem Abzug des Pyrrhus unaufhörlich auch die Osthälfte der Insel, die sich nicht in den Händen der Griechen befand. Diese hatten in Syrakus und Messana zwei Plätze, die bisher allen Versuchen der Karthager erfolgreichen Widerstand geleistet hatten, und mehr als einmal rafften sich die Griechen sogar auf, um die gefährlichen Nachbarn wieder aus der Insel hinauszudrängen, und so schwankte das Zünglein an der Waage bald hierhin, bald dorthin.

Mit begehrlichen Augen aber sahen die Römer auf dieses unaufhörliche Ringen der beiden Gegner, eifersüchtig beobachteten sie die stetig wachsende Macht der Punier und warteten auf eine Gelegenheit, um sich einmischen zu können. Auf wessen Seite sie dann stehen würden, das war ihnen lange schon kein Zweifel. Mehr als einmal schon hatten sie Verträge mit den Karthagern geschlossen. Vor langer, langer Zeit, da sie erst anfingen, ihre Macht über Afrika hinauszutragen, waren die Karthager in ihren Bedingungen und Forderungen sehr bescheiden gewesen. Je mehr aber ihre Macht im Westteil des Mittelmeers wuchs, desto höher wuchsen auch ihre Ansprüche, und jetzt, wo sie die unbestrittenen Herren im Mittelmeer von dessen Ausgang in den Ozean bis nach Italien waren, jetzt brachte die Kunde von den Unternehmungen der Karthager für die Römer eine unangenehme Überraschung nach der anderen. Mit tiefem Groll blickten die Römer daher auf ihr stetes Vordringen in Sizilien, das ihnen allmählich sogar bedrohlich wurde, denn hatten die Punier erst die ganze Insel, hatten sie auch Syrakus und Messana in ihrer Gewalt, so konnten sie ihnen alle die bisherigen Zufuhren der Griechen abschneiden, denn Sizilien war die größte Kornkammer Roms. Sie waren dann von einer fremden Seemacht vollständig umklammert, denn eigene Schiffe hatte Rom ja gar nicht, sondern bediente sich für den Fall des Gebrauchs der Schiffe der Etrusker und anderer der unterworfenen italischen Völkerschaften, die an der Küste wohnten.

Endlich kam die lange ersehnte Gelegenheit: Die Römer wurden von den Bewohnern von Messana um Hilfe gegen die Punier gebeten, und alsbald erschien ein römisches Heer auf der

Insel Sizilien und besetzte, nahm und entriss den Karthagern einige wichtige Punkte. Dafür rächten sich die Karthager in der empfindlichsten Weise dadurch, dass sie sich auf Sizilien in keinen besonderen Kampf einließen, sondern nach Italien übersetzten und die Küsten des römischen Gebiets verheerten.

Da erkannten die Römer, dass an einen erfolgreichen Krieg gegen diese Seemacht ohne eine ebenbürtige Flotte nicht zu denken sei, denn was in Italien an Küsten- und Handelsschiffen vorhanden war, das war den Karthagern gegenüber viel zu dürftig. Da beschlossen sie denn, eine eigene Flotte zu bauen, und es bewährte sich die beispiellose Tatkraft des römischen Volkes, dass dieser Beschluss wirklich durchgeführt wurde. Ja, sie erfanden sogar eine drehbare Vorrichtung, eine zehn Meter lange Enterbrücke, die beim Heransegeln eines feindlichen Schiffes herabfiel und sich mit einem starken Eisenstachel in das Holz des Gegners einbohrte. Über diese Brücke konnten die im Seekrieg ungeübten römischen Krieger dann hinüberstürmen und wie auf dem Land kämpfen. Mittels dieser sinnreichen Vorrichtung gelang es den Römern in der Tat, gleich in der ersten Seeschlacht fünfzig karthagische Schiffe teils zu erobern, teils zu versenken.

Nun hielten sich die Römer für stark genug, den Krieg in das Herz des Feindes zu tragen. Ein großes Heer wurde auf Sizilien gesammelt und setzte auf mehr als dreihundert Schiffen nach Afrika über. Ein Versuch der karthagischen Flotte, die Landung zu vereiteln, misslang, und da sie sich nun nach Italien wendeten, um den Römern Gleiches mit Gleichem zu vergelten, sahen sich diese genötigt, einen Teil ihres Heeres wieder zurückzurufen. Der Oberfeldherr, der erste Konsul Atilius Regulus, war so übermütig, nur 15 000 Fußtruppen, 500 Reiter und 40 Schiffe zurückzubehalten, mit welch geringer Macht er den Karthagern glaubte die Spitze bieten zu können.

Die Überlegenheit des römischen Heeres war freilich unbestreitbar, denn es bestand ausschließlich aus römischen Bürgern, die für die Ehre des Vaterlandes kämpften und von Jugend auf in den Waffen geübt waren. Die Karthager dagegen waren keine Krieger, sondern Kaufleute, und die Heere, die sie ins Feld stellten, bestanden ausschließlich aus Söldnern, die kein eigenes Interesse am Ausgang des Kampfes hatten. Nur die Feldherrn und die übrigen Führer und Unterführer waren Karthager. Darauf baute Regulus und zog mit seinem kleinen Heer gegen die mächtige Stadt.

Diese Tollkühnheit sollte ihn aber teuer zu stehen kommen. Wohl hatte er im Beginn dieses Zuges insofern Glück, als er es so einzurichten wusste, dass er das ihm entgegengesandte Heer an einem Punkt angriff, wo die Karthager weder ihre Elefanten noch ihre treffliche libysche Reiterei verwenden konnten und sie infolgedessen sich zurückziehen mussten. Sie boten nun sogar den Frieden an, aber Regulus stellte so harte Bedingungen, dass die Karthager darauf nicht eingehen konnten und es auf einen Entscheidungskampf ankommen lassen mussten. In diesem erlitt Regulus infolge der großen Übermacht des Feindes nicht nur eine gänzliche Niederlage, sondern geriet selbst in die Gefangenschaft der Karthager. Dem furchtbaren Blutbad sollen nur zweitausend Römer entronnen sein.

Der Kleinkrieg auf Sizilien dauerte aber noch jahrelang und kostete den Römern sowohl wie den Karthagern unbeschreibliche Opfer. Den ersteren umso mehr, als an die Spitze der Karthager auf der Insel in Hamilkar Barkas ein Mann getreten war, der, eine seltene Ausnahme unter dem Kaufmannsvolk, sich als ein von glühender Vaterlandsliebe beseelter Held erwies. Von einigen Felsennestern aus, auf denen er seinen Karthagern ein raues, aber unüberwindliches Heim gründete, brandschatzte er das Land, soweit es den Römern untertan war, und seine Unternehmungen waren umso gefährlicher, als es ihm gelang, seinen Söldnern unbedingtes Vertrauen zu ihrem Führer einzuflößen und sein Heer durch eine Anzahl von Kaperschiffen aufs

Tatkräftigste zu unterstützen, welche die italische Küste plünderten und ihm von dort Nahrungsmittel und auch Beute zuführten. Aber auch die Römer sahen dem allen nicht untätig zu, und so taten sich die beiden Völker so mannigfachen Abbruch, dass endlich auf beiden Seiten eine völlige Erschöpfung eintrat. Um diesem unerträglichen Zustand endlich ein Ende zu machen, ermannten sich die römischen Patrizier, und durch ihren Opfermut wurde eine neue Flotte geschaffen, die der karthagischen eine entscheidende Niederlage beibrachte. Bei der Insel Ägusa waren die Flotten bei bewegter See aufeinandergetroffen, und der Kampf endete damit, dass fünfzig Schiffe der Karthager versenkt und siebzig geentert und als gute Beute eingebracht wurden. Damit war auch die Tätigkeit des Hamilkar Barkas zu Ende, denn er konnte auf keinerlei Unterstützung mehr rechnen. Die Karthager mussten um Frieden bitten und auf die harten Bedingungen, die nun die Römer stellten, eingehen. Sie mussten Sizilien räumen, alle Gefangenen ohne Lösegeld freigeben und 3200 Talente Kriegskosten bezahlen, eine riesige Summe. Dagegen erhielt Hamilkar mit allen seinen Kriegern freien Abzug.

Hannibal vor den Toren

Den Verlust von Sizilien wieder einzubringen, setzte nun Hamilkar Barkas nach Iberien (Spanien) über, dessen Küste die Karthager des Handels wegen lange schon besuchten. Seiner Tapferkeit und der seines Heeres, das er in jahrelanger Übung äußerst kampftüchtig gemacht hatte, gelang es, nun auch im Inneren des von keltischen Stämmen bewohnten Landes festen Fuß zu fassen und die Herrschaft Karthagos hier mehr und mehr auszudehnen. Hier setzte auch der Tod in einer Schlacht seiner Heldenlaufbahn ein Ziel.

Der Senat von Karthago wählte an seiner Stelle seinen Schwiegersohn Hasdrubal zum Feldhauptmann, der stets an der Seite Hamilkars gefochten hatte, dessen ritterliche Weise dem Heer gegenüber sich zu eigen gemacht hatte und in alle seine Pläne, deren Endziel sich immer gegen Rom richtete, eingeweiht war. Er schritt daher getreu in den Fußstapfen Hamilkars weiter. Nicht bloß durch Krieg, sondern auch durch geschickte Verträge wusste er die keltiberischen Stämme für Karthago zu gewinnen, dass er aus ihrer Mitte sein Heer fortgesetzt verstärken konnte. Auch entdeckte er reiche Silbergruben, aus deren Ertrag er nicht nur sein Söldnerheer selbstständig erhalten konnte, sondern die nach und nach auch Millionen in den karthagischen Staatsschatz lieferten.

Mit großer Besorgnis blickten die Römer auf diese neue Machtentfaltung der so bitter gehassten Rivalin, noch dazu unter dem Volk der Kelten, das bei ihnen noch in bösem Andenken stand. Sie fürchteten nicht mit Unrecht, dass sich dort in Iberien eine große Gefahr für sie vorbereitete, und da sie auf ihre Anfragen in Karthago vom Senat nur ausweichende Antworten erhielten, die fast ganz selbstständige Stellung Hasdrubals aber sehr wohl kannten, schlossen sie mit diesem einen Vertrag, der den Ebro als Grenze der Machtentfaltung zwischen beiden Völkern bestimmte.

Hasdrubal ging unbedenklich auf diesen Vertrag ein, denn es konnte noch lange Zeit vergehen, ehe die Karthager diese Grenze erreichten und dort etwa mit den Römern zusammenstießen. Seiner Laufbahn war aber auch kein so weites Ziel gesteckt, denn er fiel unerwartet von Mörderhand. Nun aber trat an seine Stelle sein Schwager Hannibal, der Sohn des großen Hamilkar Barkas, der furchtbarste Feind, den die Römer jemals gehabt haben.

Hannibal hatte den Vater schon von früher Jugend an auf allen Kriegszügen begleitet, und dessen Hass gegen die Römer war in verstärktem Maß auf ihn übergegangen. Dieser Hass gab seinem ganzen Leben die Richtschnur. Der griechische Schriftsteller Polybius hat uns aufgezeichnet, wie Hannibal selbst später einmal den Ursprung dieses Hasses als ein heiliges Vermächtnis seines Vaters geschildert hat. Es war zur Zeit, als Hamilkar infolge des Friedensschlusses nach dem ersten Punischen Krieg Sizilien hatte verlassen müssen und nach Spanien übersetzen wollte: »Während der Vater dem Zeus opferte, stand ich zur Seite des Altars. Als er aber gute Vorzeichen erlangt hatte und nun den Göttern Speise und Wein spendete und die üblichen Gebräuche verrichtete, ließ er die übrigen Teilnehmer der heiligen Handlung ein wenig zurücktreten, mich aber rief er zu sich und fragte mich freundlich, ob ich an dem Feldzug teilnehmen wolle. Wie ich nun freudig ja! sage und ihn nach Knabenart auch noch stürmisch darum bitte, ergreift er meine Rechte, führt mich zum Altar, lässt mich das Opfer berühren und schwören, dass ich nie ein Freund der Römer sein wolle.« Und diesen Schwur hat Hannibal gehalten bis an seinen Tod.

Hannibal war erst achtundzwanzig Jahre alt, als er an die Spitze des karthagischen Heeres in Spanien gestellt wurde. Sein erstes Ziel war die Vollendung des Plans, den sein Vater und sein Schwager verfolgt hatten, ganz Spanien zu unterwerfen, und in zwei Sommerfeldzügen gelang dies Unternehmen vollständig: Bis an den Ebro, welche Grenze in dem Vertrag mit den Römern festgesetzt war, befand sich das Land in den Händen der Karthager. Nur die volkreiche Stadt Sagunt unfern der Ostküste und mitten in dem Gebiet gelegen, das der Vertrag den Karthagern zusprach, hatte Hannibal noch umgangen, denn ganz gegen den Vertrag hatten die Römer mit dieser Stadt ein Bündnis abgeschlossen, und Hannibal wollte mit den Römern nicht eher zusammenstoßen, als bis er die Eroberung des ganzen Landes vollendet hätte. Nachdem dies aber geschehen war, zögerte er nicht, Sagunt einzuschließen, und nach achtmonatigen Kämpfen fiel es in seine Hände. Die Bewohner wurden als Sklaven verkauft, und die ungeheure Beute floss in Hannibals Kriegskasse.

Wie vorauszusehen war, erblickten die Römer darin sofort einen Kriegsfall, und eine Gesandtschaft wurde nach Karthago geschickt, um Genugtuung zu verlangen. Da eine solche natürlich abgelehnt wurde, war der Krieg unvermeidlich.

Die Römer rüsteten zwei starke Flotten aus, von denen die eine nach Spanien, die andere nach Afrika segeln sollte. Dass Hannibal mit seinem Heer zu Lande nach Italien kommen könnte, daran dachte niemand, denn das schien außer dem Bereich aller Möglichkeiten zu liegen. Und es war dennoch Wahrheit. Hannibal überschritt, nachdem er einem seiner Brüder die Sicherung Spaniens übertragen hatte, den Ebro und die Pyrenäen, setzte über die Rhône und zog nordwärts am Fuß der Alpen hinauf. Dann wendete er sich ostwärts und nun begann der weltberühmte, unerhörte Übergang über die Alpen mit einem Heer südländischer Truppen von 90 000 Mann Fußvolk, 22 000 Reitern und einer großen Zahl von Elefanten. Ein Zug, auf dem Tausende nicht allein durch Kälte, Erschöpfung, Hunger und Leiden aller Art zugrunde gingen, sondern auch den unaufhörlichen Angriffen der wilden Bergbewohner erlagen. Und der Abstieg in die Poebene war noch weit gefährlicher als der Aufstieg, aber ein Feldherr wie Hannibal, der inmitten seiner Truppen lebte wie sie und deren Liebe und Vertrauen im höchsten Maß besaß, durfte eben alles wagen.

Fünfzehn Tage dauerte der Übergang über die Alpen, und fast um die Hälfte vermindert erreichte das karthagische Heer die oberitalische Ebene, die von keltischen Völkerschaften bewohnt war. Und in welch traurigem Zustand befand sich das Heer! Wäre ihm jetzt ein römisches Heer entgegengetreten, so wäre sein Untergang gewiss gewesen. Um dahin zu gelangen, brauchten jedoch die römischen Heere, die sich nach Spanien und Afrika hatten einschiffen sollen, viel Zeit, und so konnte Hannibal seine Truppen sich vollständig erholen lassen und durch reichliche Verpflegung wieder kampftüchtig machen.

In Eilmärschen zogen die ursprünglich nach Spanien und Afrika bestimmten römischen Heere heran. Sie wurden aber beide besiegt, das erste unter dem Konsul Cornelius Scipio am Fluss Ticinus, in welcher Schlacht Scipio schwer verwundet wurde, das zweite unter dem Mitkonsul Sempronius an der Trebia. Nun war Hannibal Herr des ganzen Flachlandes, und dessen keltisch-gallische Völker fielen ihm zu und verstärkten sein Heer durch gewandte und abgehärtete Hilfsmannschaften. Diese aufeinander folgenden Schläge beugten den Mut der Römer aber keineswegs. Ein neues großes Heer kam unter dem Konsul Flaminius heraufgezogen und sperrte die drei großen Straßen, die von der Ebene des Po nach Rom führten. Hannibal jedoch zog mit seinem Heer zwischen den römischen Heeresabteilungen über den rauen Apennin und auf fast grundlosen Wegen durch Sümpfe und Moräste hindurch und brach nun im Rücken der römischen Truppen in Italien ein, sodass Flaminius nichts anderes tun konnte, als ihm eiligst zu folgen. Diese unüberlegte Eile aber wurde sein Verderben, denn am Trasimenischen See erlitt er eine vollständige Niederlage. »Ohne Hoffnung auf Sieg«, sagt ein Bericht, »aber mit dem trotzigen Todesmut, der sie sogar an einen verlorenen Posten bannte, fielen die Römer zu Tausenden.« Flaminius selbst lag unter den Toten.

Jetzt schien Rom verloren, aber der Mut der Römer blieb ungebeugt, und Hannibal selbst zog es zunächst vor, nach Apulien vorzurücken und die kriegerischen Völkerschaften Unteritaliens zum Abfall von Rom zu bewegen. Auf Schritt und Tritt folgte ihm dahin der neu ernannte römische Feldherr Fabius Maximus, der sogar mit diktatorischer Gewalt bekleidet wurde, aber jede offene Feldschlacht vermied und nur aus ungünstigen

Stellungen des Feindes Vorteil zu ziehen suchte. Man gab ihm deshalb den Beinamen Cunctator, d. h. der Zauderer. Aber gerade diese große Vorsicht und nicht minder die Treue der italischen Bundesgenossen hielten Rom aufrecht, denn als im folgenden Jahr der neue, aber gänzlich unfähige Konsul Terentius Varro dazu drängte, diese vorsichtige Kriegführung aufzugeben und eine neue Schlacht zu wagen, wurden die Römer bei Cannä so gänzlich geschlagen, dass fast das ganze Heer vernichtet wurde und kein Haus in Rom von der Totenklage verschont blieb.

»Hannibal vor den Toren!« war der Schreckensruf, der den Römern fast die Besinnung raubte, denn ganz Unteritalien war verloren, und jeden Tag erwartete man den Sieger in Rom. Er erschien aber nicht, denn hartnäckig hielt Hannibal an dem Gedanken fest, erst die römischen Bundesgenossen für sich zu gewinnen, ehe er mit Rom selbst abrechnete. Das gelang ihm jedoch nicht, und da von Karthago, wo er um Verstärkung seines äußerst geschwächten Heeres gebeten hatte, jede Unterstützung ausblieb, da dort eine ihm feindlich gesinnte Partei es durchzusetzen wusste, dass sein Feldherrngenie sich selbst helfen könne, so gewannen die Römer Zeit, sich von den furchtbaren Schlägen zu erholen. Einen Platz nach dem anderen gewannen sie in Unteritalien wieder, sogar manchen kleinen Sieg erfochten sie, und Hannibal sah sich bald fast nur noch auf die Verteidigung beschränkt; doch wusste sein Feldherrngenie jede größere Niederlage unmöglich zu machen.

Die Undankbarkeit seines Vaterlandes aber wurde Karthagos Verhängnis. Unter Cornelius Scipio, dem gleichnamigen Sohn jenes Scipio, der die Schlacht am Ticinus gegen Hannibal verloren hatte, setzte endlich ein römisches Heer nach Afrika über, um Karthago selbst anzugreifen. Nun wurde Hannibal selbst zu Hilfe gerufen und mit blutendem Herzen musste der große Feldherr Italien, den Schauplatz seiner Siege, verlassen. Bei Zama kam es zur entscheidenden Schlacht, die aber trotz Hannibals Führung und der Tapferkeit seiner alterprobten Krieger, deren Reste er aus Italien zurückgeführt hatte, für Karthago verloren ging. Hannibal selbst riet zum Frieden, der nun auch unter den härtesten Bedingungen zustande kam. Karthago musste sich verpflichten, ohne Einwilligung der Römer keinen Krieg zu führen, musste seine Flotte ausliefern, die dann verbrannt wurde, musste auf Spanien Verzicht leisten und jährlich eine hohe Kriegssteuer zahlen.

Scipio erhielt von seinem dankbaren Volk den ehrenden Beinamen Africanus. Hannibal aber, der trotz alledem in Karthago den Hass gegen Rom immer aufs Neue schürte und durch zweckmäßige Einrichtungen die schrecklichen Wunden des Krieges zu heilen und die Stadt wieder waffentüchtig zu machen suchte, sah sich von den misstrauischen Römern auf Schritt und Tritt gehindert und musste endlich sein Heil in der Flucht suchen. Überall, wohin er kam, suchte er zum Krieg gegen die Römer aufzustacheln, was ihm auch mehr als einmal gelang, aber überall blieben die Römer siegreich, und er musste weiter fliehen. Seine letzte Zuflucht fand er in Bithynien in Kleinasien, aber dessen König war feige genug, der Aufforderung der Römer, den flüchtigen Gast auszuliefern, Gehör zu schenken. Schon hatten römische Häscher das Haus des nunmehr siebenundsechzigjährigen großen Karthagers umstellt; aber dieser kannte die Römer und war auf diesen Fall vorbereitet: Er endete sein tatenreiches Leben durch Gift, das er lange schon bei sich führte, dem Schwur, den er als Knabe seinem Vater geleistet hatte, getreu bis in den Tod.

In demselben Jahr starb auch Scipio Africanus, erst fünfzig Jahre alt, zu Liternum in Campanien, wohin er sich von allen öffentlichen Geschäften zurückgezogen hatte.

Trotz der überaus harten Bedingungen, welche die Karthager stets pünktlich erfüllt hatten, erholte sich die reiche Stadt nach und nach wieder von ihrem Fall. Das ungemein rührige Handelsvolk hatte nicht nur seine Verbindungen mit dem inneren Afrika allmählich wieder angeknüpft, sondern auch die alten Beziehungen in der Westhälfte des Mittelmeers nach und nach wieder aufgenommen, und so konnte es nicht ausbleiben, dass Karthago langsam wieder emporblühte.

Mit eifersüchtigen Augen blickten die Römer auf ihre alte Rivalin. Die Handelswelt unter den römischen Bürgern sah ihr nun schon viele Jahre ausgeübtes Handelsmonopol durch Karthago aufs Neue bedroht, und die Volksschichten sahen mit Neid auf den sich stetig mehrenden Reichtum der Punier. Als sich diese nun, wie es die Friedensbestimmungen vorschrieben, an Rom wandten und, da sie ohne Einwilligung der Römer keinen Krieg führen durften, um Hilfe gegen die fortwährenden Übergriffe des Königs Masinissa von Numidien, eines treuen Verbündeten der Römer, bitten mussten, sah sich der Senat unter der Stimmung der Römer gegen Karthago genötigt, Masinissa Recht zu geben und die Hilfe zu versagen. Dadurch wurden die Karthager gezwungen, selbst zu den Waffen zu greifen, um sich Masinissas zu erwehren. Dieser blieb jedoch siegreich, und den Römern schien nun Gefahr vorhanden, dass ihr bisheriger Bundesgenosse ganz Karthago in seine Gewalt bekommen und ein neues großes afrikanisches Reich entstehen würde.

Um dieser drohenden Gefahr vorzubeugen, wurde in Rom die Zerstörung Karthagos beschlossen. Der Bruch des mit Rom abgeschlossenen Vertrags wurde als Vorwand benutzt. Ein Heer von 80 000 Fußtruppen und 4000 Reitern setzte unter dem Schutz von fünfzig Kriegsschiffen nach Afrika über, nachdem den Karthagern die Kriegserklärung zugesandt worden war. Sie fühlten sich einem Krieg mit Rom natürlich nicht gewachsen und erklärten bereitwillig ihre Unterwerfung auf Gnade und Ungnade. Die Römer verlangten Stellung von dreihundert Geiseln, wogegen den Karthagern die Erhaltung ihres Gebietes und alles Eigentum zugesichert wurde. Die Geiseln wurden übergeben, aber nun sollten die Karthager auch noch alles Kriegsgerät und alle Waffen ausliefern. Das war eine furchtbare Härte, aber zähneknirschend fügten sich die Karthager auch darin, und ungeheure Massen von Wurfmaschinen, Schilden, Rüstungen und Waffen aller Art wanderten in das Lager der Römer. Jetzt wurde dem nun wehrlosen Gegner die letzte Bedingung eröffnet: Karthago soll dem Erdboden gleichgemacht werden, und die Einwohner haben sich weiter im Innern des Landes, mindestens zehntausend Schritte vom Meer entfernt, neu anzusiedeln!

Da bemächtigte sich der Bevölkerung die helle Verzweiflung, und es begann nun in der Stadt eine fieberhafte Tätigkeit, um einen kräftigen Widerstand zu leisten. Tag und Nacht arbeiteten die Werkstätten, um neue Waffen herzustellen, unermüdlich waren die Führer bemüht, Stadt und Heer in den größtmöglichen Verteidigungszustand zu versetzen, und hoch und niedrig, arm und reich war nur von dem einen Gedanken beseelt: Kampf und Rache gegen die römische Treulosigkeit bis zum letzten Blutstropfen.

Die Römer betrauten mit dem furchtbaren Zerstörungswerk wieder einen Cornelius Scipio, der den Beinamen Ämilianus führte, und dieser begann nun nach dem Befehl des Senats die Belagerung der unglücklichen Stadt mit aller Kraft.

Scipio war zum Konsul gewählt worden, obgleich er noch nicht das dafür bestimmte gesetzmäßige Alter von dreiundvierzig Jahren erreicht hatte. Aber er hatte sich in den mannigfachen Kriegen Roms schon als ein so tatkräftiger Mann hervorgetan, dass aller Augen auf ihn als denjenigen Feldherrn blickten, der die Römer auch in den schwierigsten Lagen zum Sieg führen würde, ein würdiger Nachfolger seines großen Namensvetters, des Siegers von Zama. Es kommt vor, dass bisweilen beide miteinander verwechselt werden und jener Scipio Africanus der Zerstörer Karthagos genannt wird. Zwischen der Schlacht bei Zama, in der Scipio Africanus allerdings die Macht Karthagos brach, und der endlichen Zerstörung dieser Stadt durch Scipio Ämilianus liegt jedoch ein Zeitraum von sechsundfünfzig Jahren.

Als Scipio in Afrika ankam, fand er das römische Heer in nicht eben vertrauenerweckendem Zustand. Die sonst so strenge Mannszucht war in der Untätigkeit der Belagerung locker geworden, und der neue Feldherr konnte nicht hoffen, mit diesen Truppen die zur Verzweiflung getriebene Stadt zu erobern. Er ließ es daher seine erste Sorge sein, das Vertrauen der Krieger zu gewinnen und in steten Übungen die Zucht wiederherzustellen. Dann verlegte er sein Lager auf die breite Landzunge, die das ins Meer vorspringende Stadtgebiet, die Altstadt und die Neustadt umfassend, mit dem Innenland verband. Das Lager nahm den ganzen Raum dieser Landzunge ein und sperrte auf diese Weise den Zugang zur Stadt vollständig.

Die Belagerten waren also auf die Zufuhr von der Seeseite angewiesen, und es musste nun Scipios nächste Sorge sein, auch diesen Zugang zu versperren. Zu diesem Zweck ließ er einen breiten Steindamm von einer südlich von der Altstadt sich vorstreckenden Landzunge durch das hier nicht allzu tiefe Meer bauen, und trotz aller Mühe, die die Karthager sich gaben, das drohende Beginnen zu hemmen, gelang diese Riesenarbeit in verhältnismäßig kurzer Zeit. Sowohl der Kriegshafen wie der Handelshafen war nunmehr verschlossen, und die Belagerten konnten von keiner Seite mehr Zufuhr erhalten und waren lediglich auf die in der Stadt vorhandenen Vorräte angewiesen.

Dass diese für die Unzahl der eingeschlossenen Menschen nicht lange ausreichen konnten, lag auf der Hand, und es wurde im römischen Lager bald genug bekannt, dass innerhalb der Stadt Hunger und Seuchen wüteten.

Wie es in solchen verzweifelten Fällen nie ausbleibt, gab es nun in der Stadt selbst unter den Bürgern und Söldnern Streit und Kämpfe aller Art. Um seinen Hunger zu stillen, meinte jeder sich selbst der nächste zu sein. Es standen der Stadthauptmann mit den Bürgern und der Feldhauptmann mit den Söldnern einander gegenüber, und da die letzteren die rohe Gewalt in Händen hatten, herrschte in der Stadt bald ein fürchterliches Schreckensregiment. Der Stadthauptmann wurde sogar im Rathaus ermordet. Das Leben notdürftig zu fristen, erschien als die Hauptsache, die Sorge um die Verteidigung der Stadt trat dahinter zurück.

Unter solchen Umständen, die Scipio durch einzelne Überläufer erfuhr, musste ein allgemeiner Sturm die Römer zum Ziel führen. Sie eroberten erst die Neustadt, dann die Altstadt, aber es war ein heißes Ringen, denn jedes der hohen Häuser war in eine förmliche Festung verwandelt und musste einzeln erstürmt werden. Sieben Tage lang soll dieser letzte Verzweiflungskampf der unglücklichen Karthager gedauert haben. An die fünfzigtausend Menschen hatten sich zuletzt noch in die Burg geflüchtet, aber die ringsum aus der eroberten Stadt an vielen Punkten aufsteigenden Flammen zeigten ihnen, dass an eine Rettung nicht mehr zu denken sei. So übergab dieser letzte Rest des einst so mächtigen und reichen Puniervolkes auch die Burg; die halb verhungerten Menschen zogen es vor, lieber in die Sklaverei zu gehen, als elend umzukommen.

Um Stadt und Burg gänzlich zu zerstören, wie der Blutbefehl des römischen Senats lautete, wurden sie nun völlig eingeäschert, und siebzehn Tage wütete das furchtbare Feuer in dem gründlich ausgeplünderten Karthago. Als der Brand endlich

keine Nahrung mehr fand, wurden auch noch die Mauern um-
gestürzt, und das war eine viele Tage in Anspruch nehmende
Zerstörungsarbeit, denn Karthago, erbaut auf einer Halbinsel,
die sich ins Mittelmeer hineinerstreckt, war nur auf der Seeseite, wo ein innerer Hafen für die Kriegsschiffe bestimmt war,
durch eine einfache Mauer geschützt; auf der Landseite lief ein
dreifacher Mauerring um die Stadt, und die Hauptmauer war
zwei Meter dick. Aber die Römer gingen nach Befehl des Senats gründlich zu Werk, und als das mächtige Bauwerk im wahren Sinn des Wortes dem Erdboden gleichgemacht war, beleg-
te Scipio den Platz, wo einst eine der mächtigsten Städte des Altertums gestanden, mit einem Fluch und schauerlichen
Verwünschungen für denjenigen, der die Stadt wieder aufbau-
en würde.

Hundert Jahre wirkte dieser Fluch. Obwohl das weit ausge-
dehnte Stadtgebiet zur römischen Provinz gemacht worden
war, gelang es doch erst Julius Cäsar, den Beschluss durchzu-
bringen, dass auf der Stelle der alten Stadt wieder eine Kolonie
gegründet wurde, die dann der Kaiser Augustus wesentlich er-
weiterte und die sich nach und nach wieder zu einer bedeuten-
den Handelsstadt erhob. Im Sturm der Völkerwanderung wählte sie der Vandalenkönig Geiserich zu seiner Hauptstadt; Beli-
sar, der das Vandalenreich zertrümmerte, zog das Land zum
oströmischen Reich, und so erhielt sich auch die Stadt bis zum
Ende des 7. Jahrhunderts. Da überfluteten die Araber ganz
Nordafrika, und 697 wurde auch Karthago von Grund aus zerstört.

Trümmer des alten Karthago, der ehemaligen Befestigungen,
der gigantischen Wasserleitung, der Zisternen, nur fünfzehn
Kilometer von Tunis entfernt, sind heute noch vorhanden.

DER KRIEG MIT PHILIPP
VON MAKEDONIEN

er glückliche Ausgang des zweiten Punischen Krieges hatte die Römer so ehrgeizig und herrschsüchtig gemacht, dass sie fortan nur auf Vermehrung ihrer Macht und Ausdehnung ihres Reiches bedacht waren. Dazu benutzten sie jede Uneinigkeit, auch unter den entferntesten Völkern, indem sie sich die Rolle der Schiedsrichter anmaßten und die Schwächeren unter dem täuschenden Namen von Bundesgenossen gegen die Stärkeren in Schutz nahmen. Als daher die Athener, die sich nebst mehreren anderen griechischen Staaten von der makedonischen Herrschaft wieder befreit hatten, von König Philipp von Makedonien bekriegt wurden und sich um Hilfe nach Rom wandten, ließ der Senat sogleich, nach Beendigung des zweiten Punischen Krieges, die Feindseligkeiten gegen jenen mächtigen König beginnen. Mit den Römern vereinigte sich die reiche Handelsstadt Rhodos, berühmt durch den gewaltigen Koloss, der zu den sieben Wunderwerken der alten Welt gezählt wurde. Es war dies eine eherne Bildsäule des Apoll, sechsundvierzig Meter hoch, die am Eingang des Hafens stand, sodass die Schiffe mit ausgespannten Segeln zwischen deren Beinen durchfuhren, und die zugleich als Leuchtturm diente. Der Koloss stand aber nur kurze Zeit, denn fünfzig Jahre nach seiner Vollendung stürzte er bei einem Erdbeben in Trümmer.

Nach dreijährigem Kampf gelang es dem Konsul Flamininus, König Philipp in einer blutigen Schlacht so zu besiegen, dass dieser um Frieden bitten musste. Er erhielt ihn unter der Bedingung, dass er alle seine Kriegsschiffe ausliefere und alle ihm unterworfenen griechischen Städte freigebe. Flamininus begab sich darauf nach Griechenland, um dem Volk diese frohe Botschaft zu bringen.

Die Griechen feierten gerade die Isthmischen Spiele und waren in der Erwartung, dort die Entscheidung ihres Schicksals zu vernehmen, außerordentlich zahlreich versammelt. Als sich alles zum Schauspiel niedergesetzt hatte und durch die Trompete Stille geboten war, trat ein Herold auf und verkündete, dass alle griechischen Städte und Völker fortan frei und unabhängig sein sollten. Die Griechen vermochten ihr Glück kaum zu fassen; sie glaubten, nicht recht gehört zu haben, und der Herold musste die Nachricht noch einmal ausrufen. Nun entstand aus vielen Tausenden von Kehlen ein Jubelgeschrei, dass die Vögel betäubt aus der Luft herabfielen; dann aber eilte alles auf Flamininus los, um ihm zu danken, und da war der Andrang der freudetrunkenen Menge so gewaltig, dass er fast erdrückt worden wäre.

Als Flamininus mit seinen siegreichen Legionen nach Rom zurückkehrte, bewilligte ihm der Senat einen Triumphzug, bei dem die Masse der erbeuteten Kunstschätze und des gemünzten Goldes und Silbers das Staunen des ganzen Volkes erregte. Der schönste Schmuck des Festzugs aber waren die vielen römischen Bürger, die während des zweiten Punischen Krieges durch die Karthager gefangen genommen und nach Griechenland als Sklaven verkauft worden waren, jetzt aber durch die Dankbarkeit des griechischen Volkes ihre Freiheit wiedererlangten.

DER TRIUMPHZUG DES
ÄMILIUS PAULLUS

enn schon der Triumphzug des Flamininus von einer bisher unbekannten Pracht gewesen war, so war der Glanz, mit dem dreißig Jahre später der Konsul Ämilius Paullus seinen Sieg über Perseus, Philipps Sohn und Nachfolger, feierte, noch viel größer. Ein griechischer Geschichtsschreiber hat uns eine Beschreibung dieses Triumphzugs aufbewahrt, aus der wir Folgendes entnehmen: Das Volk hatte auf den Straßen und öffentlichen Plätzen der Stadt eine Menge von Schaugerüsten erbaut, um von dort den Zug bequemer ansehen zu können. Alle Zuschauer waren in festlichen Kleidern, die Straßen, durch die der Zug ging, waren mit Blumen bestreut, überall waren Altäre errichtet und mit Weihrauchbecken versehen. Alle Tempel waren geöffnet und mit Kränzen geschmückt und strömten die köstlichsten Düfte aus.

Drei Tage dauerte das Fest. Am ersten wurden die in Makedonien und Griechenland weggenommenen Gemälde, Bildsäulen und andere Kunstwerke, die auf zweihundertfünfzig Wagen prangten, durch die Straßen gefahren. Am zweiten Tag brachte man die erbeuteten Waffen und Rüstungen, die kunstvoll übereinandergepackt waren, auf großen Wagen in die Stadt; darauf trugen dreitausend Männer das gemünzte Silber in offenen Gefäßen, endlich eine noch größere Anzahl von Trägern das silberne Tischgerät und die goldenen und silbernen Becher und Schalen. Der dritte Tag war der glänzendste des ganzen Festes. Schon früh erschallte eine kriegerische Musik in den Straßen und rief die Bürger zum Schauspiel herbei. Eine große Anzahl Trompeter, Flötenspieler und Sänger eröffnete sodann den Aufzug. Ihnen folgten hundertzwanzig fette Opfertiere, deren Hörner vergoldet, deren Nacken und Rücken mit Bändern und Kränzen verziert waren. Jünglinge mit schön gestickten Binden und Knaben mit goldenen Opfergefäßen begleiteten sie zum Altar. Hinter diesen sah man Sklaven, die in achtzig Gefäßen das erbeutete Gold zur Schau trugen und eine große goldene Opferschale von unermesslichem Wert. Darauf wurde der Wagen des unglücklichen Perseus vorbeigefahren, auf dem seine Waffen und sein Diadem lagen. Auch Abbildungen der besiegten Völker wurden auf Stangen einhergetragen. Auserwählte Krieger trugen die goldenen Kronen, mit denen die griechischen Städte den Sieger beschenkt hatten. Ihnen folgten die gefangenen Kinder des Königs, begleitet von ihren weinenden Erziehern. Hinter ihnen ging Perseus, gefesselt, mit niedergeschlagenen Augen, ganz verstört und verzweifelt. Ihm folgten seine Freunde und Verwandte, gefesselt und beschämt wie er selbst. Endlich erschien Ämilius Paullus, in ein prächtiges goldgesticktes Purpurgewand gehüllt, in der rechten Hand einen Lorbeerzweig, in der linken ein Zepter von Elfenbein haltend. Er saß auf einem herrlichen Triumphwagen, der von vier weißen, nebeneinander gespannten Rossen gezogen wurde. In späterer Zeit sah man auch wohl den Triumphwagen von Elefanten, Löwen oder Tigern aus der Beute der überwundenen Fürsten gezogen; hinter dem Triumphator aber stand ein Sklave, der ihm beständig die Worte wiederholte: »Vergiss nicht, dass du ein Mensch bist!« Die angesehensten Bürger, Konsuln und Senatoren folgten zu Fuß dem Siegeswagen, an dessen Seiten die erwachsenen Söhne des Siegers zu reiten pflegten. Den Schluss aber machten die Legionen, mit Lorbeerzweigen geschmückt und Siegeslieder singend. Man sah den Soldaten bei dieser Gelegenheit manche Ausgelassenheit nach, die sich besonders darin äußerte, dass sie Spottlieder auf den siegreichen Feldherrn sangen.

Auf dem Marktplatz hielt der Triumphzug an, bis über das Schicksal der Gefangenen entschieden war. Dann ging der Zug auf das Kapitol, wo im Tempel des Jupiter feierliche Opfer dargebracht wurden und der Triumphator dem Gott seinen Lorbeerkranz widmete. Ein frohes Mahl, das dem Heer und dem Volk gegeben wurde, beschloss den festlichen Tag, und mit Musik und Fackelschein wurde der siegreiche Feldherr nach Hause begleitet. In späteren Zeiten wurden zur Erinnerung an ausgezeichnete Siege Ehrensäulen und Triumphbogen errichtet.

Das Schicksal des Perseus war traurig. Er starb zu Rom im Gefängnis, und seine Kinder fristeten kümmerlich ihr Leben. Durch seine Unterwerfung und die darauf folgenden Eroberungen kam so unermessliche Beute nach Rom, dass die Bürger nun über hundert Jahre lang keine Steuern mehr zahlten. Mit dem Reichtum aber wuchs die Sittenverderbnis, und die niedrigste Habsucht trat an die Stelle der Enthaltsamkeit und Gerechtigkeit, durch die sich die alten Römer vor allen Völkern ausgezeichnet hatten. Daher war auch das Los der von den Römern eroberten Länder beklagenswert, da die Männer, die zur Verwaltung derselben hingeschickt wurden, das Jahr ihrer Amtsführung nur benutzten, um sich auf Kosten der armen Provinzen zu bereichern. Besonders traurig erging es den Griechen. Nachdem sie den letzten Kampf gegen die römische Übermacht versucht, aber eine gänzliche Niederlage erlitten hatten, eroberte der Konsul Mummius Korinth, damals die reichste Stadt des Landes. Die Männer wurden getötet, Frauen und Kinder in die Sklaverei verkauft und die Stadt verbrannt. Auch andere Städte wurden geplündert oder zerstört und unzählige Kunstwerke und Kostbarkeiten nach Rom gebracht.

DIE GRACCHISCHEN
UNRUHEN

ährend der römische Staat durch glückliche Kriege an Macht und Glanz immer höher stieg, nahm das Verderben in seinem Inneren auf eine beklagenswerte Weise zu. Die Früchte jener Siege waren in den Händen einer geringen Zahl angesehener und reicher Bürger, die allein zu Macht, Ehrenstellen und Würden gelangten und zugleich den größten Teil der im Krieg eroberten Ländereien besaßen. Während so die Vornehmen, von zahllosen Sklaven umgeben, im Überfluss schwelgten, befand sich die Masse des Volkes in der größten Armut. Da aber alle diese armen Bürger das Recht hatten, bei der Wahl der Beamten mitzustimmen, entstand die verderbliche Sitte, dass sie demjenigen ihre Stimme gaben, der ihnen das meiste bot. Durch diesen Stimmenverkauf wurde das ärmere Volk immer verdorbener; keiner wollte arbeiten, und alle hatten nur Sinn für rohe Vergnügungen, unter denen besonders die Fechterspiele beliebt waren.

Es waren nämlich in Rom mehrere ovale Gebäude ohne Dach, in deren Mitte sich ein runder, mit Sand bedeckter Platz befand, um welchen sich immer höher und höher die Sitze der Zuschauer erhoben. Diese Gebäude hießen Amphitheater und waren für die Kampfspiele bestimmt. Es gab welche, die über hunderttausend Menschen fassten, und doch waren sie bei jeder Aufführung bis auf den letzten Platz besetzt. Außerdem wurde auch die Rennbahn oder der Zirkus, der ursprünglich für die Wagenkämpfe erbaut war, zu Fechterspielen benutzt. Die Kämpfer oder Gladiatoren wurden auf Kosten der Staates ernährt. Es waren Sklaven von großer Körperkraft und Gewandtheit, die entweder miteinander auf Leben und Tod rangen und kämpften oder mit Löwen, Tigern, Panthern und anderen wilden Tieren stritten. Unzählige fanden auf diese Weise ihren Tod, und doch ergötzte sich das Volk so sehr an den schrecklichen Schauspielen, dass es für reiche Männer kein sichereres Mittel gab, sich die Gunst der Bürger zu verschaffen, als die Aufführung solcher Fechterspiele.

Schon früher hatte man daran gedacht, den Zustand der ärmeren Bürger dadurch zu verbessern, dass man ihnen von dem Staatsgut Ländereien gegen eine mäßige Abgabe zur Bebauung überwies. Allmählich aber waren sie durch die vornehmen Familien wieder beraubt worden. Da fasste ein Mann von Geist, Kühnheit und Beredsamkeit, Tiberius Gracchus, den hochherzigen Entschluss, mit allem Eifer für die Verbesserung des elenden Zustandes seiner ärmeren Mitbürger zu wirken. Er stammte aus einer der edelsten Familien und war mit den ersten Häusern verwandt. Seine Mutter, eine Tochter des älteren Scipio, hatte ihn mit aller Liebe und Sorgfalt erzogen und in seinem Herzen die edelsten Gesinnungen geweckt. Nachdem er sich im Heer seines Schwagers, des jüngeren Scipio, durch Tapferkeit ausgezeichnet hatte, ließ er sich zum Volkstribun wählen und verlangte nun, dass einem alten Gesetz gemäß kein Bürger mehr als fünfhundert Morgen von den Staatsländereien besitzen, das übrige aber an die Armen verteilt werden solle. Die reichen und vornehmen Bürger widersetzten sich diesem Vorschlag aufs Heftigste. Bei der Abstimmung rissen sie gewaltsam die Urnen weg, in denen die Stimmen gesammelt wurden und veranlassten große Unordnungen; endlich aber wurde doch durch die Volksversammlung der Vorschlag des Gracchus zum Gesetz erhoben und er selbst, nebst seinem Bruder und Schwiegervater, zur Ausführung desselben bestimmt.

Um diese Zeit starb ein reicher König in Asien, Attalos von Pergamon, der das römische Volk zum Erben seines Reichs

und seiner Schätze eingesetzt hatte. Gracchus schlug vor, das
Geld, das dieser hinterlassen, unter die armen Bürger, die nun
Land erhalten sollten, zur Anschaffung von Ackergerät zu ver-
teilen. Darüber wurden die Senatoren noch mehr aufgebracht;
sie bewaffneten alle ihre Anhänger und Sklaven, drangen in
Masse auf das Kapitol, wo die Volksversammlung gehalten
wurde, und ließen mit Keulen und Knütteln auf Gracchus und
seine Freunde losschlagen. So fiel er mit dreihundert seiner
Anhänger, und ihre Leichname wurden in den Tiber geworfen. Das war das erste Bürgerblut, das in Rom floss, und seitdem kam durch die Wiederholung solcher Gewalttaten unsägliches Elend über Italien. Denn während man sich früher auch
bei den heftigsten Zwistigkeiten stets in den Schranken der Gesetze gehalten hatte, wüteten nun die Parteien mit allen Waffen der Gewalt und der Hinterlist gegeneinander. Unter den
Männern, die ein Opfer jenes ersten Bürgerkrieges wurden,
befand sich auch Scipio, der Besieger Karthagos. Er wurde eines Morgens in seinem Bett tot gefunden, und da er einer der
eifrigsten Anhänger der Senatspartei gewesen war, war man allgemein der Meinung, dass er auf Anstiften der Volkspartei ermordet worden sei.
Zehn Jahre nach dem Tod des Tiberius Gracchus ließ sich sein
jüngerer Bruder Caius zum Volkstribun wählen. Dieser war
dem Tiberius an Tapferkeit, Gerechtigkeit und Menschenlie-
be gleich und übertraf ihn noch durch seine hinreißende Beredsamkeit, durch die er auch seine Gegner oft zu Tränen
rührte. Von demselben Eifer für das Wohl des armen, elenden
Volkes beseelt, bemühte er sich, die von seinem Bruder vorgeschlagenen Gesetze zur Ausführung zu bringen; außerdem
aber traf er noch viele andere Einrichtungen, die alle den
Zweck hatten, die Macht des Senats zu schwächen und die Lage der ärmeren Volksklassen zu verbessern. So wurden auf seinen Vorschlag viele neue Kolonien gegründet und arme Bür-

ger in denselben angesiedelt und mit Ländereien ausgestattet; es wurden Magazine gebaut und Landstraßen angelegt, der Preis des Getreides durch Zuschuss aus der Staatskasse herabgesetzt und den ärmeren Soldaten die Kleidungsstücke, die sie sich bisher aus eigenen Mitteln hatten anschaffen müssen, auf Staatskosten geliefert.

Die Senatoren erschraken, als sie sahen, dass Caius Gracchus durch diese Maßregeln in der Gunst des Volkes immer höher stieg. Um ihm diese zu entziehen, wandten sie folgendes Mittel an. Sie bestachen einen anderen Volkstribun namens Livius Drusus, einen angesehenen und talentvollen Mann, der nun auf ihre Veranlassung eine Reihe von Vorschlägen machte, die für das Volk noch viel vorteilhafter waren als die Anträge des Gracchus. Allen Vorschlägen nun, die von Livius Drusus ausgingen, gaben sie bereitwillig ihre Zustimmung, während sie den von Gracchus beantragten Gesetzen die Bestätigung versagten. Auf diese Weise gelang es ihnen, die Herzen des wankelmütigen Volkes von diesem abzuwenden, und als nach Ablauf des Jahres zur Wahl der neuen Volkstribunen geschritten wurde, konnte Gracchus seine Wiederwahl nicht durchsetzen.

Jetzt schien es dem Senat an der Zeit zu sein, die verhassten Neuerungen wieder zu beseitigen, und der Konsul Opimius, ein eifriger Aristokrat und heftiger Feind des Gracchus, beantragte daher die Abschaffung der von diesem vorgeschlagenen Gesetze. Als der Tag der Abstimmung erschien, besetzten die beiden Parteien schon früh das Kapitol. Während der Konsul das Opfer verrichtete, wandte sich einer seiner Liktoren gegen die Anhänger des Gracchus und rief ihnen zu: »Aufrührer, macht Platz für die guten Bürger!« Sogleich wurde er umringt und mit eisernen Griffeln – denn in der Volksversammlung durfte niemand bewaffnet erscheinen – erstochen. Der Konsul eilte in den Senat, berichtete von dem Geschehen und wurde mit der Macht eines Diktators bekleidet. Nun rief er alle Senatoren und Ritter unter die Waffen, und als sich am anderen Morgen das Volk wieder versammelt hatte, ließ er allen Bürgern, die zu ihm übertreten würden, Verzeihung ankündigen. Die meisten benutzten dieses Mittel, um sich zu retten; unter den übrigen aber begann ein entsetzliches Blutbad, in dem über dreitausend Bürger ihren Tod fanden. Caius Gracchus rettete sich, nachdem ihn seine Freunde lange Zeit mit großer Tapferkeit verteidigt hatten, mit einem Sklaven in einen vor der Stadt gelegenen Hain; als er aber sah, dass dieser von Bewaffneten umringt wurde, befahl er dem Sklaven, ihm einen Dolch ins Herz zu stoßen. Die Leichname der Gefallenen wurden in den Tiber geworfen und ihr Vermögen eingezogen.

Die wichtigsten Gesetze der beiden Gracchen wurden jetzt wieder aufgehoben, und der Zustand des armen Volkes blieb so elend, wie er gewesen war.

DER KRIEG GEGEN
JUGURTHA

icipsa, König von Numidien, hatte zwei Söhne, Hiempsal und Adherbal, und einen Neffen namens Jugurtha, den er zugleich mit seinen Söhnen an seinem Hof erziehen ließ. Schon als Knabe übertraf Jugurtha seine Vettern durch die Kraft und Schönheit seines Körpers noch mehr aber durch die geistigen Gaben, mit denen die Natur ihn ausgestattet hatte. Als Jüngling zeichnete er sich auf der Jagd durch Kühnheit und Gewandtheit aus, und als er in seinem zwanzigsten Jahr das numidische Hilfsheer befehligte, das sein Oheim dem Publius Scipio nach Spanien sandte, er-

warb er sich durch Klugheit und Tapferkeit einen solchen Ruhm, dass Scipio ihm zuletzt die schwierigsten Unternehmungen anvertraute und ihn vor allen Bundesgenossen der Römer auszeichnete.

Micipsa sah mit Besorgnis, wie gefährlich dieser hochstrebende und ehrgeizige Jüngling nach seinem Tod seinen Söhnen werden könne, und beschloss, ihn durch Güte zu gewinnen, damit dereinst die Dankbarkeit in abhielte, gegen seine Vettern feindselig anzutreten. Er nahm ihn daher an Kindes statt an und teilte sein Reich in drei gleiche Teile, von denen nach seinem Tod einer dem Hiempsal, der zweite dem Adherbal und der dritte dem Jugurtha zufallen sollte. Doch diese Hoffnung des greisen Königs ging nicht in Erfüllung, denn kaum war er tot, so ließ Jugurtha, durch Hiempsal beleidigt, diesen in seinem Palast überfallen und umbringen. Adherbal floh erschrocken nach Rom, um hier Schutz zu suchen; aber die Gesandten Jugurthas verstanden es, einen Teil der einflussreichen Senatoren zu bestechen, sodass ihr Herr nicht allein wegen der Ermordung des Hiempsal straflos blieb, sondern bei einer neuen Teilung des numidischen Reichs, welche die Römer vornahmen, noch den besseren Teil erhielt.

Jugurtha wusste jetzt, dass in Rom alles für Geld feil sei und zögerte daher nicht, sich zum Herrn von ganz Numidien zu machen. Unter einem nichtigen Vorwand überzog er seinen Vetter Adherbal mit Krieg, eroberte fast sein ganzes Land und belagerte ihn in der Stadt Cirta. Vergebens rief Adherbal den römischen Senat um Hilfe an; die bestochenen Senatoren taten nichts, um ihn zu retten, sodass er sich endlich seinem Feind ergeben musste, der ihn darauf unter Martern hinrichten ließ. Jetzt schickte zwar der Senat ein Heer nach Afrika, um den treulosen Fürsten zu entthronen; doch durch bedeutende Summen bestochen, kehrten die Anführer unverrichteter Sache zurück, nachdem sie Jugurtha zum Schein um dreißig Elefanten und eine Anzahl Pferde und Ochsen gestraft hatten.

Als dies in Rom bekannt wurde, geriet das Volk in Zorn und verlangte heftig die Bestrafung Jugurthas und seiner Mitschuldigen unter den Senatoren. Jugurtha wurde darauf nach Rom gefordert, um diejenigen zu nennen, die mit der Würde der Republik so freches Spiel getrieben hatten. Indessen gelang es ihm abermals, sich durch Bestechung freizumachen; ja, er ging in seiner Schamlosigkeit so weit, dass er in Rom selbst noch einen Verwandten, der nach dem Tod Adherbals die gerechtesten Ansprüche auf den numidischen Thron hatte, umbringen ließ. Als er nach dieser Schandtat in sein Reich zurückkehrte, erstaunte er selbst über die Verderbnis der käuflichen Stadt, die, wie er zu seinen Begleitern sagte, verloren wäre, wenn sich nur ein Käufer für sie fände.

Doch nun sollte auch die Rache für so viele Frevel folgen. Zwar gelang es Jugurtha, das römische Heer, das ihm nachgeschickt wurde, in einen Hinterhalt zu locken und unter das Joch zu schicken; aber jetzt wählte das Volk Quintus Metellus zum Konsul, einen tapferen und geschickten Feldherrn, der mit einem festen, unbeugsamen Willen einen redlichen Sinn und die größte Unbestechlichkeit verband. An seiner Festigkeit scheiterten alle Künste, durch welche Jugurtha bisher gesiegt hatte, und nach kurzer Zeit hatte er diesen so in die Enge getrieben, dass er seinen ganzen Schatz, alle seine Elefanten und den größten Teil seiner Pferde und Waffen an die Römer ausliefern und sich endlich in die wüsten Gegenden im Süden seines Landes zurückziehen musste, wo er nur noch durch die Hilfe seines Schwiegersohns, des Königs Bocchus von Mauretanien, den Krieg fortsetzen konnte.

Im Heer des Metellus befand sich ein kühner, ehrgeiziger Mann, Caius Marius, der sich schon in früheren Feldzügen durch Tapferkeit und Umsicht ausgezeichnet hatte und jetzt nur darauf bedacht war, Metellus zu verdrängen und den Ruhm, Jugurtha unterworfen und den langwierigen Krieg beendet zu haben, für sich zu gewinnen. Er stammte aus einer armen, unbekannten Familie der kleinen Stadt Arpinum und besaß nichts von der feinen griechischen Bildung, die den vornehmen Römern jener Zeit eigen war, sondern er war ein rauer, derber Krieger, ein Abgott der Soldaten, denen sein finsterer Ernst, sein Mut, seine Körperstärke und seine kriegerischen Sitten die größte Verehrung einflößten, aber für die Optimaten ein Gegenstand der äußersten Besorgnis. Durch sein wunderbares Talent für den Krieg war er bis zum Rang eines Prätors emporgestiegen, während sonst nur Männer aus vornehmen Familien zu dieser Würde zu gelangen pflegten, und jetzt begab er sich nach Rom, um sich hier um das Konsulat zu bewerben. Um dieses Ziel zu erreichen, scheute er sich nicht, auch unerlaubte Mittel anzuwenden und namentlich seinen Feldherrn zu verleumden. Aus Ehrgeiz, meinte er, ziehe Metellus den Krieg absichtlich in die Länge, um nur noch recht lange den Oberbefehl über das Heer zu behalten; er dagegen würde, wenn man ihn zum Konsul wähle, den Krieg mit einem Feldzug beendigen und den verhassten Feind als Gefangenen nach Rom bringen. Das Volk traute seinen Versprechungen, und da es froh war, einen Mann aus seiner Mitte zur höchsten Würde im Staat erheben zu können, wählte es ihn gegen den Willen des Senats und aller vornehmen Familien zum Konsul.

Sobald Marius dieses Ziel erreicht hatte, ging er mit rastloser Tätigkeit ans Werk. Er hob ein neues Heer aus, nahm dazu ganz gegen die Sitte nur Bürger aus der ärmsten Klasse, fuhr nach Afrika hinüber, eroberte einen festen Platz nach dem anderen und verfolgte Jugurtha bis in die ödesten, nur von Raubtieren und giftigen Schlangen bewohnten Gegenden Numidiens. Endlich musste Jugurtha sein Land verlassen und bei seinem Schwiegersohn Bocchus eine Zuflucht suchen. Marius schickte seinen Quästor Lucius Cornelius Sulla, seinen nachmals so berühmt gewordenen Feind, nach Mauretanien, und diesem gelang es, den König Bocchus, der um seine eigene Sicherheit und sein Reich besorgt war, zur Auslieferung seines Schwiegervaters zu bestimmen.

So war denn Jugurtha gefangen und der Krieg, der so viel Schmach über Rom gebracht hatte, glücklich beendet. Marius hielt einen glänzenden Triumphzug, Jugurtha aber wurde, nachdem er, fast wahnsinnig vor Scham und Schmerz, gefesselt vor dem Wagen des siegreichen Feldherrn einhergegangen war, in einen unterirdischen Kerker geworfen, in dem er sechs Tage später den Hungertod starb.

DIE KIMBERN UND TEUTONEN

ährend die Römer in Afrika mit Jugurtha kämpften, wurde ihr Land von Norden her durch eine Gefahr bedroht, die alle Gemüter mit Furcht und Schrecken erfüllte. Es erschienen nämlich an den Alpen wilde Völkerschwärme, Kimbern und Teutonen genannt, die mit Frauen und Kindern heranzogen, um sich unter dem milden Himmel Italiens ein neues Vaterland zu suchen. Wo sie früher gewohnt, ist nicht bekannt; gewiss waren es germanische Völker, denn das schloss man aus ihren blauen Augen, ihren hohen Gestalten und ihrer außerordentlichen Leibesstärke. Durch ihren Mut und ihre Kühnheit waren sie unwiderstehlich, und in der Schlacht brachen sie mit solchem Ungestüm hervor, dass niemand ihren Angriff auszuhalten vermoch-

te. Bereits hatten sie große Landstrecken durchzogen, alle Völker, auf die sie trafen, mit leichter Mühe überwältigt und selbst mehrere römische Feldherrn mit großen Heeren, die ihnen über die Alpen entgegengezogen waren, aufgerieben. Jetzt standen sie an den Grenzen Italiens, mindestens dreihunderttausend streitbare Männer und ein noch viel zahlreicherer Schwarm von Frauen und Kindern.

In Rom war der Schrecken so groß, dass keiner von den angesehenen Bürgern sich um das Konsulat bewarb. Da wählte das Volk Marius zum Konsul, der sich damals noch in Afrika befand, um die Angelegenheiten Numidiens zu ordnen. Sobald ihm der Oberbefehl gegen die Kimbern und Teutonen übertragen war, suchte er vor allen Dingen das Heer durch fortgesetzte Übungen abzuhärten. Dabei verfuhr er mit unerbittlicher Strenge; aber willig folgten ihm die Soldaten, denn seine Umsicht, seine unermüdliche Tätigkeit und die glänzenden Erfolge, mit denen bisher all seine Unternehmungen gekrönt waren, nahmen die rohen Soldaten bis zur Begeisterung für ihn ein. Glücklicherweise zogen die Barbaren für jetzt bei Italien vorbei, um in Spanien einzudringen. Dadurch gewann Marius Zeit, seine Truppen zu üben und durch strenge Kriegszucht abzuhärten.

Endlich zogen die Barbaren heran, als Marius zum vierten Mal das Konsulat bekleidete. Sie teilten sich in zwei gewaltige Heerhaufen. Die Kimbern zogen durch die Schweiz, um von Germanien aus in Italien einzudringen; die Teutonen dagegen wählten den kürzeren Weg durch das südliche Frankreich. Mit diesem beschloss Marius zuerst zu kämpfen und bezog daher ein befestigtes Lager, während er seinen Amtsgenossen Catulus den Kimbern entgegenschickte. Alsbald erschienen die Teutonen in zahlloser Menge vor dem römischen Lager; sie waren grässlich anzuschauen und forderten mit einem fürchterlichen Geschrei, das dem Gebrüll wilder Tiere glich, die Römer zum Kampf heraus. Allein Marius hielt seine Soldaten im Lager zurück, ließ sie der Reihe nach auf den Wall treten und sich umsehen und gewöhnte sie auf diese Weise an den schrecklichen Anblick und das betäubende Geschrei der Feinde. Dadurch verminderte sich nicht nur ihr Entsetzen, sondern sie lernten auch die Rüstung und die Bewegungen der Barbaren kennen. Zugleich aber wurde durch deren Drohungen und Großsprechereien ihr Unwille gereizt, sodass sie in laute Klage über die Untätigkeit ihres Feldherrn ausbrachen.

Endlich zogen die Teutonen fort, vor den Römern vorbei, und so groß war ihre Menge, dass der Zug sechs Tage lang ununterbrochen fortdauerte. Als sie dem Wall nahe waren, riefen sie den Römern mit lautem Gelächter zu, ob sie etwas an ihre Frauen zu bestellen hätten, denn bald würden sie bei ihnen sein. Nun brach auch Marius auf und rückte ihnen auf dem Fuße nach, indem er sich immer mit der größten Vorsicht an unzugänglichen Stellen lagerte. So kamen beide Heere bis an den Fuß der Alpen, wo Marius die entscheidende Schlacht zu liefern beschlossen hatte. Nachdem zwei Tage lang bei Aquä Sextiä mit wechselndem Glück gefochten worden war, griffen die Teutonen in geschlossenen Reihen an; doch sie wurden zurückgeworfen. Ehe sie sich zu einem zweiten Angriff ordnen konnten, drangen dreitausend Römer, die Marius auf den Bergen im Rücken der Barbaren aufgestellt hatte, in vollem Lauf auf sie ein und brachten die hintersten Reihen dermaßen in Verwirrung, dass sich die Unordnung von da aus über das ganze Heer verbreitete. Nun ergriffen die Teutonen in wilder Eile die Flucht. Die Römer setzten ihnen nach und richteten ein solches Blutbad unter ihnen an, dass über hunderttausend Mann teils gefangen, teils niedergehauen wurden.

Unterdes waren die Kimbern dem Catulus, der an der Etsch ein befestigtes Lager bezogen hatte, mit Trotz und Verachtung entgegengezogen. Um ihre Stärke und ihre Abhärtung zu zeigen, ließen sie sich nackt beschneien, kletterten über Schnee- und Eismassen die Berge hinan, legten sich dann auf ihre breiten Schilde und ließen sich auf denselben die Abhänge hinuntergleiten. Als sie in die Nähe der Römer kamen, rissen sie die stärksten Bäume mit den Wurzeln aus der Erde, warfen sie nebst gewaltigen Felsblöcken in den Strom und zertrümmerten die Brücke der Römer. Da floh das Heer des Catulus; nur diejenigen Römer, die jenseits der Brücke standen, leisteten so tapferen Widerstand, dass die Kimbern ihnen, als sie sie überwältigt, um ihres Mutes willen freien Abzug gestatteten. Darauf ergossen sich die kimbrischen Scharen über die schönen Fluren Norditaliens und brachten den Winter in behaglicher Ruhe zu. Vergebens warteten sie auf ihre Brüder, die Teutonen; statt ihrer kam im Frühling der gewaltige Marius mit seinem siegreichen Heer.

Zu diesem schickten nun die Kimbern Gesandte und baten für sich und ihre Brüder um Land. »Die haben schon Land genug!«, rief Marius lachend, und als sie die Trauerbotschaft noch immer nicht glauben wollten, wurden ihnen die gefangenen Könige der Teutonen gefesselt vorgeführt. Wut und Rache im Herzen, drangen nun die Kimbern vor. Sie trugen Helme, auf denen die Köpfe wilder Tiere abgebildet waren und hohe Federbüsche darauf, Harnische von Eisen und glänzende weiße Schilde, zweizackige Spieße und schwere Säbel. Die Vorkämpfer in den ersten Reihen hatten sich, um gemeinsam zu siegen oder zu fallen, mit eisernen Ketten aneinander geschlossen. Aber durch die Sonne und den Staub geblendet und durch die drückende Hitze entkräftet, unterlagen sie beim ersten Angriff. Bald musste sich die ganze Schar in Verwirrung zurückziehen, und nun begann ein Würgen, das bis in die Nacht währte. Zu ihren Verschanzungen zurückgetrieben, wurden sie hier von den Frauen empfangen, die von den Wagen herab die Flüchtlinge töteten, mochten es auch ihre Väter, Brüder oder Männer sein. Endlich, als alles verloren war, erdrosselten die Frauen mit eigenen Händen ihre Kinder und brachten sich selbst um; auch ihre Männer durchbohrten sich gegenseitig, um doch als freie Männer zu sterben.

Diese gewaltige Schlacht bei Vercellä vernichtete das Volk und den Namen der Kimbern. Über hunderttausend Krieger waren erschlagen und sechzigtausend gefangen; der Schrecken aber, der vor ihnen hergegangen war, blieb noch jahrelang bei den Römern sprichwörtlich, man nennt ihn furor Teutonicus.

GESCHICHTEN VON CÄSAR
ALS JUNGEM MANN

äsar hatte keinen starken Körper, sondern hatte viel mit Krankheiten zu kämpfen, wie schon sein blasses, hageres Gesicht anzeigte. Doch durch große Mäßigkeit im Essen und Trinken und durch Übungen aller Art wusste er seinen Körper so zu stärken und abzuhärten, dass er alle Beschwerden des Krieges mit Leichtigkeit ertrug. Da er seinen Vater schon früh verloren hatte, besorgte seine Mutter seine Erziehung, und die treffliche Frau tat dies mit so großer Sorgfalt und Geschicklichkeit, dass Cäsar schon als Jüngling zu den gebildetsten und gelehrtesten Römern gehörte. Besonders lernte er von seiner Mutter die Freundlichkeit im Umgang, durch die er sich nachher allgemein beliebt machte, und die einnehmende Beredsamkeit, die ihn zu den ersten Rednern des Altertums erhob.

Einst machte Cäsar eine Reise nach Asien, um sich dort in der Redekunst zu vervollkommnen. Auf dieser Reise fiel er Seeräubern in die Hände, die damals noch auf dem ganzen Mittelmeer ihr Unwesen trieben. Die Räuber forderten für ihn ein Lösegeld von zwanzig Talenten; er aber lachte, dass sie von einem Mann, wie er sei, nicht mehr forderten und versprach ihnen fünfzig. Während er seine Begleiter fortschickte, um das Geld zusammenzubringen, blieb er sechs Wochen lang auf dem Schiff; aber in dieser Zeit wusste er sich bei den Räubern in solches Ansehen zu setzen, dass er nicht ihr Gefangener, sondern ihr Herr zu sein schien. Wenn er schlafen wollte, gebot er ihnen, sich ruhig zu verhalten, und sie wagten es nicht, ihn zu stören. Zuweilen machte er sich den Scherz, ihnen Gedichte vorzulesen, die er gemacht hatte. Wenn sie diese dann nicht bewunderten, schalt er sie laut Barbaren und drohte, sie alle ans Kreuz schlagen zu lassen, sobald er frei sein würde. Endlich brachten seine Leute die versprochenen fünfzig Talente Lösegeld. Cäsar vergaß aber auch sein zweites Versprechen nicht; denn sobald er in Freiheit war, bemannte er einige Schiffe, verfolgte die Seeräuber, holte sie ein, eroberte ihr Schiff, erbeutete ihre Schätze und brachte sie selbst an die Küste Kleinasiens, wo er leicht den Befehl erwirkte, dass alle ans Kreuz geschlagen werden sollten.

Nach Sullas Tod kehrte Cäsar nach Rom zurück, wo er sich durch seine Leutseligkeit und Beredsamkeit unter dem Volk viele Freunde machte. Längst hatte er sich das hohe Ziel gesteckt, das er auch endlich nach langen Kämpfen erreichte; aber aufs Beste wusste er den Mächtigen seine kühnen Pläne zu verbergen. Er schien nur mit seinen Vergnügungen beschäftigt, kleidete sich schön, duftete von Salben und ging nur mit lustigen Leuten um. Bald aber fing er an, sich um obrigkeitliche Ämter zu bewerben und ging zuerst als Quästor nach Spanien. Auf der Reise dorthin kam er durch ein kleines, armseliges Städtchen in den Alpen. Einer seiner Begleiter fragte, ob hier auch wohl Bewerbungen um Ämter und eifriger Rangstreit stattfände. »Ich wenigstens«, erwiderte Cäsar, »möchte lieber hier der erste als in Rom der zweite sein.«

In einer Stadt Spaniens trat er einst in einen Tempel, der mit den Bildsäulen berühmter Helden geziert war. Vor dem Standbild Alexanders blieb er mit ungewöhnlicher Rührung stehen und rief mit Tränen: »Der hatte in meinem Alter schon die Welt erobert, und ich habe noch nichts getan.« Als er nach Rom zurückkehrte, wurde er Ädil. Als solcher musste er für die öffentlichen Kampfspiele sorgen; aber die Spiele, die er gab, übertrafen an Pracht alles, was man bisher gesehen hatte. Unter anderem ließ er einmal dreihundert Paar Fechter an einem Tag auftreten und alle in glänzenden silbernen Rüstungen.

IN DER KAISERZEIT

DIE SCHLACHT IM
TEUTOBURGER WALD

eitdem die Römer durch die Unterwerfung Galliens Nachbarn der Germanen geworden waren, hatten sie verschiedene Versuche gemacht, sich auch dieses Volk zu unterwerfen. Da sie überzeugt waren, dass es ihnen durch Waffengewalt nicht gelingen würde, versuchten sie es auf andere Weise. Sie gründeten also auf dem rechten Rheinufer Kolonien, schlossen mit den benachbarten germanischen Stämmen Bündnisse, versorgten sie mit allen Bedürfnissen eines gebildeten Lebens und gewöhnten sie so allmählich an die römischen Sitten. Zugleich drangen sie immer tiefer in das germanische Land ein und brachten auf diese Weise viele germanische Stämme, ohne dass diese es merkten, unter ihre Botmäßigkeit. So bestand denn eine Zeit lang zwischen den beiden Völkern ein freundschaftliches Verhältnis, und mehrere germanische Fürsten traten sogar in römische Kriegsdienste und wurden dafür mit Würden und Ehrenstellen belohnt.

Anders gestaltete sich die Sache, als Kaiser Augustus den Quintilius Varus als Statthalter in die germanische Provinz sandte. Dieser war ein übermütiger und hochfahrender Mann, der die Germanen schnell zu Römern umgestalten und auch die noch freien Stämme mit Waffengewalt unter die römische Herrschaft bringen wollte. Er begann damit, den bereits unterworfenen Stämmen einen Tribut aufzuerlegen, der anfangs bezahlt wurde, dann aber, als man ihn erhöhte, allgemeine Unzufriedenheit erregte. Da fiel es denn dem Volk ein, dass es sich früher unter eigenen Fürsten doch wohler befunden habe als unter den römischen Statthaltern, die ihm allmählich eine Freiheit nach der anderen geraubt hatten. Sich offen zu empören, durfte man nicht wagen, da die Römer, besonders in der Gegend des Rheins, viele Festungen mit zahlreicher Besatzung hatten. Daher entwarf ein junger Held, Arminius, ein Fürst der Cherusker, einen Plan, wie man durch List die Macht der Römer brechen und Germanien von ihrer Herrschaft befreien könne. Er verband sich zu dem Zweck mit mehreren anderen, die gleich ihm von Freiheits- und Vaterlandsliebe beseelt waren. Sein Plan war, zuerst durch verstellte Ergebenheit das volle Vertrauen des Varus zu gewinnen, ihn dann nebst seiner Legion in das Land der Cherusker, das sich an beiden Ufern der Weser hin erstreckt, zu locken und ihn in den Schluchten des Gebirges, welches jetzt Teutoburger Wald genannt wird, zu überfallen und zu vernichten. Die List gelang; Varus war von der Anhänglichkeit und Treue der germanischen Fürsten, namentlich des Arminius, fest überzeugt und tat alles, was diese von ihm verlangten. Auch fürchtete er die Germanen so wenig, dass er selbst die gewöhnlichsten Vorsichtsmaßregeln versäumte, die ein Feldherr in fremden Ländern anzuwenden pflegt.

Als die nötigen Vorbereitungen vollendet waren, empörten sich nach verabredetem Plan einige an der Weser wohnende Stämme. Da Arminius behauptete, dass die übrigen Germanen diesem Beispiel folgen würden, wenn nicht sogleich kräftige Maßregeln ergriffen würden, sammelte Varus, um die Empörung im Keim zu unterdrücken, all seine Streitkräfte und drang gegen die Weser vor. Arminius begleitete ihn eine Zeit lang; dann aber entfernte er sich unter dem Vorwand, dass er ihm die Krieger seines Stammes als Hilfstruppen zuführen wolle. Als endlich Varus den unwegsamsten Teil des Teutoburger Waldes erreicht hatte, warfen Arminius und die mit ihm verbundenen Fürsten die Maske ab und begannen die Feindseligkeiten gegen die verhassten Fremdlinge.

Varus befand sich mit seinen Legionen in einer verzweifelten Lage. Die Gegend, in der er sich befand, war weit und breit mit dichten Waldungen bedeckt und von tiefen Schluchten durchschnitten, durch die man sich nur Schritt für Schritt mit der größten Anstrengung einen Weg bahnen konnte; bei dem Heer war ein großer Tross von Frauen und Kindern, Wagen und Lasttieren, der jede Bewegung hemmte, und nun traten zum Verderben der Römer noch heftige Regengüsse ein, die den Boden aufweichten und jeden Schritt auf den schlüpfrigen Abhängen gefährlich machten. Während sie sich bemühten, gegen das Ungemach, das die Natur ihnen bereitete, anzukämpfen, ertönte plötzlich auf den umliegenden Anhöhen das furchtbare Schlachtgeschrei der Germanen. Die Truppen in Schlachtordnung aufzustellen, war in dem engen Tal unmöglich; Bewaffnete und Wehrlose, Wagen und Pferde waren zu einem ungeordneten Haufen zusammengedrängt. Anfangs warfen die Germanen ihre Geschosse nur von fern; da sie aber sahen, dass niemand ihnen Widerstand leistete, drangen sie von allen Seiten näher heran und richteten unter den dichtgedrängten Scharen der Römer eine entsetzliche Niederlage an.

Varus sah ein, dass sein ganzes Heer verloren sei, wenn es ihm nicht gelänge, einen zur Verteidigung passenden Platz zu erreichen. Er befahl daher, alle Wagen und alles entbehrliche Gerät zu verbrennen oder den Feinden preiszugeben und trat, nachdem er mit seinen Kriegern eine Nacht voll Angst und Schrecken durchwacht und mit Tagesanbruch die Legionen einigermaßen geordnet hatte, den Rückzug an. Unter fortwährenden Kämpfen, in denen die Germanen stets im Vorteil waren, da sie die Gegend kannten und alle Anhöhen vorher besetzten, erreichten die Römer endlich ein freies Feld, wo sie sich ordnen konnten; dann aber gerieten sie wieder in endlose Waldungen, in denen sie den Angriffen der Germanen wehrlos preisgegeben waren. Endlich sahen sie sich in einem Tal, dessen Ausgang der Feind besetzt hatte, von allen Seiten eingeschlossen und wurden nun zu Tausenden niedergehauen. Varus und die übrigen Anführer stürzten sich, um nicht lebendig in die Gewalt der erbitterten Feinde zu geraten, in ihre Schwerter; von den Soldaten folgten einige dem Beispiel ihres Feldherrn, während andere in Verzweiflung die Waffen niederwarfen und sich, ohne Widerstand zu leisten, erschlagen ließen. Nicht einer unter ihnen wäre entkommen, wenn die Germanen nicht zu gierig über die Beute hergefallen wären; so aber gelang es einigen kleineren Abteilungen, die Anhöhen zu erreichen und an den Rhein zu entfliehen.

Durch diesen Sieg wurde Germanien für immer von der römischen Herrschaft frei; denn wenn auch die Römer noch mehrmals über den Rhein vordrangen, um die Niederlage des Varus zu rächen, so gelang es ihnen doch nicht, sich jenseits dieses Flusses zu behaupten. Nach Verlauf eines Jahrhunderts aber wurden die Germanen der angreifende Teil, und endlich wurde die ganze westliche Hälfte des römischen Reiches eine Beute dieses kriegerischen Volkes.

Als Augustus die Nachricht von der Niederlage im Teutoburger Wald erhielt, zerriss er sein Gewand und rief, fast besinnungslos vor Schmerz: »Varus, Varus, gib mir meine Legionen wieder!«

DER CÄSARENWAHN
DREI GRAUSAME KAISER

Tiberius

iberius war sechsundfünfzig Jahre alt, als er seinem Stiefvater Augustus in der Herrschaft über das römische Reich folgte. Schon als Knabe hatte er einen so finsteren, gefühllosen und grausamen Sinn gezeigt, dass einer seiner Lehrer ihn einen mit Blut durchkneteten Tonklumpen genannt hatte. Mit dieser wilden Sinnesart verband er eine seltene Verstellung und Heuchelei, sodass er selbst seine nächste Umgebung über seinen wahren Charakter zu täuschen wusste. Auch als Kaiser verbarg er, solange sein Neffe Germanicus lebte, seine Neigungen, weil er durch diesen trefflichen Jüngling, der die Liebe des ganzen römischen Volkes besaß, verdrängt zu werden fürchtete.

Einige Jahre nachher starb Germanicus, wahrscheinlich an Gift, das ihm auf Tiberius' Anstiften gereicht worden war, und nun trat der wilde, menschenfeindliche Sinn des Kaisers unverhohlen hervor. Jeder, der nur ein tadelndes Wort über ihn oder seine Regierung äußerte, wurde des Verbrechens der Majestätsbeleidigung angeklagt und mit dem Tod und der Einziehung seines Vermögens bestraft. Die Verräter wurden mit Reichtümern und Ehrenstellen belohnt, und ihre Zahl vermehrte sich daher in der Weise, dass man sich auch nicht mehr mit den vertrautesten Freunden zu unterhalten wagte, weil man nicht wusste, ob sich nicht unter ihnen Verräter befanden, die irgendein unbesonnenes Wort zu einer Anklage benutzen konnten. Tiberius wendete diese Anklagen auf Majestätsbeleidigung auch dazu an, um einflussreiche Männer, die er fürchtete, zu beseitigen, oder das Vermögen reicher Familien an sich zu reißen. So lebte denn jeder in beständiger Sorge, während sich Tiberius, um den Vorwürfen seines bösen Gewissens entgehen, den schändlichen Ausschweifungen überließ. Um sein lasterhaftes Leben desto ungestörter fortsetzen zu können, verließ er im zwölften Jahr seiner Regierung Rom und begab sich auf die kleine Insel Capri im Meerbusen von Neapel, die für Schiffe schwer zugänglich und durch ihr gesundes Klima berühmt war.

Jetzt führte sein Günstling Sejanus, ein hochfahrender, ehrgeiziger Mann, der es seinem Herrn an Blutdurst und Grausamkeit gleichtat, für diesen die Regierung. Um sich den Weg zum Thron zu bahnen, ließ Sejanus den einzigen Sohn des Tiberius vergiften; die Söhne des Germanicus aber, die nun die nächsten Ansprüche auf den Thron hatten, verbannte er aus Rom. Jetzt durchschaute der Kaiser die Pläne seines Günstlings; er ließ ihn verhaften und mit seiner ganzen Familie und allen denjenigen, die man für seine Mitschuldigen hielt, unter Martern hinrichten.

Nach Sejanus' Sturz kannte Tiberius' Blutdurst keine Grenzen mehr. Es verging kein Tag, an dem nicht Hinrichtungen stattfanden, und oft ließ er sich die Verurteilten nach Capri kommen, um sie vor seinen Augen hinrichten zu lassen und sich an ihren Qualen zu weiden. Mit derselben Grausamkeit wütete er in seinem Menschenhass gegen seine eigene Familie; namentlich musste die Witwe des Germanicus nebst einem ihrer Söhne im Gefängnis den Hungertod sterben.

Als Tiberius sich in seinem achtundsiebzigsten Lebensjahr auf einem Landgut bei Misenum befand, erkrankte er und verlor schnell das Bewusstsein. Schon hoffte seine Umgebung, von dem Tyrannen befreit zu sein, als er zu ihrem Schrecken wieder zu sich kam. Da fasste der Oberst der Leibwache einen schnellen Entschluss; er ließ Decken und Kissen auf den Kranken werfen, unter welchen er erstickte.

Caligula

Die Hoffnung des römischen Volkes, dass mit dem Tod des Tiberius bessere Tage beginnen und dir furchtbare Tyrannei ein Ende erreichen werde, ging nicht in Erfüllung. Sein Nachfolger Gajus, ein Sohn des geliebten Germanicus, wegen der Soldatenstiefel, die er schon als Knabe getragen hatte, gewöhnlich Caligula oder Stiefelchen genannt, zeigte sich in den ersten Monaten seiner Herrschaft milde und gerecht; doch bald überfiel ihn eine Krankheit, die ihm den Verstand raubte, und nun war seine ganze Regierung eine ununterbrochene Kette von Tollheiten und Grausamkeiten. Wegen unbedeutender Vergehen ließ er Tausende von Menschen unter ausgesuchten Martern hinrichten und nicht selten ließ er Verurteilte, um sich an ihren Qualen zu ergötzen, wilden Tieren vorwerfen. Sich selbst erklärte er für einen Gott, und je nachdem, ob er als Herkules, Bacchus, Venus oder Diana gekleidet erschien, verlangte er die diesen Göttern gebührenden Opfer. Um dem Volk seine Macht zu zeigen, ließ er sich Maschinen bauen, mit denen er den Donner und den Blitz nachahmte, und dabei war er so furchtsam, dass er sich bei Gewitter unter das Bett zu verkriechen pflegte. Damit aber die Tollheit vollständig würde, machte er sein Pferd zum Konsul, erbaute ihm ein eigenes Haus und ließ es an seiner Tafel essen. Seine Verschwendung war so groß, dass er den gewaltigen Staatsschatz, den ihm der Tiberius hinterlassen hatte, in einem Jahr vergeudete. Um dann wieder Geld zu neuen Rasereien zu erhalten, ließ er reiche Männer, nachdem er sich von ihnen hatte zum Erben einsetzen lassen, ohne irgendein Verschulden hinrichten, während das arme Volk durch immer neue Auflagen ausgesogen wurde.

Endlich verfiel er auch auf den Gedanken, sich kriegerischen Ruhm zu erwerben. Unter dem Vorwand, die Germanen unterwerfen zu wollen, sammelte er ein großes Heer, zog an den

Rhein und ließ eine Anzahl Germanen, die sich in seiner Leibwache befanden, über den Fluss setzen und sich dort verbergen. Dann folgte er ihnen mit einer Abteilung seines Heeres, nahm sie zum Schein gefangen und kehrte mit ihnen nach Gallien zurück. Im folgenden Jahr tat er, als wolle er Britannien unterwerfen; sobald er aber mit seinem 200 000 Mann starken Heer die Küste erreicht hatte, machte er Halt, befahl seinen Soldaten, am Strand Muscheln zu sammeln, und weihte diese dem Jupiter als eine dem Ozean abgenommene Beute.

Ein Hauptmann der kaiserlichen Leibwache befreite das Reich von diesem Rasenden, indem er ihm im Verein mit einigen Freunden niederstieß, als er eben sein neunundzwanzigstes Lebensjahr vollendet hatte. Dies besserte jedoch den jammervollen Zustand des Reiches nicht, denn Caligulas Nachfolger Claudius, ein Bruder des Germanicus, war ein Spielball in den Händen seiner verabscheuungswürdigen Frauen, der Messalina und dann der Agrippina, die nun in ähnlicher Weise schalteten wie früher Tiberius und jeden, der sich ihnen widersetzte, umbringen ließen, bis Agrippina den schwachen Kaiser vergiftete, um ihrem Sohn Nero die Regierung zu verschaffen.

Nero

Nero, ein Zögling des Philosophen Seneca, war achtzehn Jahre alt, als er den römischen Thron bestieg. Die ersten Monate seiner Regierung berechtigten zu den schönsten Hoffnungen; er bewies sich edelmütig und großmütig, und das Volk erzählte von ihm viele Züge von Gerechtigkeit, Milde und Großmut. Doch es währte nicht lange, so ergab er sich den Ausschweifungen, und als seine Mutter ihm deshalb Vorwürfe machte und ihm mit seinem Stiefbruder Britannicus drohte, reicht er diesem bei der nächsten Mahlzeit einen Becher mit vergiftetem Wein.

Dem schrecklichen Verbrechen des Brudermordes folgte bald ein noch grässlicheres: Er ließ seine Mutter ermorden. Um den Qualen seines Gewissens zu entfliehen, stürzte er sich in einen Taumel von Vergnügungen und Ausschweifungen. Da er sich für einen großen Sänger und Schauspieler hielt und auch im Zitherspielen und im Wagenlenken eine ungewöhnliche Geschicklichkeit zu besitzen glaubte, begann er, sich in diesen Künsten sehen zu lassen, anfangs nur vor Freunden und Höflingen, endlich vor allem Volk. Es währte nicht lange, so betrat er das öffentliche Theater. Jeder Zuschauer, der ihm nicht lebhaft Beifall klatschte, war des Todes; selbst derjenige war verloren, in dessen Miene sich nur Unzufriedenheit oder Langeweile aussprach. Auch in Griechenland trat er bei den Festspielen als Zitherspieler und Wagenlenker auf, und obgleich er vom Wagen stürzte, wurden ihm doch alle Preise zuerkannt.

Durch diese und ähnliche unwürdige Belustigungen wurde indes die Reihe von Verbrechen und Grausamkeiten, die seine ganze Regierungszeit ausfüllt, nicht unterbrochen. Auf die Ermordung der Mutter folgte die der Gemahlin; dann wurden Seneca und viele andere angesehene Männer umgebracht, und endlich ließ der Tyrann, um seinen abgestumpften Sinnen einen ganz besonderen Genuss zu verschaffen, seine Hauptstadt in Brand stecken.

Es war im Juli des Jahres 64 nach Christi Geburt, als die riesige Stadt zum Entsetzen der Einwohner plötzlich in Flammen stand. Die furchtbare Feuersbrunst währte acht Tage und hörte erst auf, als drei Viertel der Häuser, unter ihnen die ehrwürdigsten Gebäude und Tempel, nebst zahllosen Kostbarkeiten und Kunstschätzen vernichtet waren. Während des Brandes stand Nero auf dem Dach eines entfernten Palastes und deklamierte eine dichterische Stelle, die den Untergang Trojas schilderte. Um aber nun den Verdacht, das Unglück so vieler Tausende veranlasst zu haben, von sich abzulenken, klagte er die Christengemeinde, die sich kurz zuvor in Rom gebildet hatte, der Brandstiftung an. Die unglücklichen Christen wurden unter entsetzlichen Martern hingerichtet; einige wurden gekreuzigt, andere in die Felle wilder Tiere eingenäht und von Hunden zerfleischt und noch andere gar in Pech und andere brennbare Stoffe eingewickelt, in langen Reihen neben der Rennbahn aufgestellt und angezündet, sodass sie wie Fackeln die nächtlichen Spiele erleuchteten.

Der Wiederaufbau der abgebrannten Stadt war ein neues Vergnügen für den Tyrannen, denn nun konnte er seinem Hang zur Verschwendung freien Lauf lassen. So wurde denn die Stadt mit unerhörter Pracht wiederhergestellt. Der neue kaiserliche Palast, das goldene Haus genannt, nahm mit seinen Gärten, Teichen und Bädern ein ganzes Stadtviertel ein, und die Gemächer desselben waren mit ungeheuren Massen von Gold, Silber, Perlen, Edelsteinen, Marmor und kostbaren Holzarten verziert. Um die hierzu nötigen Summen aufzubringen, ließ Nero alle Provinzen des Reiches durch seine Beamten ausplündern und selbst die Tempel ihrer Bildsäulen berauben.

Endlich aber kam der allgemeine Unwille über die unerhörte Tyrannei zum Ausbruch. Die spanischen und gallischen Legionen empörten sich und riefen den Statthalter von Spanien namens Galba zum Kaiser aus. Als Nero dies hörte, entfloh er aus Rom, um sich in dem Landhaus eines seiner Höflinge zu verbergen. Es war Nacht, als er sich zu Pferde mit vier Begleitern dorthin begab; der Donner rollte und zuckende Blitze erleuchteten den Weg der Fliehenden; der Kaiser hatte sich in einen schlechten Mantel gehüllt und hielt sich, um unerkannt zu bleiben, ein Tuch vor das Gesicht. In Todesangst erreichte er endlich das Landhaus; da er aber nicht wagte, durch die Tür einzutreten, weil er fürchtete, dass einer der Sklaven ihn erkennen und verraten könne, verbarg er sich in einem nahegelegenen Sumpf, bis seine Gefährten eine Öffnung durch die Mauer gebrochen hatten. Als er am anderen Morgen die Nachricht erhielt, dass der Senat ihn für einen Feind des Vaterlandes erklärt und dem Galba gehuldigt habe, versuchte er unter lautem Wehklagen, sich den Tod zu geben; doch er hatte nicht den Mut dazu. Endlich ergriff er mit den Worten »Ach, welch ein Künstler stirbt in mir!« einen Dolch und durchbohrte sich mit Hilfe eines Sklaven die Kehle. So endete der Tyrann im zweiunddreißigsten Jahr seines Lebens.

ANDROKLUS UND
DER LÖWE

m Circus Maximus wurde, so erzählt der Schriftsteller Apion, dem Volk das Kampfspiel einer großartigen Tierhatz geboten. Da ich gerade in Rom war, sah ich mir die Sache an. Da gab es viele wilde Tiere, prächtige Riesenexemplare, alle von ungewöhnlicher Gestalt oder Wildheit. Aber mehr als alles andere bewunderte man die ungeheure Größe der Löwen und unter diesen wieder ganz besonders einen, der durch die Wucht seiner Gliedmaßen, sein entsetzliches Aussehen, sein schreckenerregendes dumpfes Brüllen sowie durch seine Muskeln und die um den Nacken wallende Mähne die Aufmerksamkeit und den Blick aller auf sich lenkte.

Mit mehreren anderen führte man den Sklaven eines ehemaligen Konsuls, der ihn für den Kampf mit den Bestien bestimmt hatte, in die Arena hinein; sein Name war Androklus. Als der Löwe diesen von Weitem erblickte, blieb er plötzlich wie verwundert stehen und näherte sich dann gemächlich und ruhig dem Menschen, als wolle er sich über seine Person klarwerden.

Dann wedelte er nach Brauch und Art schmeichelnder Hunde friedfertig und zutraulich mit dem Schweif, schmiegte sich an seinen Körper und leckte behutsam mit der Zunge Beine und Hände des Mannes, der vor Angst schon halbtot war. Bei den Liebkosungen des furchtbaren wilden Tieres gewann Androklus seinen verlorenen Mut wieder und wandte allmählich seinen Blick dem Löwen zu, um ihn anzuschauen. Da, als hätten sie sich gegenseitig erkannt, konnte man beide, den Menschen wie den Löwen, freudig bewegt und beglückt sehen.

Bei diesem gewiss höchst seltsamen Schauspiel erhob das Volk ein gewaltiges Geschrei. Der Kaiser ließ Androklus holen und fragte ihn, warum das grimmige Tier gerade ihn schone. Da erzählte der Sklave eine höchst sonderbare Geschichte.

»Als mein Herr«, berichtete er, »die Provinz Afrika mit prokonsularischer Gewalt verwaltete, sah ich mich durch Schläge, die ich täglich erhielt, veranlasst zu fliehen, zog mich, um Schlupfwinkel zu haben, die mich besser vor meinem Herrn, dem Statthalter des Landes, schützten, in die Einsamkeit des flachen Landes und der Sandwüsten zurück und fasste den Entschluss, wenn es mir an Nahrung fehlte, auf irgendeine Weise aus dem Leben zu scheiden. Da, während die Mittagssonne erbarmungslos herniederbrannte, entdeckte ich eine entlegene, versteckte Höhle. In sie drang ich ein und verbarg mich darin. Kurz darauf kam dieser Löwe ebendahin, hinkend und mit einem blutenden Fuß. Er gab stöhnende und brummende Klagelaute von sich, mit denen er bekundete, wie sehr ihn seine Wunde schmerzte und quälte.« Beim ersten Anblick des sich nähernden Löwen sei ihm, so erklärte er, ein gewaltiger Schreck in die Glieder gefahren. »Doch als der Löwe die Höhle – seine Behausung, wie sich ergab – betreten hatte und sah, wie ich mich weit weg vor ihm verkroch, kam er sanftmütig und friedlich näher, zeigte mir, wie es schien, den emporgehobenen Fuß und streckte ihn mir hin, als wolle er mich um Hilfe bitten. Da riss ich ihm einen gewaltigen Splitter, den er sich in die Sohle eingetreten hatte, heraus, drückte ihm den blutenden Eiter, der sich gebildet hatte, samt dem Eiterherd aus der Wunde, trocknete sie nunmehr ohne große Furcht recht sorgfältig bis aufs Letzte und wischte das Blut ab. Durch diese meine Mühewaltung und Hilfe von seinem Schmerz befreit, ließ er seinen Fuß in meinen Händen, legte sich um und schlief ein. Seit diesem Tag lebten wir, ich und der Löwe, volle drei Jahre in derselben Höhle und von derselben Nahrung. Denn er brachte mir immer zur Höhle von dem Wild, das er erlegte, die fetteren Stücke, die ich in Ermangelung von Feuer in der Mittagssonne briet und dann verzehrte. Aber als ich jenes verwilderten Lebens müde wurde, verließ ich, während der Löwe auf Jagd gegangen war, die Höhle. Ich hatte schon einen Weg von fast drei Tagen zurückgelegt, da erspähten mich die Soldaten, griffen mich auf und führten mich von Afrika zu meinem Herrn nach Rom. Dieser ließ mich sogleich zum Tod verurteilen und den wilden Tieren übergeben. Doch ich sehe, man hat nun auch diesen Löwen gefangen, von dem ich mich damals getrennt hatte, und er stattet mir jetzt seinen Dank ab für die Wohltat, die ich ihm erwies, und für seine Heilung.«

So, berichtet Apion, habe Androklus gesprochen, und alles das sei aufgeschrieben und auf einer Tafel, die man herumtrug, dem Volk bekanntgegeben worden. Daraufhin habe man ihn auf allgemeine Bitten freigelassen, seine Strafe aufgehoben und ihm entsprechend dem Urteil des Volkes den Löwen geschenkt. Später sahen wir Androklus mit dem Löwen, den er an einem dünnen Riemen führte, in der ganzen Stadt durch die Budenreihen gehen; Androklus wurde mit Geld beschenkt, der Löwe mit Blumen bestreut, und überall hörte man die Leute, die ihnen entgegenkamen, sagen: »Das ist der Löwe, der den Mann beherbergte; das ist der Mann, der den Löwen geheilt hat.«

QUELLENVERZEICHNIS

TEXTE

Die Texte dieses Bandes sind folgenden Quellen entnommen:

Theodor Dielitz: *Hellas und Rom. Erzählungen aus der Geschichte des Altertums*. Berlin: Winckelmann 1854, hier auf den Seiten 216–220, 312–345

Horst Gasse: *Erzählungen der Antike*. Leipzig: Dieterich 1966, hier auf den Seiten 255–256, 345–347

Gustav A. Ritter: *Götter- und Heldensagen der Griechen und Römer*. Berlin: Herlet o. J. [um 1890], hier auf den Seiten 151–155, 188–198, 230–246, 256–259, 287–311

Gustav Schalk: *Römische Heldensagen*. Berlin: Neufeld & Henius 1904, hier auf den Seiten 35–106, 146–151, 155–168, 179–188, 198–215, 220–230, 246–254, 260

Thassilo von Scheffer: *Römische Götter- und Heldensagen*. Stuttgart, Leipzig, Berlin: Union o. J. [1926], hier auf den Seiten 119–146, 169–179, 260–287

Heinrich Wilhelm Stoll: *Die Sagen des klassischen Altertums*. 2 Bde. Leipzig: Teubner 1878, hier auf den Seiten 24–29, 107–118

Aus dem Lateinischen übersetzt und nacherzählt von Erich Ackermann sind die Texte auf den Seiten 21–23 (nach Ovid, *Fasti* 6,101 ff. und 6,165 ff.) und 29–32 (nach Ovid, *Metamorphosen* 14,623 ff.).

ABBILDUNGEN

Die Abbildungen auf den Seiten 68, 72, 80, 90, 101, 147, 168 und 207 entstammen dem Band Schalk, *Römische Heldensagen*, die Abbildungen auf den Seiten 130 und 173 sind dem Band Scheffer, *Römische Götter- und Heldensagen* entnommen.